Edita Werner (Hg.)

Zwischen allen Stühlen
Prosa aus Litauen

Zwischen allen Stühlen

Prosa aus Litauen

Herausgegeben und kommentiert
von Edita Werner

Perkunas-Verlag

Satz, Gestaltung und Copyright:
Perkunas-Verlag, Söhrewald 2002
www.perkunas-verlag.de

Umschlaggestaltung: Julia Werner
Gesetzt in 11,5 P. Garamond
ISBN 3980844412
Druck und Bindung: Druckerei Boxan, Kassel

Übersetzung mit freundlicher finanzieller
Unterstützung des Auswärtigen Amtes
der Bundesrepublik Deutschland
In Kooperation mit Books from Lithuania

Gedruckt auf säure- und chlorfreiem Papier
Printed in Germany 2002

Inhalt

Was der Leser wissen sollte   7

Deportation

Ričardas Gavelis
Ohnhand   10

Dalia Grinkevičiūtė
Litauer an der Laptev-See   41
Aus den Erinnerungen   61

Shoah

Markas Zingeris
Das große Nachtmahl   77
So sangen sie damals in der Freiheitsallee   85
Herbstgespinste   98
Meine arme, arme Tante Rozalija   105

Nachkriegszeit

Romualdas Granauskas:
Rot auf Weiß   113

Frauen über Frauen

Jurga Ivanauskaitė
Wie man die Angst nährt   148

Renata Šerelytė
Gedichte einer Heizerin   163

Bitė Vilimaitė
Das Rubensjahr 169
Alte Frau mit Bündel 173
Die Zauberin 176
Das Messer und der Handschuh 182

Satirisches zur Wendezeit

Juozas Erlickas
Worte an die Wand 186

Von preußischen Litauern und litauischen Preußen

Birutė Baltrušaitytė
Im Jahre 1666 195

Kristijonas Donelaitis
Die Jahreszeiten (Auszüge) 202

Anhang

Informationen zu den Verbannungstexten
von Dalia Grinkevičiūtė 212
Juden in Litauen: Erst Zufluchtstätte,
dann Massengrab 214
Kleinlitauen –
die Wiege des frühen litauischen Schrifttums 247
Das Sprachdenkmal „Die Jahreszeiten"
von Kristijonas Donelaitis 277
Wort- und Texterläuterungen 287
Autoren- und Quellenverzeichnis 298

Was der Leser wissen sollte

»Der alte Rimkus lebte nicht mehr: Er sah, was die Russen nach ihrem Einmarsch taten, was dann die Deutschen taten, und beschloss, dass es wohl am besten sei zu sterben, was dann auch geschah; dabei klagte er über keine Krankheit und keine Schmerzen.« Dieser Satz aus der autobiographischen Erzählung von Romualdas Granauskas kennzeichnet sehr treffend die Situation Litauens als Spielball zwischen den beiden großen Kontrahenten des Zweiten Weltkriegs in Mitteleuropa sowie die Verzweiflung der einfachen Menschen in Litauen angesichts dieser Situation. Das in den Jahrzehnten zwischen den beiden Weltkriegen selbstständige Land wurde im Zusammenhang mit dem Zweiten Weltkrieg dreimal von fremden Armeen besetzt und musste sich immer wieder von neuem mit den jeweils aufgezwungenen Besatzungsstrukturen arrangieren. Texte litauischer Autoren, die sich mit diesen für Litauen so bedeutsamen Ereignissen auseinandersetzen, bilden deshalb den Schwerpunkt unserer thematisch orientierten Anthologie. Es darf an dieser Stelle auch erwähnt werden, dass die Herausgeberin ein Kind des Nachkriegslitauen ist und die in diesem Teil der Anthologie beschriebenen Ereignisse vielfach auch bedeutsam für ihre Familie und sie selbst geworden sind.

Zum Kapitel *Shoah* findet der interessierte Leser im Anhang eine kurze Beschreibung der jiddischen Kultur, wie sie sich seit dem späten Mittelalter unter vergleichsweise günstigen Bedingungen in der Region des damaligen Litauen entwickelt hatte. Das für dieses Siedlungsgebiet Verbindende war vor allem die jiddische Sprache; weshalb es gelegentlich auch als ‚Jidišland' bezeichnet wurde. Mit dem Einmarsch der deutschen Wehrmacht in Litauen sowie in den angrenzenden Teilen des ehemaligen ‚Jidišland' begann die systematische Vernichtung dieser Menschen und ihrer Kultur. Der Höhepunkt dieser Kultur kurz vor dem Zweiten Weltkrieg, ihre Zerstörung durch den Krieg sowie die Diskussion über den Umgang mit dieser Tragödie der jüdischen Bevölkerung im Litauen der neunziger Jahre stehen im Mittelpunkt dieser Betrachtung.

In den Kapiteln *Frauen über Frauen* und *Satirisches zur Wendezeit* werden Texte vorgestellt, die dem Leser Einsichten in das Leben in Litauen zur Sowjetzeit, aber auch nach der Wiedererlangung der Eigenstaatlichkeit bieten.

Der Abschnitt *Von litauischen Preußen und preußischen Litauern* sowie der dazugehörige Kommentar der Herausgeberin entführen den Leser in das historische Kleinlitauen (das ehemalige Ostpreußen). Sie werfen die Frage der nationalen Orientierung in diesem Landstrich zu verschiedenen Zeiten auf. Vor allem verweisen sie den Leser aber auf die Bedeutung dieser Region für die Entwicklung der sehr alten litauischen Sprache und der vergleichsweise jungen litauischen Literatur. Das Schicksal dieser Region ist ebenfalls aufs Engste verknüpft mit dem thematischen Schwerpunkt dieser Anthologie: Nach dem Zweiten Weltkrieg wurde diese Region bekanntlich als das Kaliningrader Gebiet in die RFSR (Russische Föderative Sozialistische Republik) eingegliedert; dies veränderte das Gesicht dieser Region in wirtschaftlicher, sprachlicher, baulicher und kultureller Hinsicht in einem derartigen Ausmaß, dass es mit dem Jahrhunderte lang von Deutschen und Litauern bevölkerten Landstrich kaum noch etwas gemein hat.

Auch zu diesem Kapitel hat die Herausgeberin einen ganz persönlichen Bezug, musste sie sich doch zeitlebens der Frage nach ihrer nationalen Identität stellen: Am ehesten ist sie wohl eine Nachfahrin *preußischer Litauer*, aber vielleicht auch *litauischer Preußen*, wer weiß es denn heute noch so genau!

Um allen Missverständnissen vorzubeugen: Ungeachtet der thematischen Orientierung bei der Zusammenstellung der Texte für diese Anthologie handelt es sich bei den ausgewählten Erzählungen – mit Ausnahme der beiden Berichte von Dalia Grinkevičiūtė – nicht um Sachtexte, sondern um literarische Texte zeitgenössischer litauischer Autoren, wobei der Text von Donelaitis eine weiter unten zu begründende Sonderstellung einnimmt.

Um dem unkundigen Leser die Orientierung zu erleichtern, haben wir im Anhang Worterklärungen mit Referenz zur jeweiligen Textstelle beigefügt. Es geht hierbei um fremdsprachliche – jiddische und russische – Textstellen im litauischen Text, die in der jeweiligen Originalsprache belassen wurden; ferner um litauische Begriffe, für die es keine deutschen Äquivalente gibt; schließlich um Eigen- sowie Ortsnamen und anderes mehr.

Dankbar bin ich Elke und Dietmar Peter (Söhrewald), Inge Paulmann (Frankfurt) sowie Almut und Werner Schauß (Marburg) für die Durchsicht der Manuskripte und die damit verbundenen wertvollen Anregungen. Meinem Ehemann gilt mein besonderer Dank: Er hat sich während der Entstehungszeit der vorliegenden Veröffentlichung mit vielerlei editorischen Arbeiten sowie mit einem eigenen Beitrag so intensiv in mein Vorhaben eingebracht, dass ich die vorliegende Arbeit inzwischen als unser gemeinsames Projekt betrachte.

Lumsås, im Juli 2002
Edita Werner

Ričardas Gavelis
Ohnhand

Gewidmet Gražina B.

In dieser Gegend dauerte der Winter acht Monate. Für die anderen Jahreszeiten blieben vier. Dennoch fror der Fluss nie ganz zu. Sein Strom sollte atmen und die Welt sehen, als sei er lebendig. Er unterwarf sich keiner Kälte, war unbesiegbar, als sei er der gemeinsame Lebensstrom aller an seinen Ufern angesiedelten Menschen. Es konnten zehn umkommen, hunderte, tausende. Aber keine Macht konnte sie alle bis zum letzten auslöschen.

Auf dem Fluss schwamm ein einsames Floß aus unbehauenen Stämmen. Es glitt langsam voran, als sei es todmüde. Von Kälte getriebene Tiere blieben zuweilen am Ufer stehen und begleiteten es mit ängstlichen Blicken. Aber das Floß achtete nicht auf sie, es suchte Menschen. Menschen aber gab es weit und breit nicht.

Das Floß war leer. Nur bei einem sehr genauen Hinsehen hätte man auf seinem mittleren Stamm einen unregelmäßigen weißlichen Fleck erblickt – vielleicht ein kleines vor Kälte erstarrtes Tier, vielleicht ein Zeichen, vielleicht aber auch eine undeutliche Fata Morgana, eine Luftspiegelung der unermesslichen Schneeflächen.

Der Wunsch überkam ihn plötzlich. Er bemächtigte sich nicht nur seines Geistes, sondern des ganzen Körpers – wie eine Krankheit, die lange heimlich in seinem Innern verharrt und auf die Stunde des Triumphes gewartet hatte. Vytautas Ohnhand überlegte, warum gerade jetzt. Vielleicht war seine Pensionierung schuld daran, die plötzliche Freiheit und die Leere, die nach einigen Wochen sein Leben erfasst hatte. Beide Töchter waren mit der Einrichtung ihrer seit langem ersehnten eigenen Wohnungen beschäftigt, und wenn er versonnen vor Onas Grab stand, fand er nichts, was er ihr hätte sagen können; er konnte ihr nichts erklären, er konnte dieses drängende Verlangen, das nicht zu besänftigen war, nicht beschreiben. Wenn er an der Kette, mit der das Grab eingefasst war, rauchte, wartete er auf ein Zeichen von Ona aus der Tiefe. Aber kein Zeichen erschien. Die Toten neigen dazu zu schweigen, sie sprechen nicht einmal im Traum.

Schon acht Jahre lang schrieb er ihr jede Woche einen Brief, am Samstagmorgen las er ihn laut im leeren Wohnzimmer. Er schrieb über alles: den Fliederduft, die schiefe Nase des Nachbarn, die Umrisse der Wolken, seinen Berner Sennenhund, den er sein Leben lang haben wollte, aber nie besessen hatte, den er sich immer nur vorstellte. Er erzählte Ona alles, so wie er es gewohnt war, obwohl er manchmal dachte, dass er in diesen Briefen einiges mehr schrieb, als er ihr bekennen würde, wäre sie noch am Leben. Er eröffnete ihr seine Trauer und seine Schwächen, zu Lebzeiten hätte er das nie getan. Ohne Scheu offenbarte er ihr seine Absonderlichkeiten und kleinen Manien: dass er sein Leben lang eine panische Angst vor Fischen hatte, dass er Briefe der Verwandtschaft nur auf der Toilette las, dass er fest daran glaubte, im Nachbarkater sei die Seele seines Kindheitsfreundes Martin verkörpert. Er verheimlichte ihr nicht einmal, dass er ihr zweimal untreu war. In seinen Briefen öffnete er sich ihr viel mehr, als er früher sich hatte öffnen können, fast glaubte er, dass er in ihnen wirklich alles erzählen könne. Aber er vergaß nie, dass es doch nicht so war. Die Hand wollte einfach nicht über das vielleicht Wichtigste schreiben, über diese verlorene Zeit von vier Jahren. Über diese Zeit sprach er nie – weder mit ihr noch mit jemand anderem. Sogar wenn Jahr für Jahr am fünften März Aleksys kam und sie die kleine

Kerze vor den aus der Erinnerung gezeichneten Portraits anzündeten, – selbst dann sprach er nicht darüber. Aleksys, ein Bühnenarbeiter, klagte dann, dass es im alten Theater einfacher gewesen sei und mit den ausgefallenen Wünschen der neuen Bühne nicht einmal der Teufel selbst zurecht komme. Vytautas Ohnhand sprach über den Rohstoffmangel in seinem Betrieb, die veralteten Maschinen und den hysterischen Direktor. Man muss wohl sagen, sie verständigten sich im stillen Einvernehmen, wobei sie ganz etwas anderes dachten und sagen wollten. Dennoch: Über die wichtigste Sache, um derentwillen sie hier zusammengekommen waren, sprachen sie nicht. Es hätte sie sonst unvermeidlich die Erinnerung überkommen, dass von den sechsundzwanzig Männern nur sie beide übrig geblieben waren.

»Die Nachricht, am wichtigsten ist die Nachricht«, wiederholte Bronys immer wieder mit geschlossenen Augen, »ich würde solch eine Nachricht schreiben, dass im Handumdrehen die ganze Welt zu uns geflogen käme, alles stehen und liegen lassen würde und hergeflogen käme. Aber ich habe weder etwas, womit, noch worauf ich schreiben könnte.«

Die Köpfe der Männer neigten sich zur Erde, obwohl sie leicht und leer waren. Die Gesichter aller waren gleich, auch die Augen waren gleich – aus allen sprach allein das Bemühen, wenigstens einen einzigen Gedanken zustande zu bringen.

Und die Wolken zogen immer in die gleiche Richtung, als ob sie ihnen den Weg, wenn nicht in die Freiheit, so doch wenigstens in das Leben weisen wollten.

Anfangen zu reden hätte bedeutet, sich auf einmal an das zu erinnern, was man mit größter Mühe vergessen, aus dem Gedächtnis verbannt hatte, verschnürt und in eine tiefe, tiefe Grube, vielleicht einen Abgrund geworfen hatte; hätte bedeutet, wieder den breiten braunen Baumstumpf, der an einen Stierkopf erinnerte und mit seinen Zähnen sich an seiner Hand festbiss, zu erblicken; hätte bedeutet, wieder diese Kälte und den Schneesturm zu spüren, oder zuerst den Schneesturm und dann die Kälte; hätte bedeutet, wieder die ständig in den Schneewehen umstürzenden Männer vor sich zu sehen und ihre Gesichter, die alle gleich waren, in gleichem Maße schwarz geworden und ausdruckslos; Gesichter, die denen, die Aleksys gezeichnet hatte, überhaupt nicht ähnelten, obwohl sie irgendwann offenbar wirklich so ausgesehen hatten; wirklich, sie waren so: Valius, Zenka Kaunietis, die zwei Andersgläubigen, Pranas und all die anderen, ihre Gesichtszüge waren mit schwachem Bleistiftstrich festgehalten (Aleksys zeichnete immer mit hartem Graphit). So standen sie im Kreis um die einzige kleine dünne Kerze auf dem Tisch in seinem Zimmer. Und sich erinnern, deutlich erinnern an sie und andere und noch andere Namenlose, deren Gesichter in ihrem Gedächtnis nicht haften geblieben waren, wollten er und Aleksys nicht. Sie wollten es nicht, wagten es nicht und schafften es nicht. Schweigend leerten sie ein Gläschen, später noch eins, leerten schön das Zeremonienfläschchen, und Aleksys pflegte dann seufzend zu sagen: »Ich gehe Elenytė versorgen.« (Seine Frau konnte schon seit einigen Jahren das Bett nicht verlassen. Die kleine Elenytė war auch noch so eine unzulässige Erinnerung: Der vom schwarzen Schnee verkühlte Unterleib, Hände, die märchenhafte Schweinswürste schufen, das Arbeitstier Elenytė, das man verkrüppelt hatte.)

Aleksys und Elenytė gab es nicht mehr, Ona antwortete nicht, gab kein Zeichen. Die Töchter zerstritten und versöhnten sich täglich mit ihren Ehemännern; ab und zu fragten sie, ob ihm auch nichts fehle, ob man ihm nicht helfen solle – aber was sollte ihm fehlen, einem noch keineswegs alten, kräftigen Mann; er selbst konnte noch gut anderen helfen, selbst ihnen, wenn es nur nötig gewesen wäre. Der Sommer war fast übermütig geworden, man hätte irgendwohin fahren können, aber Vytautas Ohnhand gefiel Vilnius, die alten erhitzten Gassen schienen ihm lieber zu sein als die ruhige Frische der heimatlichen Seen.

Der Wunsch überfiel ihn aus dem Hinterhalt, biss zu, wie eine Schlange in eine entblößte ungeschützte Wade beißt; das Gift verteilte sich unverzüglich im ganzen Körper, trübte das Gehirn, brachte sogar die Träume durcheinander. Der giftige Wunsch pulsierte mit dem Blut im Herzen, vielleicht verwandelte sich sogar das Blut selbst in jenes Verlangen, verwandelten sich das Herz, die Nieren, die Leber, vielleicht wurde der ganze Körper zu diesem einzigen Verlangen. Eine seltsame Versuchung, sich selbst zu besiegen, brannte wie ein Eisfeuer; Vytautas Ohnhand spürte plötzlich, dass er sein ganzes Leben lang nicht gewagt hatte, vor sich selbst zu bekennen, wer er in Wirklichkeit war, sich vor anderen verstellt und sich selbst betrogen hatte, einen wichtigen Teil seiner Seele verunstaltet hatte, ohne den er nicht der richtige Vytautas Ohnhand war und als ein anderer Mensch lebte: mit einem anderen Gesicht, mit einem anderen Namen, mit einer anderen Seele. Von sich selbst losgesagt, ehe der Hahn dreimal gekräht hatte, und allein waren auch Jesus und der Apostel Petrus. Er musste sich selbst finden, zu sich zurückkehren wenigstens vor dem Tod.

Es kam ihm der Gedanke, dass Ona vielleicht deshalb nicht antwortete, weil er ihr sein wahres Sein verheimlicht hatte, ihr nichts von seiner Hand gesagt hatte, die durch die Welt irrte, – oder vielleicht durch das Jenseits. Jetzt rief ihn diese Hand.

Großvater Rapolas pflegte einstmals den folgenden Rat zu geben: »Wenn dich die Verwirrung überkommt, wirf einen Zauber, besser noch warte auf ein Zauberzeichen, erwarte es bloß nicht von diesem gekreuzigten Gott, erwarte es von den Eichen, aus dem Moor, aus dem heiligen Strom des Flusses, von dem heiligen Geheul des Wolfes; leb einfach und warte auf das Zauberzeichen«, pflegte er zu sagen, »ängstige dich nicht, dass du es übersiehst oder überhörst, nein, wenn es sich zeigt – und es wird sich zeigen –, wirst du es sofort erkennen, es wird mit lauter Stimme zu dir sprechen, und du wirst alles wissen, du wirst es nicht vertreiben können, bevor du es nicht verstanden hast; suche dir einen heiligen Ort und warte.«

Und daran hielt sich jetzt Vytautas Ohnhand: Er irrte durch die Straßen von Vilnius (denn Vilnius war doch auch ein düsterer heiliger Ort), schaute auf die alten Dachgesimse, zog den Benzingeruch der Stadt ein, hörte heimlich den Gesprächen der Passanten zu; er wusste, dass auch das schicksalhafte Zeichen selbst ihn suchte, ihn gleichmäßig und beharrlich suchte, dass sie unausweichlich aufeinander treffen würden, deshalb eilte er nirgends hin.

Gefunden hatte er das Büchlein mit dem festen Einband in einem halb eingestürzten Torbogen, er wendete es hin und her, steckte es mit zitternder Hand in die Tasche und wollte plötzlich vor sich selbst weglaufen, sich im düsteren Wald verstecken, sich in den Erdboden verkriechen, das Büchlein verbrennen; denn schon war er von der Zauberkraft des Büchleins gebannt. Er spürte diese Kraft deutlich wie damals zwischen den Stacheldrähten, als er den Wurstkringel von der feuchten Erde aufhob, den Kringel wahrhaftigster duftender Wurst, litauischer Wurst, – unzweifelhaft erkannte er den in der Seele schmerzenden heimischen Geruch, er schaute sich um (damals in der Zone, und jetzt, an dem halb eingestürzten Torbogen) und verfluchte abscheulich sein Schicksal; denn er fühlte, dass von nun an jegliche Freiheit, Entscheidungen zu treffen und sich den Weg auszusuchen, geschwunden war, dass jetzt dieser Kringel duftender Wurst ihn führte (dieses Büchlein mit dem etwas feuchten festen Einband), in das Unbekannte führte, ins Verderben und vielleicht auch ins Nichts. Er wusste, dass sein Schicksal immer von äußerst seltsamen oder erdrückend banalen Dingen entschieden wurde.

In dieser Gegend dauerte der Winter acht Monate, aber der Fluss fror selbst im tiefsten Winter nie ganz zu. Sein Strom sollte die Luft atmen und die Welt sehen, als sei er lebendig. Er unterwarf sich keiner Kälte, war unbesiegbar, als sei er der gemeinsame Lebensstrom aller an ihm angesiedelten Menschen. Es konnten zehn umkommen, hunderte, tausende. Aber keine Macht konnte sie alle bis zum letzten auslöschen.

Zu der verlassenen Rodung brachte man sie, sechsundzwanzig Männer. Es sollten fünfundzwanzig sein, aber im letzten Moment schubste der Zonenvorsteher Vytautas Ohnhand zu den anderen.

»Der Geruch hat dich verraten, Bürschlein«, sagte er fast freundschaftlich, »Stinkender Dieb«.

Ohnhand spürte im Mund immer noch den beißenden Knoblauch- und Majorangeschmack, den Geruch von Wacholderrauch, den heimischen Geschmack und Duft, als der Zonenvorsteher die Reihe entlang schlich, wie ein Hund jeden beschnüffelnd. Er hatte nichts Hündisches an sich, seinem Äußeren nach erinnerte er eher an einen müden Geschichts- oder Geografielehrer. Aber er näherte sich Ohnhand wie der Tod, wie die Todesgöttin, nur dass er anstelle der Sense in seiner Hand einen feinen polierten Stock hielt.

Die Wachposten fluchten laut, als sie die zwei, drei Kilometer vom Gleisabzweig der durchgerosteten Schmalspurbahn durch den Tiefschnee pflügten. Hier rodete wahrscheinlich schon mehrere Jahre keiner mehr. Die Männer schleppten sich im Zug schweigend dahin, nur Aleksys, kaum dass er ausgestiegen war, hatte gemurmelt:

»Es war meine Wurst. Elenytè hat man gerade erst verbannt, sie hat die Wurst mir zustecken wollen. Und die da haben sie kassiert wie immer. Schmeckt sie?«

Der Schnee knirschte hier nicht, die Stimmen der Menschen gefroren sofort zu Eis und fielen lautlos in die Schneewehen. Ringsum ragten Bäume empor, wie man sie nicht einmal träumen kann, viele von ihnen zählten wohl mehr als ein Jahrhundert. Sie waren berückend schön und gleichzeitig düster – wie in einem bösen Märchen mit unglücklichem Ende. Wenn man sie anschaute, überkam einen die Angst, dass die ganze Erde überwuchert sei von diesen düsteren und seelenlosen Bäumen. »Sie sind seelenlos«, schrie später Bronys. »Eine Eiche hat eine Seele, eine Esche kann beseelt sein und sogar eine Pappel, aber nicht diese gespenstischen Riesen.« Die Männer kämpften sich mühsam durch die Schneewehen, jeder mit seiner Aureole, seinem Engel über dem Kopf: Bronys wurde von seiner abgemagerten dzukischen Muse begleitet, Aleksys von Elenytės Bild, und über dem Kopf von Vytautas Ohnhand schwebte nur der Geist der duftenden litauischen Wurst, strahlend wie ein Heiligenschein.

Schließlich öffnete sich vor ihnen die verlassene Rodung. Die Wachposten trampelten zufrieden und schüttelten den Schnee von ihren Filzstiefeln, als hätten sie ihr Zuhause erreicht. Die Rodung konnte man kaum mit den Augen erfassen, in dieser Gegend war alles unmenschlich weit, als hätten hier einst Riesen gelebt. Nur gab es jene Riesen schon lange nicht mehr. Es gab nur die Wachposten, die immer wieder trampelten, als wollten sie die Festigkeit der Erde erproben. Und die Erde war hier fester als Eisen, eine eherne Erde.

»Morgen bringen wir die Zuteilung«, sagte einer mit heiserer Stimme.

»Bis morgen laufen wir weg!«, gab Zenka Kaunietis zurück, er fühlte sich als einziger zum Spaßen aufgelegt.

Die Wachposten antworteten nicht einmal, zuckten nicht einmal mit den Schultern. Im Winter konnte sich in dieser Gegend kein Mensch mehr als ein paar Kilometer fortbewegen – nicht einmal, wenn man mit Skiern und Jagdausrüstung versehen war. Auch erfahrene Jäger entfernten sich nicht allzu weit von ihren Hütten. Von hier konnte keiner

fort, nicht einmal die Tiere, nicht einmal die Vögel – vielleicht die Wolken, die immer in dieselbe Richtung zogen.
   »Lassen sie uns wirklich allein?«, wunderte sich Bronys, »das kann nicht sein.«
   »Im Wunderland ist alles möglich. Alles, egal was!«, gab Zenka zurück.
   Alle nannten aus irgendeinem Grund diese Gegend, dieses Flusstal, ‚Wunderland'.
   »Morgen bringen wir die Nahrungsmittel«, brummte im Gehen der Wachposten mit seinem Bass, »für ganze zwei Wochen.«

Er spielte mit dem gebundenen Büchlein Katz und Maus, obwohl er sehr wohl verstand, dass es dieses Büchlein war, das mit ihm spielte, ihn quälte, ihn hypnotisierte wie die Riesenschlange den erstarrten Hasen. Es brannte in seinen Fingern, aber kaum hatte er es zur Seite geschleudert, da ergriff er es schon wieder, schlug es auf, betrachtete zum hundertsten Mal das Gesicht auf der kleinen Fotografie. Für Vytautas Ohnhand ähnelte es dem Gesicht von Ona: ein breiter Mund, hervortretende Backenknochen, große dunkle Augen. Die Frau auf der Fotografie sah gütig und müde aus, sicher war sie irgendeine verdiente Melkerin, oder vielleicht Weberin. Einige Tage lang erwog er sehr ernsthaft, was wahrscheinlicher sei, als ob dies von irgendeiner Bedeutung wäre. Wichtig war nur das Dokument selbst, dieses verhängnisvolle Büchlein, dessen ehemalige Besitzerin Vytautas Ohnhand mit traurigen und gütigen Augen anschaute, mit den Augen von Ona, die ihn verstand, rechtfertigte und gewähren ließ. Sie selbst bot ihm Hilfe an, ohne darum gebeten worden zu sein. Es war ihr nicht schade um das gebundene Büchlein, um diese ehrenvolle Bescheinigung, die dem Besitzer Rechte und Privilegien verlieh, – denn sie war doch eine einfache Frau, eine Melkerin oder Weberin, vielleicht wusste sie nicht einmal um diese Rechte, die er so dringend benötigte, benötigte nur für eine kurze Zeit, nicht für immer, nur für die Reise hin und zurück, für eine Reise in die Vergangenheit, die unzulässig war, gefährlich, aber wohl unvermeidlich. Er musste seine Vergangenheit wiederfinden und ihr in die Augen schauen. Ein Mensch, der seine Vergangenheit vergessen oder sich von ihr losgesagt hat, ist nur eine Aufziehpuppe.

Er fragte sich nicht mehr, warum ihn dieser Wunsch überkam, es verlangte ihn nur noch danach zu begreifen, warum es gerade jetzt geschah; in seinem Herzen fühlte er, dass dies nichts mit der Pensionierung, nichts mit der neu gewonnenen Freizeit zu tun hatte, denn schmerzende Gedanken quälten ihn schon immer; sie raubten ihm den Atem und würgten ihn, sie heulten eingeschlossen in den tiefsten unterirdischen Höhlen und pochten gegen die eiserne Tür. Aber sie hatten diese Tür nie aufgebrochen, sie hatten es nicht einmal versucht sie aufzubrechen. Warum ausgerechnet jetzt? Denn so schlecht hatte sich, schließlich, sein Leben gar nicht angelassen: Die Arbeit in dem großen Betrieb, sogar diese und jene Ämter hatte er übertragen bekommen; Ehrenurkunden und die Medaille für Veteranen der Arbeit; zwei geliebte Töchter, die Verwandten, Freunde. Keiner erinnerte ihn daran, woran er sich selbst nicht erinnern wollte, man half ihm eher noch, die Tür zu der unterirdischen Höhle zu verriegeln. Warum gerade jetzt? Warum nicht gleich nach Onas Tod? Warum nicht an einem anderen Tag, in einer anderen Woche, in einer anderen Minute in diesen fünfunddreißig Jahren?

Nachdem er alles in Ruhe überdacht hatte, sagte er sich, dass es keine Gründe dafür gab, aber er fühlte, dass das quälende Verlangen dennoch siegen würde, ja schon gesiegt hatte. Es schien, als hätte ein anderer Mensch von seinem Geist Besitz ergriffen, auch der war Vytautas Ohnhand, aber ein anderer, nicht der, der all die Jahre wohlgefällig und rechtschaffen gelebt, gearbeitet und sich abgemüht hatte. Der eine konnte die Welt stets zwingen, so zu sein, wie sie sein sollte, er konnte die Dinge und Gedanken in die passenden Stellen einordnen; der andere, neue, aber säte Verwirrung und Durcheinander nicht nur in sich selbst, sondern in der ganzen Welt; für ihn ging die Sonne weder im Osten auf noch im Westen unter, zweimal zwei waren für ihn noch längst nicht vier, Gerüche verwandelten sich für ihn in Geschmacksempfindungen, Gedanken – in Wolken, die über der gefrorenen Erde beständig dahinsegelten. Die Welt verlor plötzlich ihre Ordnung; jedes Ding existierte getrennt für sich und konnte alles bedeuten, was man nur wollte, einmal dies und im nächsten Augenblick etwas anderes. Und das Schlimmste war – dieser neue Ohnhand konnte sich an das erinnern, was für Ewigkeiten vergessen war, vielleicht überhaupt nie existiert hatte. Die Welt zerfiel in kleine Stücke und wollte sich nicht mehr zu einem Ganzen fügen. So hatte sich Vytautas Ohnhand nur ein einziges Mal in seinem Leben gefühlt – während des Großen Rats der neunzehn Männer (so viele waren damals übrig geblieben von den sechsundzwanzig). Einmal ertappte er sich im Gespräch mit dem Kater des krummnasigen Nachbarn, er fragte seinen vermeintlichen Kindheitsfreund Martin um Rat. Er begriff, dass das Verlangen, das nicht zu stillen war, ihn endgültig besiegt hatte. Er musste sich entweder entschließen (beschlossen war es schon lange, er zögerte nur), oder wahnsinnig werden.

»Im Kopf ist es wie in der Wüste. Die Kamele weben und wühlen im Sand.«

»Das Floß wird keine zwei tragen können. Es wird nicht einmal einen tragen. Nichts wird es tragen.«

»Hat Elenytès Wurst geschmeckt? Hat sie geschmeckt?«

»Männer, Hungersnot und Kälte erschüttern den Geist. Unsere Gedanken sind jetzt keine Gedanken mehr. Männer, kommt zu euch, denkt an irgendetwas Konkretes. Tut nicht das, was ihr beschlossen habt. Werdet wieder vernünftig! Wie wollt ihr später leben, falls ihr überlebt?«

»Es ist Gottes Stimme! Was allen gleichzeitig in den Sinn kam – Gottes Stimme!«
»Ich habe viele Köpfe. Und alle sind sie so leer, so leicht. Männer, hört zu, ich habe viele Köpfe. Und jeder spricht auf seine Weise.«
»Es ist ein Gedanke von größter Klarheit. Von größter Deutlichkeit. Ein großartiger Gedanke. Große Klarheit. Große Deutlichkeit. Ein großes Floß. Die große Nachricht.«
»Bist du einverstanden, Ohnhand?«
»Hat Elenytės Wurst geschmeckt? Sag, hat sie geschmeckt?«
»Ich bin Arzt. Alles wird gut gehen, ohne Schmerz. Ich bin Arzt mit Diplom.«

Vytautas Ohnhand riss vorsichtig die Fotografie dieser gütigen und müden Frau aus dem Dokument, nachdem er sich vorher laut entschuldigt hatte (Großvater Rapolas lehrte immer, dass in der Abbildung eines Menschen ein winziges Teilchen seiner Seele verborgen sei, das hören, verstehen und fühlen könne). Er wiederholte vor sich selbst, dass er dieses Dokument nur deshalb für sich umarbeitete, weil er sich selbst finden wollte. Er wollte zu keiner anderen Person werden, wollte dieser unbekannten Frau nichts rauben. Das ehrenvolle Dokument war nur der Schlüssel, das Zauberwort, gleichsam ein ‚Sesam öffne dich', nur warteten in der Höhle, die sich öffnen würde (vielleicht öffnen würde), ganz bestimmt weder Gold noch Edelsteine; nichts wartete dort auf ihn – höchstens er selbst: ein abgemagerter Dystrophiker, um dreißig Jahre jünger, er selbst in Gestalt eines Drachen, mit weit aufgerissenem Rachen, nach Opfern lechzend, der Letzte von den sechsundzwanzig Männern. Vytautas Ohnhand, der Letzte von den sechsundzwanzig, er hält das Dokument mit dem weiblichen Familiennamen in der Hand, und in der Brusttasche hat er das Foto der wahren Eigentümerin dieses Dokuments, die den Bildern von Ona so ähnlich sieht.

Plötzlich erschien es ihm unendlich lächerlich, dass er zu dem wichtigsten Vorhaben seines Lebens unter dem Deckmantel eines weiblichen Familiennamens aufbrach, er lachte sich verschluckend, lachte Tränen, die im Handumdrehen zu den wahrhaftigsten bitteren Tränen wurden, obwohl Vytautas Ohnhand nicht verstand, warum er weinte – seinetwegen, wegen dieser Frau, wegen Ona oder wegen der bevorstehenden Reise, er wusste nur, dass der weibliche Familienname dort niemanden stören werde; er wusste es seit jenen Zeiten, dass dort weit hinter dem Ural, in dem ehemaligen Wunderland, kein Mensch litauische Namen und Familiennamen unterscheiden und behalten konnte.

Der Schneesturm hörte mit dem Toben genau so plötzlich auf, wie er herangebraust war. Und sofort setzte eine unmenschliche, schneidende Kälte ein. An eine solche Kälte konnte sich keiner der sechsundzwanzig Männer erinnern – nicht einmal diejenigen, die hier schon mehrere Winter zugebracht hatten. Der Schneesturm tobte zwei oder drei Tage und Nächte lang, keiner konnte sagen, wieviele dieser grauenvollen Nächte sie in dem bebenden Unterstand ausgeharrt hatten – zwei oder drei. Zwei und drei geriet ganz durcheinander, in dieser Gegend galten andere Zahlen als in der übrigen Welt.

Die Kälte schnitt schon einige Tage und Nächte ohne nachzulassen, es schien, selbst die Luft wolle gleich zu Eis erstarren und zu klirren beginnen. Die ganze Welt erstarrte, nur der Fluss und sechsundzwanzig verwahrloste Männer gaben nicht auf. Das Feuer brannte Tag und Nacht, denn es waren nur noch ein paar Streichhölzer übriggeblieben. In dieser Gegend bedeutete Feuer und Leben oft dasselbe. Die Männer schwiegen meist, nur Bronys wiederholte ununterbrochen, dass sie Priester seien, dass sie überleben würden, wenn sie in das Feuer wenigstens ein kleines Stückchen Eiche werfen würden. Aber in dieser Gegend wuchsen seit Jahrhunderten keine Eichen. Bronys erhob sich immer wieder, um den heiligen Baum zu suchen, die Männer hielten ihn jedoch finster, wenngleich gutmütig fest.

Die letzten Reste der Trockenration gingen zur Neige, manche hatten sich schon Rinden und Zapfen aus dem Wald geholt und versuchten, sie zu kauen. Andere gruben im Schnee, zündeten draußen eine Feuerstelle an und versuchten, wundersame Wurzeln auszugraben. Aber die gefrorene Erde war hier fester als die menschliche Geduld. Mindestens zweimal am Tag wateten freiwillige Kundschafter auf der Suche nach den Gleisen der Schmalspurbahn durch den Schnee und kehrten unverrichteter Dinge zurück. Es gab keine Gleise, sie hatten sich in nichts aufgelöst, ebenso wie die Wachposten mit den Hunden. Es blieben nur die Schneewehen bis zur Taille und die unmenschliche Kälte, die lebendige Baumstämme bersten ließ. Und dann gab es noch den Fluss; sein Strom sollte Luft atmen und die Welt sehen, als sei er lebendig. Er unterwarf sich nicht einmal dieser unmenschlichen Kälte, war unbesiegbar, als sei er der Lebensstrom aller an ihm angesiedelten Menschen. Es konnten zehn umkommen, alle sechsundzwanzig, tausende anderer. Aber keine Macht konnte sie alle bis zum Letzten auslöschen. Sie hatten den Einfall, sich Flöße zu bauen, aber die gespenstischen Riesenbäume waren ihnen nicht wohlgesonnen. Die Äxte und die Sägen zerkrümelten, als wären sie aus Glas, obwohl die Männer ständig in den Unterstand zurückkehrten, zum Feuer, und geduldig das kraftlose Eisen wärmten. Aber das Eisen der Bäume war fester. Selbst die hartnäckigsten, die fast alle Äxte geopfert hatten, brachten nur ein winziges Gefährt zustande; es hätte nicht einmal den leichtesten von allen getragen.

In der Mitte der zweiten Woche begannen die Männer den Verstand zu verlieren. Plötzlich rannte irgendeiner laut schreiend aus dem Unterstand ins Unbekannte. Manche kehrten nicht zurück. Diejenigen, die sich wenigstens einen

Teil ihres gesunden Menschenverstandes bewahrt hatten, begriffen noch, dass es unklug wäre, das Feuer zu verlassen. In dieser Gegend bedeutete Feuer und Leben oft dasselbe. Keiner wusste mehr, in welche Richtung man gehen musste, wo man Hilfe suchen sollte – alle Richtungen waren schon lange gleich. Sie hatten nur noch eine einzige Axt. Auch waren ihnen nur noch wenige Streichhölzer geblieben; jeder hatte insgeheim Angst, dass selbst diese nicht angehen könnten. Die Männer lutschten an Kleidungsstücken, an Rinden, an Holzsplittern. In einer entfernten Ecke des Unterstandes hatten sich einige zu einem Haufen zusammengefunden und phantasierten laut vor sich hin, als ob sie sich in einer Geheimsprache unterhielten oder gespenstische Choräle sängen. Pranas schlug dem Vaclovas die letzten verbliebenen Zähne aus, nur weil dieser die Hoffnung ausgesprochen hatte, dass unbedingt jemand käme, um sie zu suchen – denn sie seien immerhin Menschen. Am besten hielt sich Valius. Hätte es ihn nicht gegeben, wären die Männer schon lange ins Unbekannte hinausgewatet, dem sicheren Tod in die Arme.

Valius sagte nichts, schaute diejenigen, die sich erhoben, nur aus abgrundtiefen Augen an, welche in das verwahrloste Gesicht dieses Heiligen gleichsam eingraviert waren, und die Männer beruhigten sich unverzüglich. Aber manche konnte nicht einmal er halten. Und solche gab es immer mehr. Den Reden der Männer war schon lange jeglicher Sinn verloren gegangen. Einer meinte zu fliegen, ein anderer erzählte immer wieder dieselbe Geschichte von einer Fuchsjagd, um den dritten hatten sich im Kreis nackte Frauen gesetzt, die ihn bis zum Wahnsinn in Versuchung führten und sich dann davonmachten. Es konnte nicht mehr so weitergehen, man musste etwas tun.

Man musste irgendwie eine Botschaft in die menschliche Welt schicken, dies begriffen sie alle. Der einzige Weg war der Fluss. Der einzige Träger der Botschaft – ein schwa-

ches Floß, das wahrscheinlich an der ersten Flusswindung hängen blieb. Die Männer stritten sich und redeten wirres Zeug. Sie konnten nichts schreiben, versuchten vergeblich, irgendetwas auf den Stämmen des Floßes einzukerben. Es musste ihnen ein Zeichen einfallen, das jeder sofort verstand. Also beschlossen die Männer, den Großen Rat einzuberufen. Dieser Gedanke, der Bronys in den Sinn kam, vereinigte für eine kurze Zeit alle, sogar das Grüppchen der Phantasierenden wurde stiller und kam näher an das Feuer gekrochen. Alle waren bemüht, sich mit ihrem durchgefrorenen Gehirn etwas einfallen zu lassen, sie kauten dabei an Holzsplittern, Rinden und den Enden ihrer Filzstiefel.

Nur die zwei Andersgläubigen schlossen sich der allgemeinen Betriebsamkeit nicht an, sie gingen nicht auf die Suche nach den Gleisen der Schmalspurbahn, sie rannten nicht schreiend durch die Schneewehen und phantasierten nicht. Fünfmal am Tag wuschen sie sich sorgfältig die Hände, das Gesicht und sogar die Füße im Schnee, wandten sich dann immer derselben Ecke des Unterstandes zu und begannen, mit gesammelten Gesichtern ein Gebet zu murmeln. Sie waren die glücklichsten. Sie sorgten sich weder um die große Botschaft, noch um das Floß, noch um das Essen, wahrscheinlich nicht einmal um das Leben. Sie waren die glücklichsten.

Erst nach seiner Reise dorthin, erst nachdem er noch einmal in die Hölle hinabgestiegen und wieder aus ihr emporgestiegen war, erst nachdem er den ersten Brief geschrieben und abgeschickt hatte, verstand er, worauf er die ganze Zeit gehofft, worauf er insgeheim gewartet hatte. Er glaubte, hier nichts zu finden, was einst war, glaubte, erleichterten Herzens sich umdrehen und zurückkehren zu können, die Fotografie der müden Weberin oder Melkerin wieder an ihren Platz in das Dokument kleben und anständig mit sich selbst abrechnen zu können: Er bemühte sich, tat alles, was er konnte, und noch mehr, aber das Schicksal selbst hatte den Albtraum von der Erdoberfläche wegradiert.

Das Schicksal wollte nicht helfen, es saß wahrscheinlich bequem im weichen Sessel mit übereinander geschlagenen Beinen und schaute lässig zu, wie Ohnhand sich verhalten werde, was er anstellen würde. Jetzt, nachdem alles (bei weitem noch nicht alles) schon vorüber war, zu Ende war, konnte er sich, wenn auch zaghaft, daran erinnern, sich immer wieder versichernd, dass nichts Schreckliches passiert war, alles einfach war, er nicht an die Wand gedrückt wurde und nicht den Verstand verlor – dies fürchtete er am meisten. Es half ihm auch noch das Trinken – Vytautas Ohnhand hatte schon lange keinen reinen Spiritus mehr getrunken.

Den ersten Brief schrieb er, sobald er in dem besagten kleinen Städtchen angekommen war, das im Laufe jener Jahre sich in eine lärmende Stadt verwandelt hatte: Überall röhrten die Bulldozer, in den Lastwagen schmetterten Baukolonnen ihre Lieder. Das Wetter war schön, er zog häufig die Jacke aus und trug sie über dem Arm. Dabei sorgte er sich immer wieder, er könne das Geld oder die Papiere verlieren. Ihm schien, dass jeder, dem er begegnete, ihn mißtrauisch ansah; aber bald begriff er, dass keiner ihn beachtete, dass er hier niemanden störte, ja geradezu überflüssig war. Alle Blicke sagten: Wozu bist du hierher gekommen, was suchst du, komm zu dir, solange es nicht zu spät ist.

Aber es war schon spät. So schrieb er auch im ersten Brief, freute sich noch naiv, dass die Stadt so groß und laut geworden war, ganz anders als das kleine dreckige Städtchen mit den Holzbürgersteigen, das ihm in Erinnerung geblieben war. Hier hatte sich alles verändert. Vytautas Ohnhand schrieb sorgfältig seine eigene Adresse auf den Umschlag. Damals dachte er noch nicht, dass es noch viele solcher Briefe geben würde, Briefe an Ona. Da er so weit von zu Hause weg war, von der Ketteneinfriedigung ihres Grabes, spürte er plötzlich, dass sie noch lebendig war. Dank ihrer hatte er vor mehr als dreißig Jahren überlebt; er würde auch jetzt überleben, denn seine Penelope wartete auf ihn; sie hatte die Freier abgewiesen, sie wartete auf den Rückkehrer von den Ufern des breiten, finsteren Flusses.

Den Fluss hinunter schwamm ein einsames Floß aus unbehauenen Stämmen, es glitt langsam vorwärts, als sei es todmüde. Von der Kälte getriebene Tiere blieben zuweilen stehen und begleiteten es mit ängstlichen Blicken. Aber das Floß achtete nicht auf sie. Es suchte Menschen, welche die Nachricht in Empfang nehmen konnten. Menschen aber gab es weit und breit nicht.

Er stieg pfeifend in den Bus, schaute ab und zu aus dem Fenster auf die Gebäude von irgendwelchen Betrieben und Kraftwerken, ohne im Geringsten daran zu zweifeln, dass er nur einen belanglosen Ausflug unternahm. Erst als er den Tümpel erblickte, in den sie damals Berge von Sägemehl gekippt hatten, machte sich Beklemmung in seinem Herzen breit. Der Gestank war auch jetzt noch genau derselbe. Noch mehr musste er sich überwinden, nicht am Stacheldraht vorbeizusehen.

Und am schwierigsten war es, hineinzugehen, in die lebendige Vergangenheit zu schreiten, die Tür in das Zimmer des Zonenvorstehers zu öffnen; obwohl nein, am schwierigsten war es, die Maske aufzusetzen, die passende Miene hinzubekommen: Solide und gleichzeitig um Fürsorge bittend, umgänglich, aber keinen Widerspruch duldend musste sie sein. Am schwierigsten war es, den Mund zu öffnen – bis zu diesem Augenblick konnte man sich noch zurückziehen, entwischen, so tun, als hätte man sich verlaufen.

Der Zonenvorsteher durchdrang ihn unendlich lange mit seinem Blick, bohrte sich mit dem Blick bis in sein Innerstes; noch länger betastete und besah er das Dokument. Vytautas Ohnhand schien es, dass er nie mehr hier rauskäme, sich gleich hinter dem Stacheldraht wegen Dokumentenfälschung wiederfinden werde.

Aber schließlich erhob sich der Vorsteher langsam, unwillig vom Stuhl, kam um den Tisch herum und reichte ihm die Hand. Von diesem Augenblick an musste alles gelingen, er begriff, dass er gesiegt hatte, dass seine Rechnung aufging, dass der Schicksalsstrom ihn erfaßt hatte und weitertragen würde, wie der gefrorene Fluss das stumme Floß aus den unbehauenen Stämmen weitergetragen hatte. Die Verwegenheit von Vytautas Ohnhand war grenzenlos, aber seine Rechnung ging auf: Alle sahen hier zum ersten Mal den Ausweis eines Deputierten des Obersten Sowjets, er wirkte wie ein Zauberwort; die Geheimtüren öffneten sich sofort ein wenig, der Zonenvorsteher, der einem müden Geografie- oder Geschichtslehrer ähnlich sah, fiel auf einmal in sich zusammen, er ängstigte sich nur um eines: Roch die Sache nicht nach irgendeiner gefährlichen Überprüfung?

Aber Vytautas Ohnhand ließ ihm keine Zeit zum Nachdenken, er hatte seine Rolle gut gelernt, er hatte sie hundertmal vor dem Spiegel geprobt, wenngleich er jetzt alles anders machte. Er hatte vor, das Gespräch trocken zu führen, er rasselte aber einen ganzen Monolog über das Alter runter, über den Wunsch, noch einmal auf den Pfaden der Jugend zu wandeln; gab vor, hier einst gearbeitet zu haben (er hatte ja wirklich hier gearbeitet, aber es war eine ganz andere Arbeit), er erzählte eine Unmenge von Einzelheiten, überschüttete den Vorsteher mit Fragen, scherzte spitzbübisch, bat, seinen Besuch nicht an die große Glocke zu hängen, zog den mitgebrachten Spiritus aus der Tasche, den Kognak sowie etwas zum Essen (die Augen des Gastgebers begannen zu leuchten), und er nannte den Zonenvorsteher immerzu Kollege. Und weiter entwickelte sich alles wie im Traum, in einem Traum, in dem albtraumhafte Bilder wirklicher sind als die wahren, Nachtmare lebendiger als die lebendigsten Menschen, und sinnlose Worte viel mehr Sinn geben als die ganze Weisheit der Menschheit. Aber dies war kein Traum, alles andere als ein Traum, es wurde ihm schließlich klar, dass er in eine schreckliche Falle geraten war. Alles sah hier anders aus als damals, aber dies hatte keinerlei Bedeutung; Vytautas Ohnhand sah dennoch die alten Baracken, die alten Pfade, sah den Hügel, der jetzt abgetragen war, die aufgefüllten Gruben, erkannte jeden schon lange gefällten Baum, roch den alten Geruch, der sich irgendwann verbreitet hatte, den alles durchdringenden Geruch von Schmerz und Hoffnungslosigkeit, der die Zone noch fester umsponnen hielt als der Stacheldraht. Auch die Menschen sahen jetzt ganz anders aus: Es schlenderten finster blickende Gestalten umher und unverschämte Bengel, aber er sah sie gar nicht; ihre Gesichter verwandelten sich zusehends, wurden zu ganz neuen, zu bekannten und unbekannten Gesichtern anderer Menschen.

»Wofür sitzt du?«
»Für so eine Sache«, sagte Valius. »Macht nichts, es werden auch für mich bessere Zeiten kommen.«
»Und du?«
»Weiß ich nicht«, antwortete Ohnhand. »Für nichts. Aufgrund eines Fehlers.«
»Und du?«
»Man hat mich beschuldigt, dass ich den Wäldlern geholfen habe«, sagte Pranas. »Aber wie soll man ihnen nicht helfen? Als ob sie mich gefragt hätten, wenn sie nächtens einfielen!«
»Ich sitze planmäßig«, sagte Zenka Kaunietis, wie immer grinsend. »Kam einmal so ein Schwabe, wir paukten in einer Klasse, sagte der: ›Verschwind in ein Dorf und versteck dich, nach Plan bist du dran. Wirst eine Weile im Dorf hocken bleiben, werden sie an deiner Stelle einen anderen wegbringen.‹ Bis ich meine Sachen gepackt hatte – da hatten sie mich in der Nacht auch schon festgenommen.«

Vytautas Ohnhand begriff schließlich, warum er sich verdoppeln musste, wer den zweiten Vytautas Ohnhand brauchte, der alles anders machte: Jetzt machte er Späße und schaute mit amüsiertem Blick um sich, spielte so, wie er selbst, der richtige Vytautas Ohnhand, nie zu spielen vermocht hätte. Er hätte wirklich nicht so tun können, als sei er hier einst sein eigener Aufseher gewesen, als hätte er sich selbst durch die Schneewehen zur Arbeit getrieben, als hätte er sich selbst und die fünfundzwanzig Männer in der unmenschlichen Kälte allmählich dem Wahnsinn überlassen.

Er brachte den Zonenvorsteher zum Lachen, machte sich über die Gefangenen lustig und trank dann tapfer den unverdünnten Spiritus, erzählte immer neue Einzelheiten; ließ den richtigen Vytautas Ohnhand sich ohne Eile an alles erinnern, still vor sich hin weinen, die Männer mit einer Schweigeminute ehren, einer endlosen Schweigeminute, – solange jener schwatzte und trank, schließlich fast die Treppe hinunterstürzte und mit dem Auto des Zonenvorstehers ins Hotel gebracht wurde.

Nur einmal hatte er es nicht ausgehalten, er packte den Gastgeber plötzlich an den Schultern und schrie los: Gib mir die Hand zurück, gib mir die Hand wieder! Aber keiner hatte seine Worte verstanden, Gott sei Dank, hatten sie es nicht verstanden. Und später begann er, mit den nackten Hotelzimmerwänden zu reden, mit den Sternen, die von Wolken verdeckt waren, mit den Gespenstern, die sich im Zimmer versammelt hatten.

Er schrieb einen zweiten Brief, dann einen dritten und vierten, vielleicht auch den tausendsten und vielleicht auch gar keinen. Er bemühte sich, für alle fünfundzwanzig Männer zu schreiben, sechsundzwanzig Seelen in sich zu tragen; er hörte die Stimmen der Männer, sah ihre Gesichter, fühlte, er sei sie alle auf einmal, aber dieses Gefühl war in keinem Brief zu beschreiben.

Der Große Rat dauerte bis zum Abend, aber er hatte immer noch nichts beschlossen. Sie hatten ein schwaches Floß und eine einzige Axt. Sie konnten die Axt in den mittleren Baumstamm schlagen und das Floß stromabwärts schwimmen lassen. Ob das ein Zeichen wäre?
Die Männer konnten ihre Köpfe mit dem durchgefrorenen Gehirn nicht mehr aufrecht halten. Ihre Gedanken gefroren, man musste sie auftauen. Die Männer neigten die Köpfe näher zum Feuer, sie hielten die Hitze kaum aus, aber Gedanken stellten sich nicht ein.
Die Männer schauten Valius unentwegt an, aber in seinen Augen sahen sie nur Unvermögen und Qual. Flehend schauten sie zu Bronys, aber der phantasierte nur; mal leiser, mal lauter murmelte er Verse, eigene und fremde. Vaclovas zählte unaufhörlich die ausgeschlagenen Zähne, schüttelte sie in der Handfläche hin und her wie Funken. Pranas überkam aus irgendeinem Grund der Wunsch, sich nackt auszuziehen. Aleksys kaute geduldig an der schon längst im Bauch eines anderen verschwundenen Wurst von Elenytė. Das war der Rat des großen Schweigens. Das Schweigen jedes einzelnen vereinigte sich mit dem allgemeinen Schweigen, und dieses verband sich mit dem gleichgültigen Schweigen der hundertjährigen Bäume, mit dem blendenden Schweigen des Schnees, mit dem Schweigen der am Himmel ziehenden Wolken. Es war ein Rat ohne Vorschläge, ohne Disput. Keiner fand ein Zeichen, welches alle Menschen auf einmal verstanden hätten. Ein solches Zeichen konnte es wahrscheinlich auch nicht geben. Mitteilen, dass sie hier waren, dass sie langsam mit Körper und Geist dahinsiechten, konnte nur ein lebendiger Mensch. Bronys hatte, als er noch nicht phantasierte, vorgeschlagen, es sollte jemand zum Däumeling werden, damit ihn das Floß trüge. Schließlich hub Valius an zu sprechen und meinte, dass selbst dieser Däumeling bei einer solchen Kälte nach einer Stunde zum Eiszapfen würde.

Keinem war es klar, wie und wann der große Gedanke auftauchte. Keiner hörte, wer als erster diese Worte laut aussprach. Den Männern schien es plötzlich, dass jeder schon lange so dachte. Es brach aus ihnen heraus, es war nicht mehr nötig, abzustimmen. Nur Valius versuchte hoffnungslos allein, alle zu überreden. Doch keiner hörte auf ihn, alle schauten nur Ohnhand an. Er musste selbst einverstanden sein. Alle warteten darauf, dass er zu sprechen begänne, obwohl es doch nur eine Antwort geben konnte.

»Ich bin einverstanden«, sagte schließlich Ohnhand, »ich habe mich schon lange einverstanden erklärt. Das ist mein Los. Der Großvater hat mich einst gewarnt.«

»Komm zu dir, Dummkopf!«, schrie Valius nur kurz auf.

Die beiden Andersgläubigen, die während des ganzen Rats kein Wort verstanden hatten, wiegten traurig die Köpfe und begannen, die Hände im Schnee zu waschen. Es war schon Mitternacht, Zeit für das letzte Gebet.

Der Stumpf schmerzte schon lange dumpf, begann noch in Vilnius zu schmerzen, gleich nachdem dieser verhängnisvolle, wahnsinnige Wunsch ihn überkommen hatte. Ein drückendes Unwohlsein quälte auch sein Herz, und zuweilen vermischte sich auch alles: Vytautas Ohnhand schien es, dass sein gequältes Herz dort außerhalb des Körpers schlüge, anstelle der verlorenen Hand. Es schien, als wollte er nicht so sehr die Hand wieder bekommen, sondern vielmehr das verlorene Herz. Weder damals noch später beschuldigte er die Männer – überhaupt erinnerte er sich nie an den schrecklichen Rat. Er träumte nicht einmal von ihm – dies wunderte ihn jetzt am meisten.

Die nächtlichen Albträume waren ganz anderer Art, aber jetzt tauchte der unheimliche Rat gleichsam aus der Erde hervor. Er saß wieder in dem bebenden Unterstand, am Feuer, und konnte nirgendwohin weglaufen, denn hinter den dünnen Bretterwänden wütete eine unmenschliche Kälte, und es gab keinen Weg zu den Menschen. Vytautas Ohnhand irrte durch die tosende, stinkende Stadt, sah die dreckigen Straßen, Baugruben, bleiche Menschengesichter; aber gleichzeitig war er dort im Rat, hörte jedes Wort, sah die Augen jedes einzelnen.

Ab und zu blieb er stehen, stützte sich kraftlos gegen einen Baum oder eine Wand. Besorgte Passanten erkundigten sich, ob ihm nicht schlecht geworden sei, aber er schüttelte nur den Kopf. Konnte er ihnen denn erklären, dass er gerade jetzt an diesem Baum die Stimme von Pranas hörte und das verzogene Gesicht von Zenka Kaunietis sah, dass er den Beschluss schon begriffen hatte, dass er versuchte, sich zu sammeln, wenigstens einen klaren Gedanken zu fassen? Es gab aber nur einen Gedanken: Wenn dir der Feind eine Hand wegnimmt, so kann man das verstehen; wenn dir die eigenen Leute deine Hand rauben – dann bedeutet es doch, dass das Ende der Welt gekommen ist. Er wartete nur darauf, dass der Engel der Apokalypse zu posaunen anhub und man das Buch mit den sieben Siegeln brachte.

Vytautas Ohnhand hätte schon lange nach Hause fahren können. Von hier wegzufahren war nicht einfach, aber mit diesem verhängnisvollen gefälschten Ausweis konnte er jederzeit eine Fahrkarte kaufen, sogar ohne anzustehen. Aber fast schon eine Woche fuhr er nirgends hin, er schrieb nur jeden Tag einen Brief und schickte ihn ab. Solche Briefe konnte, ohne sich zu ängstigen, nur ein Toter lesen.

Er fühlte, dass er etwas verstehen musste, was nicht zu verstehen war, etwas wahrnehmen musste, was nicht wahrzunehmen war, etwas erklären musste, was nicht zu erklären war. Er redete sich ein, dass er deshalb nicht nach Hause führe, weil er auf Onas Antwort wartete. Aber in Wirklichkeit hielt ihn nur der Gram seines Herzens fest, des Herzens, das außerhalb des Körpers schlug, anstelle der verlorenen Hand. Er konnte nicht zurückkehren, ohne diese Hand gefunden zu haben – das heißt, ohne sein Herz gefunden zu haben.

Abends, wenn er die Briefe schrieb, besuchte ihn der Großvater, er rauchte seine krumme preußische Pfeife und wiegte traurig den Kopf.

»Jungchen«, pflegte er dann zu sagen, »das ist nun einmal das Zeichen unserer Sippe. Es ist nichts zu machen, so ist es seit Jahrhunderten. Sogar der Name unserer Sippe ist ja so. Mir hat das Schrapnell die Hand abgerissen, deinem Vater haben die Parteigänger Bermondts sie mit der Axt abgehauen. Ich habe dir oft gesagt: Bereite dich rechtzeitig darauf vor, Jungchen, verabschiede dich von ihr. Sie gehört dir nur auf Zeit.«

»Wenn wir seine Hand hinunterflößen, ein solches Zeichen werden alle verstehen. Versteht ihr, wenn Ohnhand wirklich ohne Hand bleibt, dann geht der geheime Wille der Götter in Erfüllung. Versteht ihr? Es sind die Götter selbst, die das fordern.«

Seinen Entschluss fällte er in der Mitte der zweiten Woche. Jetzt hoffte er nicht mehr, dass er dort, auf der verlassenen Rodung, nichts mehr aus jenen Zeiten finden werde. Er sah ganz deutlich die unendliche Fläche von Baumstümpfen, die auf einen Haufen zusammengeworfenen Stämme und den verfaulten Unterstand. Er sah den riesigen Baumstumpf, der einem Stierkopf ähnlich sah, er fühlte, wie die Hand hoffnungslos den Stiel der letzten verbliebenen Axt umfaßte. Der Großvater saß neben ihm im knatternden Geländewagen, versuchte zum letzten Mal, ihn davon abzubringen. Aber Vytautas Ohnhand wusste, dass er dort hinfahren würde, in jedem Fall hinfahren würde, schon hingefahren war – es war eine Sache, die sich schon ereignet hatte, wenngleich sie sich noch in der Zukunft verborgen hielt. Zukunft, der Lauf der Zeit, bedeuteten nichts mehr. Er wusste genau, wie es weitergehen würde; er konnte im Voraus jedem beliebigen Zuhörer alles erzählen, jedes Detail, um ihn nachher in die Rodung mitzunehmen, damit er sich vergewissern könne, dass alles wirklich genau so sein würde.

Gerade aus dem Geländewagen ausgestiegen, wird er sich umwenden wollen, aber seine Muskeln werden ihm nicht gehorchen. Schließlich wird er begreifen, dass er seine Hand – sein Herz – nicht dem Schicksal überlassen kann, denn damit würde er auch sechsundzwanzig hier gefangene Seelen zurücklassen. Er wird sprachlos sein, denn der Platz wird genau so sein wie damals, sogar die Reste ihrer Feuerstelle werden unberührt sein. Spielerisch wird er die vermoderten Gerippe des Unterstandes hin und her kicken, er wird sicheren Schrittes zu dem Baumstumpf hingehen, der einem riesigen Stierkopf ähnlich sah – der wird ganz in der Nähe des Unterstandes daliegen, damals schlichen sie vielleicht eine halbe Stunde, bis sie ihn erreicht hatten – und er wird ihn starren Blickes ansehen. Der Baumstumpf wird ihn ansehen, und er den Baumstumpf. Sie werden mit ihren Blicken ringen – wer wohl mit seinem Blick siegen mag; sie werden lange miteinander ringen, sie werden die Zeit vergessen, und vielleicht werden sie wie vor mehr als dreißig Jahren versuchen, einander zu zermalmen, denn dies wird die wichtigste Sache auf der ganzen Welt sein. Er ängstigte sich überhaupt nicht, er wusste, dass er siegen würde, wie er damals gesiegt hatte, er wusste, dass er unbesiegbar war, nie zu bezwingen war und besonders jetzt nicht, da er doch sechsundzwanzig Seelen besaß, – dass er nicht zu unterwerfen war wie der Strom des Flusses, wie das Sonnenlicht, wie die ewige Geduld Onas, die auf ihn wartete. Er wusste, dass der Baumstumpf sich schließlich ergeben und zu Tode erschreckt erbeben würde, wenn er, Ohnhand, entschlossen und sicher seine rechte, gesunde Hand auf ihn legte.

Sie gingen zu viert hinaus in die Kälte. Der Arzt trug Verbandszeug mit sich, das sie aus dreckiger, von Schweiß durchtränkter Unterwäsche zurechtgerissen hatten. Er hieß früher Andrius, aber seit einigen Tagen befahl er, ihn jedesmal mit einem anderen Namen zu rufen. Manchmal gab er vor, viele Köpfe zu haben. Zusammen mit ihnen gingen Zenka Kaunietis und Aleksys. Zenka meinte, in seinem Leben alles gesehen zu haben, deshalb müsse er auch dies sehen. Außerdem hatte er früher irgendwann als Sanitäter gearbeitet. Aleksys ging so für alle Fälle mit. Falls Ohnhand ohnmächtig werden sollte, wollte er ihn auf seinen Armen zurück tragen wie ein Kind. Aleksys wusste genau, dass er jetzt der stärkste von allen war – während die anderen hungerten, aß er die ganze Zeit Elenytės Wurst, die nicht existierte. Sie gingen zügig, damit die im Feuer erhitzte Axt nicht durchfror und zersplitterte. Sie glaubten, zügig hintereinander zu schreiten, obwohl sie in Wahrheit jeder für sich krochen wie riesige Schnecken. Der Arzt beteuerte unaufhörlich lauthals, dass eine derartige Kälte alle Bazillen töte. Zenka Kaunietis erzählte immer dieselbe Anekdote, die niemand hörte.

Sie gingen hinter einen kleinen Hügel, um nicht den schiefen, von Rauchschwaden eingehüllten Unterstand zu sehen. So wollte es Ohnhand. Er schwieg, sagte nicht einmal etwas, als sie an den großen Baumstumpf kamen, der einem Stierkopf ähnlich sah, deutete nur mit der Hand darauf. Dreimal holten sie mit der Axt aus, aber sie hielten jedesmal inne. Zenka Kaunietis murmelte, dass die Axt abkühle, und bot sich an, die auf dem Baumstumpf ausgestreckte Hand zu halten, damit Ohnhand sie nicht unwillkürlich zurückzog.

»Ich werde nicht warten, bis sie mir andere wegnehmen, Großvater«, sagte Ohnhand in den leeren Raum. »Ich werde es selbst erledigen.« Die Axt sprang völlig lautlos von dem Baumstumpf zurück. Aleksys ergriff den stürzenden Ohnhand, und Zenka Kaunietis schnappte die Axt und schob sie hinter das Revers. Der Arzt schließlich presste die Lippen zusammen, während er eilig den blutüberströmten Stumpf einschnürte und verband. Die vom Körper abge-

trennte Hand bewegte die Finger, als sei sie erstaunt, kippte zur Seite und erstarrte; sie blutete kaum.

Die Vilniuser Linden waren schon verblüht, die Straßen der Stadt verströmten einen kaum wahrnehmbaren Teergeruch. Er nahm von der Nachbarin die aufgelaufenen Briefe entgegen und zählte sie sorgfältig, obwohl er sich nicht erinnern konnte, wie viele von ihnen er abgeschickt hatte. Sein Zuhause erschien ihm ganz fremd. Er ging nicht seine Töchter besuchen, ging nur in den Laden und lud den Kühlschrank voll mit Fleischkonserven und Eiern, kaufte frische Kartoffeln und schloss sich ein, öffnete niemandem und reagierte nicht auf das Telefonläuten.

Vytautas Ohnhand musste nachdenken. Er musste sich an sich selbst gewöhnen, an einen ganz anderen Vytautas Ohnhand, an einen Menschen, der es gewagt hatte, die verbotene Tür zu öffnen, in die Hölle hinabzusteigen und zurückzukehren, an einen Menschen, der zum zweiten Mal das erfahren wollte, was man nur einmal ertragen kann, an einen Menschen, der sechsundzwanzig Seelen in sich trug. Es erschien ihm seltsam, dass er essen und trinken wollte und dass er später Wasser ließ und sich entleerte. Es erschien ihm seltsam, dass er einschlief und sich im Traum ohne Hand sah. Sein ganzes Leben lang sah er sich im Traum mit beiden Händen. Hoffnungslos versuchte er zu ergründen, ob sein Sieg wirklich ein Sieg war – ein Sieg über wen? Der Verstand konnte hier nicht helfen, der Verstand verbot ihm schon sehr lange, Vilnius zu verlassen, er erklärte weder den verhängnisvollen Wunsch, noch die Reise und die Rückkehr. Vytautas Ohnhand verstand nicht, wer ihn auf diese verhängnisvolle Reise getrieben hatte, was er zu finden, zu erfahren gehofft hatte. Ja, fünfundzwanzig Männer luden ihn flehentlich ein, ihn, den Letzten von allen, aber er hätte die Bitte auch ablehnen können, das wäre kein Verrat. Er fühlte nichts in seinem Herzen, alle in diesen zwei Wochen erlebten Gefühle waren nicht seine Gefühle, sondern die eines anderen. Ja, er hat die Schlacht gewonnen, er konnte sich ganz ruhig an jeden Augenblick aus jenen Tagen erinnern. Die lange gefangen gehaltenen Erinnerungen waren in die Freiheit entwischt, aber sie konnten ihn nicht überwältigen. Das einst herausgerissene Stück seines Lebens war wieder an seinem Platz, alles war an seinem Platz, nur Vytautas Ohnhand selbst war irgendwo verschwunden; ihn gab es nicht mehr, man musste ihn wiederfinden, und vielleicht neu erschaffen.

Vier Tage lang las er seine Briefe, die Briefe des anderen Vytautas Ohnhand, schlug sich durch das Wortgeflecht von dem Wunsch beseelt, wenigstens ein bisschen den anderen Vytautas Ohnhand zu begreifen – sich selbst zu begreifen –, den, der niemals entkommen war aus jener eisigen Gegend, dort für alle Zeiten geblieben war, am Ufer des ewig eisfreien Flusses saß, und immer darauf wartete, dass das kleine Floß mit dem Zeichen erscheine; der immer noch hoffte, dass auf dem schwarzen Wasser langsam seine Hand angetrieben käme. Er las und fragte laut das Papier, warum er das alles noch einmal durchleben musste, was er doch schon einmal durchlebt und vergessen hatte. Etwa nur deshalb, weil der Mensch ohne Erinnerung nicht leben kann? Aber kann er denn leben, nachdem er zum Gedächtnis von sechsundzwanzig Männern geworden ist?

Am fünften Morgen legte er die Briefe schön zusammen und verschnürte sie mit einem Band. Es brach ein heiterer und heller Tag an, die sommerlich entleerte Stadt war stiller als sonst; einige Male schrillte entnervend das Telefon. Vytautas Ohnhand setzte sich einen Tee auf und frühstückte sorgfältig. Essen wollte er nicht sehr viel, aber der Tee schmeckte ihm gut. Eingeschlossen im Bad, putzte er noch die Zähne und kehrte in die Küche zurück, denn er hatte die Streichhölzer vergessen. Das Telefon begann noch einmal zu klingeln, schrillte unendlich lange und beharrlich – dies war der letzte Laut, den Vytautas Ohnhand hörte.

Hätte seine Seele – seine sechsundzwanzig Seelen – von außen auf ihre Hülle blicken können, auf diesen toten Körper, dann hätte sie nach einigen Tagen gesehen, dass zusammen mit den Männern, die die Tür aufgebrochen hatten, die dicklippige Nachbarin sich einschlich; hätte gesehen, wie sie neugierig, ohne jegliche Ekelgefühle, sein blau angelaufenes und aufgedunsenes Gesicht betrachtete, die ausgestreckte schwarze Zunge, die glänzende fettige Schnur, die man auf dem angeschwollenen Hals kaum sah, die Wanne, in der die Asche verbrannten Papiers verstreut lag. Mit geheucheltem Mitleid sagte sie:

»Da haben wir's! Ich hätte wetten können, dass als Erster der Vaciukas aus der Nummer sechsundvierzig stirbt.«

Die Männer, welche die Tür aufgebrochen hatten, wendeten eine Weile den Ausweis mit dem weiblichen Familiennamen und dem eingeklebten Passfoto von Vytautas Ohnhand nachdenklich in ihren Händen hin und her und fragten dann die Nachbarin mit Zurückhaltung, ob er in letzter Zeit nicht angefangen hätte, sich etwas seltsam zu benehmen. Ob er zum Beispiel nicht ein anderer Mensch hätte werden wollen, ob er nicht erklärt hätte, dass es besser sei, in der Welt der Toten zu leben. Die Nachbarin schüttelte energisch den Kopf und meinte, dass Vytautas Ohnhand der ruhigste, nüchternste von allen Nachbarn gewesen sei und nie phantasiert hätte. Er hätte sich um nichts, als um seine Töchter und den Kater des Nachbarn gesorgt, fügte sie noch hinzu.

In dieser Gegend dauerte der Winter acht Monate. Für die anderen Jahreszeiten blieben vier.

Die Kälte überwältigte alles – Lebendiges und Totes. Nur der Fluss fror nie ganz zu. Sein Strom war unbesiegbar, als sei er der gemeinsame Lebensstrom aller an ihm angesiedelten Menschen. Es konnten zehn umkommen, hunderte, tausende. Aber keine Macht konnte sie alle bis zum letzten auslöschen.

Den Fluss hinunter trieb ein einsames kleines Floß aus unbehauenen Holzstämmen. Es war leer. Nur bei sehr genauem Hinsehen hätte man auf seinem mittleren Stamm einen unregelmäßigen weißlichen Fleck erblickt. An die vereiste Rinde war mit einem verrosteten Nagel eine Menschenhand angeschlagen. Sie war ganz weiß; durch die matte Haut waren nicht einmal die Umrisse der Adern zu sehen. Diese Hand war ein Zeichen, das jeder Mensch verstehen musste.

Das Floß trieb langsam, jedoch beharrlich voran. Menschen aber gab es weit und breit nicht.

Bei den nachfolgenden Texten von Dalia Grinkevičiūtė handelt es sich um Augenzeugenberichte, die nicht wegen ihrer literarischen Qualität, sondern vielmehr wegen ihrer Authentizität ausgewählt wurden. Sie sollen dem Leser deutlich machen, dass die reale Situation der Deportierten der von Ričardas Gavelis in der Fiktion beschriebenen apokalyptischen Situation seines Helden Ohnhand mitunter sehr nahe kam. Gleichzeitig sollen sie dem Leser vor Augen führen, worauf das „Martyrium der eigenen Nation" zurückzuführen ist, von dem wir bei unserer Betrachtung zum Umgang der Litauer mit der Shoah in Litauen weiter unten feststellen werden, es verstelle zuweilen die Sicht der Litauer auf die Tragödie der Juden, die sich in ihrem Land abgespielt hat. Ausführlichere Informationen zu Grinkevičiūtė und ihren Texten geben wir ebenfalls im Anhang.

Dalia Grinkevičiūtė
Litauer an der Laptev-See

Am 14. Juni 1941 setzten um drei Uhr nachts auf Befehl aus Moskau gleichzeitig im ganzen Baltikum – also in Litauen, Lettland und Estland – Massenverhaftungen ein und es begann die Deportation nach Sibirien. Zu diesem Zweck wurden Sicherheitskräfte aus Weißrußland, Smolensk, Pskov und anderen Orten der Sowjetunion mobilisiert.

So fuhr ein überfüllter Zug nach dem anderen in Richtung Osten und brachte Menschen fort, von denen die meisten ihre Heimat niemals wiedersehen sollten.

Von diesen Verschleppungen waren alle Bevölkerungsgruppen gleichermaßen betroffen: die Volksschullehrer, Gymnasial- und Hochschullehrer, Juristen, Journalisten, die Familien der Offiziere der litauischen Armee, Diplomaten, Angestellte der unterschiedlichsten Einrichtungen, Bauern, Agrarwissenschaftler, Ärzte, Unternehmer usw.

Die Aktion betraf das ganze Land: die Kleinstädte, die großen Städte und die Dörfer. Ohne Unterbrechung wälzte sich ein Strom von Lastwagen in Richtung der Bahnhöfe und Verladestationen. Hier wurden die Männer, die Häupter der Familien, von ihren Angehörigen getrennt und in besondere Güterwagen gebracht; es hieß, die Trennung werde nur während des Transports vorgenommen. In Wahrheit war über ihr Schicksal schon vorher entschieden worden: sie sollten in die Lager von Krasnojarsk und des nördlichen Ural zur Liquidierung gebracht werden, obwohl sie weder vernommen noch verurteilt worden waren. Ahnungslos stiegen sie in die Wagen ein, ohne zu wissen, dass sie bereits für den Tod bestimmt waren, ohne eine letzte Umarmung ihrer Frauen, Kinder und Eltern. Sie wurden um ihr Leben betrogen.

Ihre Familienmitglieder, vom Kleinkind bis zum hinfälligen Greis, transportierte man in vernagelten Viehwaggons ins hinterste Sibirien; oft hatten die Menschen nicht einmal ihre notwendigste Habe mitnehmen dürfen. Verwandte, die versuchten, Lebensmittel oder warme Kleidung in die Wagen zu reichen, wurden nicht herangelassen und von den Wachposten mit Gewehrkolben geschlagen.

In dieser schrecklichen Woche wurden aus Litauen Zehntausende von Menschen verschleppt.

Welches Ausmaß die Deportationen letztendlich erreichen sollten, wissen wir bis heute nicht – sie wurden unerwartet vom Kriegsbeginn unterbrochen. An diesem Tag, dem 22. Juni, waren die Sicherheitsorgane gezwungen, die Massenverhaftungen und den Transport unschuldiger Menschen nach Sibirien einzustellen.

Bei uns war es wenige Tage zuvor, am 14. Juni, soweit: Die Sicherheitskräfte schlugen die Tür unseres Hauses ein. Sie verhafteten meinen Vater, Juozas Grinkevičius, den früheren Leiter der Devisenabteilung bei der Litauischen Staatsbank, der seit 1940 als Mathematiklehrer im Gymnasium arbeitete.

Genau vor einem Jahr, als die Rote Armee im Juni 1940 in Litauen eingefallen war, hatte mein Vater es abgelehnt, Litauen zu verlassen. Er meinte, er hätte sein ganzes Leben für Litauen, für sein Volk gearbeitet, er erkenne darin keine Schuld und fürchte kein Gericht. Schlimmstenfalls würde er wenigstens in Litauen sterben. Aber selbst dies war ihm nicht beschieden. Er starb am 10. Oktober 1943 in einem Lager im nördlichen Ural. Er liegt in fremder Erde, in einem unbekannten Grab zusammen mit anderen zu Tode Gequälten. In seinem letzten Brief schrieb er auf einer Birkenrinde: »Ich sterbe vor Hunger...«

Mein Vater dachte nicht einmal daran, dass sie ihn eines Tages ohne Gerichtsverfahren umbringen würden und dass der Untergang seiner Familie bereits besiegelt war.

Ich bin stolz auf meinen Vater. Er wachte treu und unbestechlich im Interesse des unabhängigen Litauen darüber, dass das Kapital, welches der junge Staat so bitter nötig hatte, nicht ungehindert ins Ausland floss. Er wollte diese Mittel lieber in Krankenhäusern, Schulen und Straßen investiert sehen. Ich bin stolz auf seine Prinzipientreue und Gewissenhaftigkeit; sogar seine politischen Feinde mussten dies 25 Jahre nach seinem Tod offiziell anerkennen.

In derselben Nacht des 14. Juni wurde auch meine Mutter, Pranė Grinkevičienė, Hausfrau, festgenommen, sowie mein Bruder, ein 17-jähriger Abiturient, und schließlich ich, Schülerin im Alter von 14 Jahren. Der Beamte vom Sicherheitsdienst aus Smolensk las ein Dokument vor, wonach wir für das ganze Leben in die entfernteren Gebiete Sibiriens verbannt werden sollten.

Zunächst verbrachten wir ein Jahr im Altaigebiet und arbeiteten in der Landwirtschaft. Bei unserer Ankunft tauschten wir als Erstes unsere Habe gegen Kartoffeln; dann legten wir Gärten an und steckten die Kartoffeln. Wir hofften so, einigermaßen über den nächsten Winter zu kommen. Doch nachdem wir uns halbwegs an die neuen Lebensbedingungen und das Klima im Altaigebiet gewöhnt hatten, unsere Kartoffeln gerade zu blühen anfingen, da verfrachtete man uns im Sommer 1942 zusammen mit einigen Tausend anderer Verbannter weiter in den Norden von Jakutien, weit hinter den Polarkreis.

Der Transport nach Norden dauerte drei Monate. Zunächst fuhren wir in überfüllten Eisenbahnwagen, in denen man sich nicht hinsetzen, ja nicht einmal die Körperlage verändern konnte, später mit Fluss-Schleppern auf der Angara, dann auf Lastwagen durch unbewohnte Wälder von der Angara zur Lena hinüber. Dann fuhren wir wieder auf Schleppern – nun auf der Lena – direkt nach Norden, vorbei an Ust Kut, Kirensk, Oliokminsk, Jakutsk, Kiusiur, Stolb – immer weiter in den Norden. Nun waren wir schon 800 km nördlich des Polarkreises.

Die Wälder wurden immer lichter, bis sie ganz verschwanden, dann gab es auch keine Büsche mehr und keine Siedlungen am Ufer. Wo bringt man uns denn hin? Auch die Ufer waren nicht mehr zu sehen, nur Wasser ringsherum – soweit das Auge reichte. Wir schaukelten durch große Wellen wie auf dem Meer.

Das war das Delta der Lena, an der Laptev-See. Man spürte den eisigen Atem des Ozeans. Es war Ende August, aber kalt war's wie im tiefsten Herbst.

Schließlich hielten wir an. Vor uns lag eine unbewohnte Insel. Es gab nichts: keine Anzeichen von Menschen, kein Haus, keine Jurte, keine Bäume, keine Büsche, kein Gras – nur die vom ewigen Frost gegeißelte Tundra, mit einer dünnen Moosschicht darauf. Während einer arktischen Expedition hatte irgendjemand eine kleine hölzerne Tafel aufgestellt mit der Notiz, dass die Insel Trofimovsk heißt.

Am hohen Ufer der Insel wurde eine Holzleiter aufgestellt, und man befahl uns, auszusteigen. Wir waren vierhundert Litauer: Frauen, Kinder, alte Menschen und einige wenige Männer.

Später entluden wir aus dem Schlepper Bretter und Ziegelsteine. Der Dampfer kehrte um und fuhr eilig davon, denn es nahte der Winter.

Wir hingegen blieben auf der unbewohnten Insel – ohne Dach über dem Kopf, ohne warme Kleidung und ohne Nahrung. Wir waren völlig unvorbereitet auf eine Überwinterung in der Arktis.

Fast um dieselbe Zeit brachte man einige hundert Finnen aus der Leningrader Gegend auf die Insel. Sie wurden wegen ihrer Volkszugehörigkeit deportiert, obwohl ihre Eltern und Ureltern seit Menschengedenken in dieser Gegend gesiedelt hatten. Diese Menschen wurden als erste vom Tode hingemäht.

Man musste schleunigst Erdhütten, Jurten und Baracken bauen; denn der Winter stand vor der Tür. Aber unsere Vorgesetzten zogen die arbeitsfähigen Jugendlichen und Männer zusammen und brachten sie auf eine andere Insel. Dort sollten sie im staatlichen Fischfang eingesetzt werden. Uns durften sie nicht helfen, die Unterkünfte zu bauen.

So begannen wir, die Frauen und Kinder, eilig und nach Gutdünken Baracken aus Ziegeln und Moos zu errichten. Wir rissen mit bloßen Händen das Moos von der zum ewigen Eis gefrorenen Tundra und legten es anstelle von Mörtel zwischen die Ziegel: eine Schicht Ziegel, eine Schicht Moos. Ein Dach hatte die Baracke nicht – seine Stelle nahm eine Bretterdecke ein, die mit Moos und Sand belegt wurde. Bei Schneestürmen wehte der Pulverschnee durch die Spalten der Decke und begrub die Menschen auf den Pritschen. Für eine Person waren 50 cm Platz auf den Pritschen vorgesehen.

Die Baracke war ein einziges großes Eisgrab: Die Decke war von Eis bedeckt, an den Wänden bildete sich ein Eispanzer und am Fußboden ebenso. Wenn wir morgens aufwachten, waren uns oft die Haare an den Pritschen festgefroren.

Im November kam die Polarnacht. Die Menschen begannen zu sterben vor Hunger, vor Kälte, am Skorbut und anderen Krankheiten. Zu dieser Zeit hätte man noch alle retten können. Im Lenadelta, an den Ufern der Laptev-See, auf den Inseln Tumat, Bobrovsk und Sasylack, etwa 100-120 km entfernt, lebten nämlich die Evenken, die Fischfang betrieben und Jagd auf Polarfüchse machten. Sie hatten Fischvorräte, genug Hundeschlitten und konnten und wollten die Menschen in ihre beheizbaren Jurten aufnehmen, sie wollten sehr gern helfen. Aber unsere Vorgesetzten erlaubten das nicht und weihten uns auf diese Weise dem Untergang.

Eine Gruppe junger Leute, Finnen und Litauer, etwa fünfzehn Menschen, versuchten zu Fuß von der Insel Trofimovsk über das Eis zu entkommen und sich zu den Evenken durchzuschlagen. Sie kamen aber unterwegs alle um: Sie verirrten sich im Schneesturm und erfroren. Ich kann mich nur noch an einen Namen von ihnen erinnern – Zobiela.

Als die Polarnacht zur Hälfte verstrichen war, waren bei uns in der Baracke von 30 Menschen nur noch zehn, nämlich ein paar Frauen und ich, körperlich in der Lage, zur Arbeit zu gehen.

Man schickte uns sieben bis zehn Kilometer weit, um nach Baumstämmen, die aus dem Oberlauf der Lena angeschwemmt worden waren, zu suchen. Wir hackten sie aus dem Eis, spannten uns in ein Geschirr aus Seilen und schleppten sie nach Trofimovsk für die Beheizung des Kontors und der Wohnungen unserer Vorgesetzten. Selbst nur ein kleines Stück Holz mit in unsere Baracken zu nehmen, war uns verboten.

Am schwersten war es, den Schlitten mit den Stämmen das Steilufer der Insel von Trofimovsk hinaufzuziehen. Wir hatten keine Kraft, unsere Füße, die mit vereisten Säcken und Seilen eingewickelt waren, rutschten einfach weg. Von dem Seilgeschirr bekamen wir auf den Schultern zunächst Blutergüsse, später offene Wunden.

Die anderen lagen mit Hunger-Ödemen auf den Pritschen oder konnten wegen Entkräftung und Skorbut nicht mehr aufstehen. An Skorbut erkrankten wir alle ohne Ausnahme. Wir bekamen keinerlei Vitamine. Die Zähne zerkrümelten ohne Schmerz, aus dem Zahnfleisch lief das Blut. In den Waden öffneten sich nicht heilende Geschwüre. Man konnte von Mal zu Mal schlechter gehen wegen der allgemeinen Schwäche und wegen der Blutergüsse in Muskeln und Gelenken. Es war, als ob Dutzende kleiner Messer oder Nadeln in den Waden steckten, jeder Schritt war qualvoll. Besonders schwer war es, sich morgens aufzurichten. Es ging nur auf den Zehenspitzen, denn meistens befiel der Skorbut die Kniegelenke, so dass es undenkbar war, die Füße auszustrecken.

So blieben denn die Menschen auf ihren Pritschen liegen, mit gebeugten Füßen und riesigen, blutunterlaufenen Gelenken. Danach folgte oft der Durchfall.

Einmal wurden wir, wir hatten gerade den Schlitten mit den Stämmen herbeigeschleppt, ins Kontor gerufen. Wir zogen das Seilgeschirr aus und gingen hinein. Man sagte uns, wir bekämen Lohn für einen halben Monat. Jeder von uns bekam einen Dreirubelschein (in der derzeitigen Währung drei Kopeken). Sogleich hob unser Vorgesetzter Travkin zu einer Ansprache an: »...wir alle sind aufgerufen, die Vaterlandsverteidigung zu unterstützen, jeder darf für die Waffen spenden...«

Es war schon vorher eine Liste vorbereitet worden, und bei jedem Namen war die Summe von drei Rubeln aufgeführt. Wir brauchten also nur noch zu unterschreiben.

Vor uns stand ein satter und herausgeputzter Herr im eleganten Anzug aus amerikanischem Tweed, mit warmem und leichtem Schuhwerk, ausgeruht, sauber rasiert, nach Eau de Cologne riechend, mit rötlicher Gesichtsfarbe.

Er sprach leicht und flüssig, wie über eine völlig unwichtige Kleinigkeit; er sprach, als würde er die halbtoten menschlichen Wesen, deren Gesichter gelb wie Wachs waren und die sich kaum noch auf den Füßen halten konnten, gar nicht sehen: diese Menschen mit eingefallenen Augen, zerlumpt und verlaust, mit den so schwer erarbeiteten drei unglückseligen Rubeln in der Hand. Er sprach so, als würde er nicht verstehen, dass wir ohne diese drei Rubel nicht einmal unsere Brotration bezahlen konnten. Also unterschrieben wir und jede legte ihren Geldschein wieder zurück.

Die Kranken in den Baracken baten um Wasser. Wir mussten das Eis und den Schnee schmelzen. Holz gab es nicht. Deshalb schlich ich an manch einem Abend in den Bretterlagerraum, stahl ein paar Bretter und zog sie kriechend in die Baracke. Ich hackte sie dann klein und wir machten die „Trommel" an (die Hälfte eines Blechfasses). Wir kochten Wasser, wärmten die Füße der Kranken mit warmen Ziegelsteinen, trockneten unser Schuhwerk und die Tücher, mit denen wir unsere Gesichter vermummten.

Wenn das Feuer brannte, begann es manchmal von der Decke zu tropfen, und später bildete sich dann auf den Schlafdecken eine dünne Eisschicht.

Es war Heiligabend 1942. Meine Mutter lag auf der Pritsche mit geschwollenen Füßen und aufgedunsenem Gesicht, nicht einmal die Augen waren zu sehen, sie war bewusstlos. Ihr Urin war fast reines Blut. Sie hatte eine plötzliche, bedrohliche Nierenentzündung. Wir hatten sie auf einen mit Holzspänen gefüllten Sack gebettet. Ich umarmte sie, wärmte sie mit meinem Körper, flehte sie an, nicht zu sterben; schwor ihr, dass ich sie zurück nach Litauen bringen würde. Mit allen meinen geistigen Kräften betete ich zu Gott, er möge ein Wunder geschehen lassen und sie hier nicht sterben lassen. Sie hörte es nicht, als die Leichenbeseitiger in unsere zugewehte Baracke kamen und fragten, wo der Leichnam von Grinkevičienė sei.

Dann führte man mich vor Gericht. Vor zwei Tagen kamen die Vorgesetzten Sventickij und Antonov gerade da in unsere Baracke geschlichen, als ich zwei gestohlene Bretter herbeigeschleppt, sie zerhackt und Feuer daraus gemacht hatte. Durch die Bretterspuren im Schnee fanden sie den Dieb leicht. Sie nahmen eine Anzeige auf und übergaben mich dem Gericht. Das Gericht tagte in der Baracke nebenan. Ein Tisch war mit rotem Stoff bedeckt. Auf ihm brannten Kerzen. Auf der Anklagebank saßen sieben Menschen. Fünf wegen Bretterdiebstahls, zwei wegen Brotdiebstahls: Der eine Brotdieb war Platinskas, der zweite Albertas Janonis, ein Student der Schauspielschule in Kaunas, er kam aus Šiauliai.

Alberts Mutter Janonienė flehte den Sohn vor Hunger sterbend um einen Krümel Brot an, und Albert kroch zusammen mit Platinskas nachts in die Bäckerei. Alles hätte gut geendet, wenn sie mit etwas Brot in die Baracke zurückgekehrt wären. Vielleicht wäre dann auch die Mutter nicht verhungert. Aber als die jungen Leute den Brotduft spürten, hielten sie es nicht mehr aus und fielen über das Brot her. Beim Essen bekamen sie einen Schwächeanfall und sie verloren das Bewusstsein. Am Morgen fand man sie dort liegen.

Wegen der Bretter gaben die Beschuldigten verschiedene Erklärungen ab. Der eine sagte, dass er daraus einen Sarg für sein totes Kind machen wollte, andere versicherten, sie gefunden zu haben. Ich saß als letzte auf der Anklagebank.

In Kriegszeiten sind die Gerichte schnell. In einer halben Stunde hatte der Richter alle befragt und wandte sich jetzt an mich, ob ich mich schuldig bekenne, Bretter, das heißt sozialistisches Eigentum, gestohlen zu haben.

»Ja, ich habe sie gestohlen.«

»Vielleicht hat jemand von den Erwachsenen Sie geschickt? Sagen Sie, wer, und wir sprechen Sie frei.«

»Es hat mich niemand geschickt.«

Das Gericht zog sich zur Beratung zurück. Wir sieben warteten auf das Urteil. Keiner dachte über das Strafmaß nach, denn das hatte überhaupt keine Bedeutung: Ein Jahr oder zehn Jahre waren ein und dasselbe. Man wird in das Lager in Stolb fünfzig Kilometer weit durch den Schnee getrieben werden. Es war allen klar – auch den Richtern –, keiner würde es erreichen. Das Ende der Qualen war ganz nah.

Das Urteil: Wegen des Brots für Albertas Janonis und Platinskas – je drei Jahre. Wegen der Bretter – für jeden ein Jahr. Ich sollte freigesprochen werden für das Bekennen der Schuld. Warum diese Entscheidung? Sie haben sich verteidigt, aber sie werden sterben, und mich haben sie gehen lassen. Wozu? Ich ging in die Baracke. Es war kalt und dunkel. Žukienė zündete ein Holzscheit an und ich sah ein Wunder: Meine Mutter war im Begriff, wieder zu sich zu kommen. Sie brauchte jetzt heißes Wasser. Also ging ich wieder in das Bretterlager, um Holz zu stehlen. Es war eine helle, wunderbare Weihnachtsnacht.

Einige Tage nach dem Gericht wurden alle Verurteilten und einige, die noch am nächsten Tag verurteilt worden waren, von bewaffneten Wachposten hinausgetrieben. Bald kam ein Schneesturm auf, der immer stärker wurde. Wir hielten sie für verloren. Aber am nächsten Tag kamen zwei von ihnen zurück; Riekus (ein Bauer aus Seirijai) und der sechzehnjährige Berija Charašas aus Kaunas mit einem erfrorenen Arm. Beide waren wegen eines gestohlenen Bretts verurteilt worden. Riekus war völlig vereist und dem Tode nah: Er fiel in der Baracke auf den Boden und begann zu weinen: »Jesus Christus, war dein Kreuz wirklich so schwer?«

Er erzählte, dass die Menschen im Schneesturm die Orientierung verloren hätten. Die Wachposten warfen ihre Gewehre fort und begannen, bei den Verhafteten Schutz zu suchen. Sie beschlossen zurückzukehren, aber sie wussten nicht mehr, in welcher Richtung Trofimovsk war. Jeder wies in eine andere. So gingen sie im Schneesturm auseinander – jeder in seine Richtung. Es kamen alle elf Verurteilten um und auch die Wachposten. Als im Frühling das Eis brach, sahen wir Ihre Leichname auf den Eisschollen in die Laptev-See treiben. Unter den Toten waren zwei junge Männer, Dzikas und Lukminas Bronius aus Kėdainiai. Man hatte sie ebenso wie Janonis und Platinskas wegen Brotdiebstahls verurteilt, nur einen Tag später. Ihre Geschichten sind ähnlich, die tragischen Schicksale gleich. Ausgehungert versuchten Dzikas und Lukminas im Laden zum zweiten Mal ein paar hundert Gramm Brot zu bekommen. Brot gab man ihnen keines, stattdessen verprügelte man sie kräftig und übergab sie dem Gericht. So haben sie ihr nicht verzehrtes Brot mit ihrem Leben bezahlt.

Der erfrorene Arm von Berija wurde schwarz. Berija quälte sich einige Tage und weinte: »Warum wird man den Arm abschneiden?« Nachdem der Schneesturm sich beruhigt hatte, brachte man ihn auf Hundeschlitten in den Hafen von Tiksi. Dort amputierte man ihm den Arm bis zur Schulter. Dies war der Preis für ein Brett.

Vom Dezember 1942 an wurden zwei Brigaden zum Abtransport der Leichname benötigt. In jeder Brigade arbeiteten zwei Menschen unter der Aufsicht eines Brigadeleiters: Malvina Abromaitienė, die Frau des Lehrers aus Merkinė, Alina Marcinkevičienė, Petrauskas, ein Lehrer aus Šiauliai (er starb später vor Hunger), Teofilė Tamulionienė, Tamulevičius, ein Kapitän der litauischen Armee aus Marijampolė, Tautvaišienė, eine Schwedin (später, um 1956-1957, ging sie nach Schweden). Die Fuhrleute selbst waren halb verhungert und sehr geschwächt, deshalb banden sie die Leichname mit einem Seil an den Füßen fest und schleppten sie mit vereinten Kräften aus der Baracke. Dann legten sie die Toten auf Schlitten, zogen das Seilgeschirr an und fuhren die Leichname einige hundert Meter von den Baracken fort. Dort warfen sie die Leichen auf einen gemeinsamen Haufen. An den vereisten Wänden in den Hütten blieben die Haare der Toten zurück.

Als Gamzienė starb, war unter ihren Kleidern auf der Brust ein kleines Stück Brot übrig geblieben. Der Mensch, der die Tote von der Pritsche herunterzog, bemerkte es, zog das Brot hervor und aß es sogleich auf, nachdem er hastig die Läuse abgestreift hatte. Mögen doch einst die Henker angeklagt und gerichtet werden, die Menschen so weit gebracht haben!

Einmal fand eine Verbannte, die Frau eines Lehrers, am Haus des Vorgesetzten Sventickij dessen ausgeschütteten Nachteimer. Im Kot bemerkte sie ein Stückchen Brot. Die Frau kniete sich hin, kratzte das fest gefrorene Brot aus dem Kot und aß es auf.

Wenn der Schneesturm wütete, blieben die Toten einige Tage lang auf den Pritschen neben den Lebenden liegen. Daniliauskienė, die Frau des Gymnasialdirektors aus Marijampolė, lag nach ihrem Tod drei Tage neben ihrem Sohn Antanas und anderen, die nicht mehr aufstehen konnten. Die ganze Baracke war unterm Schnee begraben. Man konnte sie nur erreichen, wenn man durch einen schmalen Gang im Schnee hinunterkroch. M. Abromaitienė bat Antanas, ein Tuch zu suchen, mit dem das Gesicht seiner Mutter hätte bedeckt werden können. Dieser lag aber selbst mit gebeugten Beinen da und konnte nicht mehr aufstehen – wegen der vielen Blutergüsse in seinen Kniegelenken. Als man Daniliauskienė an ihren Füßen festband und sie am Seil durch das schmale Loch im Schnee aus der Baracke zog, schrie Antanas ihr hinterher: »Verzeih mir, liebe Mutter, dass ich dich nicht begleiten kann.«

Auch die tote Atkočaitienė, die Frau eines Druckers aus Kaunas, lag in unserer Baracke einige Tage neben den Lebenden auf der Pritsche.

Als Matulis aus Kaunas starb, hielt seine Frau dies eine Woche lang geheim. Sie lag neben dem Leichnam ihres Mannes, um seine Brotration zu bekommen. Aber bald starb auch sie vor Hunger.

Der Rektor der landwirtschaftlichen Akademie Litauens, Professor Vilkaitis, war zum Nachtwächter bestimmt worden. Völlig geschwächt vor Hunger brach der Professor zusammen und starb. Da die Menschen den Professor, der auch über die Grenzen Litauens bekannt war, sehr verehrten, zimmerten sie für ihn einen Sarg. Aber nach einer Woche war der Sarg verschwunden und der Professor lag mit allen anderen zusammen auf dem allgemeinen Haufen. Die Frau des Professors, Frau Vilkaitienė, starb bald darauf vor Kummer. Sohn und Tochter überlebten.

Als der siebzigjährige Großvater Mačinkevičius aus Verstainiai den Tod nahen spürte, bat er: »Abromaitienė, mein Töchterlein, bestatte mich irgendwie, damit die Hunde und die Polarfüchse meine Knochen nicht herumschleppen, und falls Du nach Litauen zurückkommst, sag, dass wir hier Hungers gestorben sind.«

In Bobrovsk gab es Dutzende Tonnen an gefrorenem Fisch. Dieser Fisch hätte alle Verbannten von Trofimovsk, die Litauer und die Finnen, vor dem Hungertod bewahren können. Aber die Vorgesetzten gaben diesen Fisch nicht an die Menschen heraus, sie ließen ihn lieber verfaulen. Im Sommer 1943 wurde er in die Laptev-See geschüttet.

Einmal kamen zwei Menschen in unsere Baracke: ein Mann und eine Frau. In der Hand hatte jeder ein kleines Bündel. Es war dunkel und sie fragten, ob es in der Baracke Kinder gäbe. Es gab Kinder. Als ihre Augen sich an die Dunkelheit gewöhnt hatten, sahen sie das erste: Auf dem Boden lag der an Hunger und Skorbut gestorbene zehnjährige Jonukas Barniškis aus Marijampolė. Der Mann und die Frau sagten, sie seien Leningrader. In Leningrad sei ihr einziger kleiner Sohn verhungert. Heute vor einem Jahr sei er gestorben. Seiner gedenkend sparten die Eltern ihr Brot von drei Tagen auf und brachten es nun den hungernden litauischen Kindern.

Unter den Lumpenhaufen streckten sich den Leningradern vor Hunger vertrocknete kleine Kinderärmchen entgegen, und die Leningrader legten in jede Hand ein Stück Brot. Das junge Opfer der Leningrader Blockade reichte so seine hilfreiche Hand den todgeweihten Altersgenossen.

Wenn die Eltern starben, nahm man die Kinder in einer besonderen Baracke für Waisen auf. Die Lebensumstände waren genauso schrecklich, die Kindersterblichkeit noch größer. Die ausgehungerten Kinder kratzten den Schnee von den

Eisfenstern und aßen ihn. So starben die Kinder, eines nach dem anderen. Die Fuhrleute fanden vor der Tür der Kinderbaracke im Schnee oft Säcke mit den Kinderleichnamen. Wie viele von ihnen in einem Sack waren, weiß man nicht, denn man legte die Säcke auf den allgemeinen Haufen, ohne sie aufzubinden.

Zwei finnische Jungen von 12 und 13 Jahren erhängten sich in dieser Kinderbaracke. Dies sah die dreizehnjährige Juzė Lukminaitė aus Kėdainiai, die dort nach dem Tod ihrer Eltern und ihrer zwei älteren Brüder untergebracht war. Die kleine Juzė weinte immer wieder, wenn sie an den Tod ihrer Eltern und besonders an den Tod ihres älteren, 16 Jahre alten Bruders dachte. Schon sterbend vor Hunger wartete er immer noch auf das versprochene Brot. Aber er starb, ohne es bekommen zu haben, mit ausgestreckter Hand. Und das Brot legte man ihm in die bereits tote Hand.

Juzė bat die Menschen immer wieder, sie zum Grab des Bruders zu führen. Einmal führte eine Frau sie hin, aber in dem großen Leichenhaufen konnte sie ihren Bruder nicht erkennen. Dafür grub sich in ihr Gedächtnis lebenslang dieses Bild ein: ein Bild von Händen und Füßen, die von den Polarfüchsen abgenagt waren; ein Bild, von weißen Knochen und von einem Schädel, der vor dem Wind dahin getrieben wurde.

Einmal ging Juzė mit dem Jungen Stasiūnas hinaus aus der Waisenbaracke. Sie hoffte, irgendeine Nahrung zu finden. Im Abfall bei den Häusern der Kommandanten konnte man manchmal Fischreste finden. Das geschwächte Mädchen fiel auf die Knie, ihre Hände und ihre Brust erfroren, denn sie hatte keine Kraft, sie zuzudecken. Beim Pflegen war es unmöglich, sie hinzulegen: Die Brust war erfroren, eine einzige Wunde; auf den Schultern, im Rückgrat- und Beckenbereich, wo die kleinen Knochen vorstanden, war sie durchgelegen, überall waren offene Geschwüre, verursacht durch Schwäche und Skorbut. Schließlich hängte man sie mit Stoffschlaufen unter den Armen auf, um sie zu stützen. Die kleinen Füße wurden auf das Bett gestützt und die Schlaufen befestigte man an der Decke. In dieser Stellung hing Juzė einige Monate lang. Welche Schuld musste dieses gekreuzigte Kind büßen? Bis heute trägt sie an den Narben dieser Verwundungen.

Im Februar 1943 war uns klar, dass wir alle umkommen würden. Die Sterblichkeit erreichte ihren Höhepunkt. Es blieb bitter kalt, und vor dem Ende der Polarnacht und dem Wiedererscheinen der Sonne wüteten besonders starke Schneestürme.

Die Baracken wurden überhaupt nicht beheizt und den Sterbenden froren die Arme und die Beine ab. Endgültig geschwächt blieben fast alle auf ihrem Lager liegen und der Skorbutdurchfall ergoss sich direkt auf die Pritschen. Die Menschen wurden von Läusen befallen. Sie hielten sich sogar in den Augenbrauen und auf den Wimpern. Das Ende nahte.

Und als es überhaupt keine Hoffnung mehr gab, kam ein Mensch nach Trofimovsk, der die Übriggebliebenen vor dem Tod rettete. Das war der Arzt Samodurov Lazar Solomonovič. Er schlug sich in jede Baracke durch, sah die entsetzliche Lage, die halbtoten Menschen, und griff sehr energisch durch. Mit den Vorgesetzten von Trofimovsk redete er Tacheles. Die lebten natürlich in warmen Häusern – aus unseren Baumstämmen waren sie gebaut –, die waren von Kopf bis Fuß mit Pelzen bekleidet, die hatten Fell- oder Filzschuhe an den Füßen, die aßen sich an Brot, Butter, Zucker und Schweinekonserven satt, satt aßen sie sich an den Lebensmitteln, die von den Verbündeten aus Amerika geschickt wurden (alle Lebensmittel außer Salz wurden aus Amerika in den Hafen von Tiksi gebracht). Ihre Hauptbeschäftigung war es, die Litauer und Finnen möglichst schnell ins Jenseits zu befördern. Wegen dieser wichtigen „Arbeit" blieb Mavrin, Sventickij, Travkin, Guliajev, Anošin und anderen die Front erspart.

Schon am nächsten Tag bekam jeder von uns ein Schüsselchen heiße Erbsensuppe und ein halbes Kilo Tiefkühlfisch. Den aßen wir auf den Rat unseres Arztes hin roh, um die Ascorbinsäure zu erhalten. Der Arzt verlangte einige Sack Erbsen aus dem Lager, ließ sie keimen, und bald wurden in jede Baracke gekeimte Erbsen gebracht. Jeder bekam etwa ein halbes Glas davon.

Außerdem gab's für jeden einige Kilo von kanadischem Mehl. Hunger und Skorbut begannen allmählich zu weichen. Es wich auch der Tod. Diejenigen, die bis zur Ankunft des Arztes Samodurov ausgeharrt hatten, blieben am Leben.

Nun wurde ein Bad eröffnet. Die Leichentransporteure qualifizierten sich ab jetzt zu Sanitätern und begannen, die lebendigen Leichname in das Bad zu fahren. Jeden Tag wurde eine Baracke gebadet. Es wuschen sich alle zusammen: Männer und Frauen. Bei diesem Dahinvegetieren der Menschen hatte das Geschlecht aufgehört zu existieren. Wir waren Skelette ohne Zähne, mit offenen Wunden, die Männer mit Schrumpelschwänzchen.

Unsere Kleidung wurde in Desinfektionskammern erhitzt. Nach jeder Desinfektion blieben auf dem Boden der Kammer schwarze Trauben von verbrannten Läusen liegen.

Im Frühling erblickten wir über dem Horizont einen kleinen Streifen Sonne. Die Polarnacht ging zu Ende. Nun glaubten wir daran, dass wir überlebt hatten.

Nach einem Monat fuhr Dr. Samodurov fort. Später hieß es, er sei an der Front gefallen. Aber vielleicht ist das gar nicht wahr? Wir verbeugen uns tief vor Ihnen, Dr. Samodurov.

Im April beschlossen die Vorgesetzten, die Leichenhaufen in Ordnung zu bringen. Zu diesem Zweck wurden arbeitsfähige Sträflinge aus Stolb gebracht, denn in Trofimovsk gab es keine Menschen, die physisch in der Lage gewesen wären, diese Arbeit zu vollbringen. Die Sträflinge bekamen jeden Tag vor der Arbeit eine Ration Schnaps und arbeiteten halb im Delirium. Sie hackten in den ewig gefrorenen Boden eine große Grube, ein brüderliches Grab für alle Opfer von Trofimovsk – für die Litauer und die Finnen.

Im zurückliegenden Winter 1942-1943 war die Sterblichkeit auf der Insel höher als im belagerten Leningrad: Es starb jeder zweite Verbannte – unschuldig und ohne ein Gerichtsurteil.

Ganze Familien wurden ausgerottet:
Es starb die sechsköpfige Familie des Volksschullehrers Baranauskas.
Es starb die Familie Drūčiai (aus Kalvarija) – die Eltern und zwei Söhne.
Es starb die vierköpfige Familie Žygeliai – Eltern, Tochter Danutė, 18 Jahre alt, und Sohn Eimutis, 12 Jahre alt.
Es starb die Familie des Försters Šiupelis.
Von der sechsköpfigen Familie Augustinaičiai überlebte nur ein Junge.
Von der siebenköpfigen Familie Gedoniai blieb nur die Mutter am Leben.
In der Familie des Volksschullehrers Marcinkevičius aus Dzūkija überlebten nur die Mutter und eine Tochter – Marcinkevičius und drei weitere Töchter starben.
In der Familie Šurka starben die Mutter, zwei Söhne, Jonas und Adolfas, die Tochter Emiliutė. Von fünf Personen überlebte nur die Tochter Irutė. Der Vater war in Litauen geblieben. Nach dem Krieg meldete er sich und fragte die Tochter, warum ihm die anderen Familienmitglieder nicht schrieben, wie deren Adressen lauteten?
In der Familie der Lukminai aus Kėdainiai starben von sieben Personen vier: Vater, Mutter und beide Söhne.
In der Familie Dzikai kamen von sechs Personen drei um.
Der Oberst Dundulis kam um im Lager. Sein kleiner Sohn kam im Altaigebiet um, die sechzehnjährige Tochter starb den Hungertod in Trofimovsk; ein Sohn ertrank in der Lena. Überlebt hat nur Frau Dundulis.

Der Direktor des Gymnasiums von Marijampolė Daniliauskas starb den Hungertod im Lager, die Frau den Hungertod in Trofimovsk. Sohn Antanas ist derzeit nach einem Herzinfarkt Invalide der Gruppe eins.
Der Lehrer Totoraitis aus Marijampolė starb den Hungertod im Lager, seine Frau in Trofimovsk, der älteste Sohn, der Student Vytautas, starb in Jakutsk.

Vidoklerienė aus Kaunas ging jeden Tag zum Haufen der Leichname, nachdem ihr einziger Sohn, der Pianist, gestorben war. Eines Tages kehrte sie nicht zurück – man fand sie dort erfroren.
Krikštainis war nicht verbannt worden. Als der Krieg begann, floh er aus Litauen. Weil er nicht zur Front wollte und nicht wusste, wer siegen würde, schloss er sich mit seiner Familie den Verbannten an und geriet nach Trofimovsk. Für seine prokommunistische Tätigkeit im Untergrund hatte er in Litauen im Gefängnis gesessen. Als ihm in Trofimovsk der Hungertod drohte, sagte er des Öfteren: »Wenn man uns nur so ernähren würde wie im Gefängnis von Kaunas die Schwerstarbeiter...« Seinen Leichnam legte seine arme Frau auf den Schlitten und brachte ihn zum allgemeinen Haufen.
Sie alle und noch viele weitere – ich kann mich an deren Familiennamen nicht mehr erinnern oder habe sie nie gekannt – sie alle, Litauer und Finnen, liegen in einem brüderlichen Grab; noch nie hat jemand eine frische Blume darauf legen können, niemals erklang hier Trauermusik.
Todesbescheinigungen wurden nicht ausgestellt. Der Lehrer Petrauskas aus Šiauliai, der die Leichname transportierte, schrieb ein Tagebuch und führte auch eine Liste der Toten. Unsere Vorgesetzten bekamen Wind davon. 1946 begann man ihn zu verhören, da verbrannte er schnell das Tagebuch und die Listen. Als der Geheimdienst in seine Erdhütte zur Durchsuchung kam, waren das Tagebuch und die Listen bereits vernichtet.

Die Lehrer von Litauen – ihr tragisches Schicksal tut besonders weh. Sie waren die Lehrer des Volkes. Viele von ihnen arbeiteten in Dorfschulen unter schwierigen Bedingungen. Sie lehrten als erste die Kinder, das Wort Litauen überhaupt zu buchstabieren. Von ihnen erfuhren die Kinder etwas über die große Vergangenheit ihres Landes, über die Vorfahren, die Jahrhunderte lang das Vaterland vor den Eroberern aus Ost uns West verteidigten. Sie lehrten die Kinder, die Muttersprache zu lieben, eine der ältesten Sprachen der Welt, die vier Jahrzehnte lang vom Zaren verboten worden war.

Sie erzählten als Erste den Kindern von den grausam niedergeschlagenen Aufständen von 1831 und 1863, in deren Gefolge ganze Dörfer nach Sibirien verbannt worden waren. Die Lehrer Litauens – sie wirkten so segensreich und opferten sich auf für unser Land.

Im Sommer 1940, nach dem Anschluss Litauens an die Sowjetunion, lud die neue Regierung alle Lehrer Litauens zu einem Kongress nach Kaunas ein und ordnete an, die Jugend im neuen Geist zu erziehen. Nach den offiziellen Reden und Anweisungen der Regierungsvertreter standen alle 10.000 Lehrer auf und begannen die litauische Hymne zu singen; sie zwangen auch die Vertreter der neuen Regierung, hierzu aufzustehen. Damit schworen die litauischen Lehrer den Idealen des unabhängigen Staates öffentlich die Treue. Gleichzeitig entschied sich ihr Schicksal und das ihrer Kinder. Bis heute hat die Regierung diese Proklamation nicht vergessen: Jetzt sind die Gräber der Aufrechten und ihrer Familien in ganz Sibirien verstreut.

Die Umgekommenen leben noch in meinem Herzen. Es sind viele Jahre vergangen, aber ich sehe sie immer noch kraftlos und schon gerichtet, jung und alt, Kinder und Jugendliche, die so schwer gestorben sind und sich so danach sehnten, nach Litauen zurückzukommen. Es ist meine Pflicht, von ihnen zu berichten. Selbst wenn es in unserem Lager nicht viele waren – nur einige hundert Menschen –, waren ihre Qualen nicht geringer. Auch sie wollten leben, auch sie dürfen wir nicht vergessen unter den Millionen anderer Opfer der schrecklichen Barbarei. Um so mehr müssen wir ihrer gedenken, als ihre Henker ungestraft geblieben sind. Denen wurde kein einziges Haar gekrümmt.

Trofimovsk war keine Ausnahme: In den Norden von Jakutien, weit hinter dem Polarkreis – auf die Halbinsel von Bykov, ins Delta von Olenëk, nach Verchojansk – überallhin verschleppte man uns Litauer, überall gingen wir zu Grunde. Im ewig gefrorenen Boden von Jakutien liegen einige tausend Verbannte.

Nicht einmal Zar Nikolaus hatte es gewagt, die gegen die Monarchie und den Kaiser aufständischen Dekabristen in diese Gegenden zu verbannen. Stalin hingegen hielt die Ränder des Eismeers für einen geeigneten Ort zur Unterbringung von Frauen und Kindern aus dem Baltikum und aus Finnland.

Heute ist die Insel Trofimovsk wieder leer und unbewohnt. In Sturmzeiten schlagen die Wellen der Laptev-See mit großer Kraft gegen das Ufer und unterspülen es.

Als im Jahr 1949 die letzten Verbannten in andere Ortschaften zum Fischen gebracht wurden, nagten die Wellen bereits am Rand des brüderlichen Grabes und legten es frei. Inzwischen haben die Wellen sicher schon längst alle Leichname fortgespült.

Auf welchen Meeren und Ozeanen mögen sie auf der Suche nach ihrer Heimat wohl umherirren?

Dalia Grinkevičiūtė
Aus den Erinnerungen um 1950

Es begann der erste richtige, schreckliche und grausame Polarwinter im Delta der Lena. Im Winter 1942-1943 lebten dort 450 Litauer. Im November verschwanden die letzten Sonnenstrahlen, die dunkle Polarnacht breitete sich aus, und die schrecklichen Schneestürme tobten ihren Veitstanz.

In unserer Ziegelsteinbaracke ist es wie draußen. Der Schneesturm hat alle Schollen und den Sand von den Deckenbrettern fortgerissen, die Bretter heulen und es sieht ganz so aus, als würde der Wind auch sie gleich abreißen. Im Dach gibt es schon Zwischenräume, pfeifend dringt der Schnee durch die Ritzen und wirft auf uns seine eisige Decke. Die Matratzen aus Holzspänen sind feucht und frieren an den Pritschen fest.

Ich lege alle Lumpen über mich. Ich liege an die Mutter geschmiegt und atme unter den Lumpen. Es ist warm. Der Schnee über der Lumpenzudecke taut nicht, er spendet Wärme. Der Wind reißt die Tür fort und bläst einen Schneehaufen in der Mitte der Baracke zusammen. Die Wände sind vereist. Alle schweigen, obwohl sie nicht schlafen. Ich fühle, dass der Morgen gekommen sein könnte.

»Mama, ob Zagurskis wohl den Laden schon geöffnet hat, vielleicht wird das Brot schon ausgegeben?«

Dann höre ich die Stimme von Noreikienė: »Sei still, du Tier, wir haben gestern doch Brot für zwei Tage bekommen und haben es aufgegessen.«

»Mama, vielleicht wird jemand mir ein paar Gramm geben?«

»Versuch' es halt, vielleicht wird man dir etwas geben.«

Es ist ärgerlich. Wir müssen nicht zur Arbeit. Ich kann aber nicht mehr liegen, krieche schnell unter den Lumpen hervor, schüttele den Schnee von den Fußlappen und stecke die Füße in Windeseile in die zerrissenen Filzschuhe ohne Sohlen – ich habe sie noch aus den Zeiten im Altaigebirge. Ich umwickle die Filzstiefel mit stinkenden, ewig feuchten Säcken und schnüre alles mit Seilen zu. Ich ziehe die ziemlich dünne wattierte Hose an und die Jacke von Juozas, in die er nicht mehr hineinpasst. Darüber kommt eine weitere aus einem Morgenmantel genähte wattierte Jacke, und schon atme ich erleichtert auf. Nun beneiden mich alle, weil sie noch in ihrer Eisfestung liegen und es nicht wagen, unter den feuchten, voll geatmeten Lumpen hervorzukriechen. Schließlich kriecht Krikštainis hervor und zieht eilig die Hose hoch. Beide kratzen wir nun den Schnee mit den Händen beiseite, um durch das Türloch herauskriechen zu können. Wir mühen uns eine Stunde lang ab, bis schließlich der von uns gegrabene Tunnel auf die Wand über der Tür stößt. Ich liege auf dem Bauch und arbeite weiter. Jetzt haben die Füße den oberen Türrahmen ertastet, aber es gibt immer noch keine Luft. Wir sind wieder mal ganz schön zugeweht. Dies kommt daher, weil es keinerlei Vorraum gibt. Der Schnee wird immer weicher, er zittert fast vom Wüten des Schneesturms. Noch ein Schlag und ich stoße mit der Hand die letzte Schneeschicht fort. Ich will Krikštainis zurufen: »Ich hab's!«, aber der Schnee schlägt mir ins Gesicht, klebt mir die Augen zu, kriecht in den Hals, in den Nacken, in die Ärmel und die Handschuhe. Die Augenlider frieren fest, werden zu Eis, und ich krieche zurück, nach Luft japsend. Ich falle mit dem Gesicht auf den Boden und atme tief, mein Herz jagt. Der Schneesturm weht meinen schmalen Tunnel gleich wieder zu, aber dennoch gelingt es mir mit Krikštainis, schnell hinauszukriechen.

Nun stehen wir draußen im regelrechten Orkan. Man sieht nur anderthalb Schritte weit, und das Schneetreiben ist wahnsinnig; wir werden sofort umgeworfen und fallen übereinander. Dann kriechen wir nebeneinander auf Knien gegen die Naturgewalt an. Die Köpfe halten wir nach unten gebeugt, damit der Wind über sie hinwegfegt und uns atmen lässt. Dennoch bekommen wir kaum Luft. Das Herz jagt.

Wir klammern uns an jedem Holzstück, an jedem Eisbrocken fest und kriechen vorwärts. Ich mag diesen Kampf, beiße die Zähne zusammen und überwinde Zentimeter für Zentimeter das außer Rand und Band geratene Element. Ich fühle, wie die Hände in den Handschuhen steif werden, die Knie fühlen sich in der wattierten Hose hölzern an. Macht nichts, ich werde schon wieder auftauen. Durch die Hosenstallöffnung ist der Schnee in die Hose geraten. Er legt sich wie eine kalte Kompresse rings um den Körper.

Es kommt uns vor, als seien schon mehrere Stunden vergangen. Aber da ist endlich das Bretterlager. Wir nehmen jeder fünf lange Bohlen, stehen auf und laufen los. Der Wind drückt uns fest auf den Buckel, hebt uns hoch mitsamt unserer Last. Ich kann mich kaum halten, rutsche aus, falle auf meine Beute und laufe immer weiter. Plötzlich hätte ich lauthals loslachen können. Da ist aber auch schon unsere Baracke, genauer gesagt, nur ihr flaches Dach mit den kurzen Rohren – den Schornsteinen. Wir zählen die Rohre ab, finden auf diese Weise die richtige Stelle und beginnen den Eingang zu graben. Obwohl das Loch schon wieder zugeweht ist, stoßen wir bald auf weichere Schneeschichten und schieben die Bretter eines nach dem anderen ins Innere. Dann kriechen wir selbst hinein. Krikštainis kriecht als erster, aber seine Schultern sind breit – er windet sich über dem Türrahmen hin und her – halb schon in der Baracke, halb noch im Schnee. Schließlich verschwindet auch sein Hinterteil, und nach einigen Augenblicken sind wir beide wieder im Inneren.

Ein paar Minuten später lodern die dicken Bretter fröhlich im Eisenfass und lassen seine dicken Wände und das Rohr aufglühen. Allen wird es wohler zumute. Wir wickeln die

Säcke und Fußlappen von den Füßen und trocknen sie. Ich koche in einer Konservendose Wasser ab und bringe es meiner Mutter und meinem Bruder. Aber heißes Wasser ärgert bloß die Eingeweide, und der Hunger wird noch unausstehlicher. Wenn es bloß bald zwölf wäre! Uns erwartet ein langer Tag in der dunklen, kalten Baracke. Wir hätten das ganze Holzlager verfeuern können, richtig warm wäre es wohl trotzdem nicht geworden. Im Feuerschein flackern gelbe, schmutzige, vom Ruß geschwärzte Gesichter auf mit eingefallenen, ausgehungerten Augen. Die Gesichter aller drücken dasselbe aus, sie schreien nach Brot.

Jeden Morgen kriechen wir einer nach dem anderen aus der Baracke und schleichen durch das Betriebsgelände. Wir gehen langsam; denn die mit Säcken umwickelten Füße erlauben keine schnellere Gangart, und Kräfte haben wir auch keine. Wir gehen den Berg hinunter an das Ufer. Dort gibt es riesige Stapel von Baumstämmen, die sich bis nach Konstantinovka hinziehen; zu einem Drittel sind sie im Eis eingefroren. Zu unserer Brigade gehören Daniliauskas, Totoraitis, Totoraitytė, Starienė, Nausėdienė und ich; Krikštanienė ist unser Brigadier.

Der Holzstapel ist von einer dicken Schneeschicht überdeckt, und von der Grube, aus der wir gestern die Baumstämme geschleppt hatten, ist keine Spur mehr zu sehen. Alles ist zugeweht. Wir suchen unsere Schlitten, Schaufeln und Brechstangen. Die Schlitten finden wir tief unter dem Schnee begraben. Wir fegen den Schnee von dem weitläufigen Holzstapel und beginnen mit den Brechstangen, die Baumstämme zu lockern und sie vorwärts zu rollen.

Am Grubenrand haben wir ein paar Stämme von mittlerer Dicke und Länge schräg in die Grube hinunter gelegt – so ist es einfacher, die schweren Bäume aus der Grube zu schaffen. Oben laden wir das eine Ende der Holzstämme auf einen kleinen Schlitten, legen die Seile als Zuggeschirr an – wir sind jeweils zu viert vor einem Schlitten – und versuchen, die

Schlitten auf Kommando zu bewegen. Wenn die Baumstämme nicht besonders dick sind, etwa 20 cm Durchmesser haben, laden wir zwei auf; aber es gibt auch sehr mächtige von 40-50 cm Querschnitt, dann gelingt es uns kaum, auch nur einen zu bewältigen. »Raz, dva, tri, vziali!«, hören wir das Kommando von Krikštanienė und ziehen alle gleichzeitig mit äußerster Kraft.

Die Seile schneiden in die Schultern, sind zum Zerreißen angespannt, aber der Baumstamm bewegt sich nicht. Wir versuchen es noch einmal. Wieder sammeln wir alle Kräfte und stemmen uns mit zusammengebissenen Zähnen nach vorn – der Baumstamm bewegt sich nicht, nur das Seil von Antanas Daniliauskas reißt entzwei, und er fällt mit dem Gesicht auf das Eis. Seine Nase blutet.

Schließlich können wir den Stamm bewegen und beginnen, ihn das Steilufer hinauf zu ziehen. Für die Schlitten gibt es am Hang einen Eisweg von einem Meter Breite, dies erleichtert das Hochziehen. Wir schreiten seitlich; die Seile dürfen wir nicht loslassen, weil sonst der Baumstamm sofort wieder Hang abwärts rutschen würde. Die Seile dringen in die Schulter ein; es ist, als ob jemand mit dem Messer hineinschneiden würde; ich höre, wie das Blut in den Schläfen pocht und in den Halsschlagadern.

Wir haben erst die Hälfte des Hanges geschafft und wir haben keine Kräfte mehr. Der Körper beugt sich durch, die Arme hängen bald bis zur Erde runter. Noch ein Schritt, noch einer... Das Seil drückt die linke Schulter, irgendetwas zwängt teuflisch das Herz zusammen, wie mit einer Zange, alles beginnt sich zu drehen: der Schnee, der Hang – alles wird eins. Gott, hilf, diesen Baumstamm hochzuziehen, nur diesen. Ein Schritt, noch einer...

Es ist vorbei, wir sind oben. Wir stehen und verschnaufen. Allmählich beginne ich wieder alle zu sehen, die Herzschmerzen beruhigen sich. Ich wüsste gern, wie es bei den anderen ist: Ob sie wohl dasselbe fühlen, ob ihnen wohl auch jeder Schritt gleichsam das Gedärm aus dem Bauch reißt und das Herz zusammendrückt? Wahrscheinlich fühlen sie all dies nicht; denn sie sind kräftiger und erwachsen. Als ich in die Brigade von Krikštanienė kam, sagte sie doch nicht zum Spaß, ich müsse genau so wie die Erwachsenen arbeiten; denn ihre Brigade könne nicht meinen Arbeitsanteil mit übernehmen. Ich darf nicht weniger arbeiten, weniger ziehen, weniger heben, denn jeder bekommt den gleichen Teil vom Lohn.

Wir bringen die Baumstämme bis zum Stapel, heben sie vom Schlitten und wuchten sie alle zusammen auf die dritte Ebene des Stapels. Wieder schneidet es in den Eingeweiden wie mit einem Messer, aber nur einen Augenblick. Mit dem leeren Schlitten ziehen wir zum Ufer hinunter. Wie schön ist das, würde es doch etwas länger dauern, es ist so leicht, ohne die Seile. Noch zwei Holzstämme legen wir, einen nach dem anderen, frei, stemmen sie aus der Grube und wuchten sie unter Mühen auf den Schlitten. Erneut schneidet das Seil die Brust, den Rücken. Nur schneller! Wieder pocht das Blut, die Füße rutschen, wieder werden die Eingeweide gleichsam durchstochen. Bloß schnell erwachsen werden, vielleicht wäre die Arbeit dann nicht mehr ganz so quälend. Die Tage schleichen todmüde dahin. Jeder Tag ist unmenschlich lang und schwer.

Um eins werfen wir das Werkzeug hin, wir schleppen uns zum Mittagessen. Dies ist der glücklichste Moment am ganzen Tag. Ich warte auf ihn, ich träume ihn im Schlaf! Eine Tasse heißes Wasser und duftendes Brot mit so einer besonderen krossen Rinde. Ich schlurfe in die Baracke, und im Licht des Kienspans sehe ich auf der Holzpritsche meine Mutter. Es liegen dort zwei Stücke Brot – meins und das des Bruders. Mir wird schwindlig vor Freude und Schwäche, der Mund läuft mit Speichel voll, aber ich beherrsche mich – ich schaffe es noch, die Seile aufzubinden und die vereisten Säcke von den Füßen zu wickeln. Ich wende das Stück Brot hin und her in der Hand – die Tagesration, will auf diese Weise die Freude wenigstens für einen Augenblick verlängern. Die Hände zucken, die Füße zittern. Noch einen Augenblick und die Zähne versinken in diesem unendlich leckeren Brot.

✶
✶ ✶

Der Tod hielt Einzug in unsere schrecklichen Baracken, zusammen mit Hunger, Typhus, Läusen, Skorbut und Kälte.

Das Krankenhaus in der Nachbarbaracke ist überfüllt. Es ist aber auch eher ein Leichenhaus: Auf den nackten, von Schnee überzogenen Brettern liegen die Typhuskranken und die Sterbenden. Viele phantasieren. Vidoklerienė, deren Sohn gestern starb und die im Vorraum des Krankenhauses liegt, schreit: »Akaša, warum spielst du mir nicht den Beerdigungsmarsch?«

Der Schneesturm hat die Tür schon lange zugeweht, das Öfchen wird nicht mehr beheizt, durch das Kaminloch treibt der Wind den Schnee in die Baracke; das Öfchen zittert und heult im Sturm. Es ist dunkel. Die Kranken spüren die Kälte nicht, ihnen ist sogar heiß, andere sind bewusstlos, noch andere sind schon jenseits dieses Leichenhauses.

Seit drei Tagen war keiner mehr in das Krankenhaus hineingekommen, die Tür ist mit einem Schneeberg zugeweht. Es war schon der vierte Tag, seit es in diesem Krankenhaus keine Nahrung gab, keine Medikamente, keinen Tropfen Wasser, kein Scheit Holz. Die Leichen liegen zwischen den Kranken, die Barmherzige Schwester Onutė Polek schafft es allein nicht, sie auch nur von den Pritschen hinunterzuheben. Sie geht von einem Kranken zum anderen und schaut, wer noch am Leben ist. Balčuvienė ruft nach ihrem Mann, kommt außer Atem, röchelt. Neben ihr liegt Zita, ihr Töchterchen, sie schüttelt den Kopf der Mutter: »Mama, Mama, stirb nicht, Mama...«

»Allmächtiger Gott, mein Gott, erbarme dich dieser Menschen, erbarme dich dieser Kranken, gebiete diesem Schneesturm Einhalt«, höre ich das wahnsinnige Schreien und das hysterische Weinen von Onutė, die in der Mitte der Baracke kniet. »Gott, mein Gott«, schreit sie, und selbst in der Dunkelheit ist zu spüren, wie ihr Körper zittert. Ihr Weinen geht in das Sausen des Schneesturms über, wird eins mit dem Schreien und Röcheln der Kranken.

✱
✱ ✱

Jeder Tag, jede Stunde ist ein verzehrender Kampf mit dem Tod, mit den schrecklichen Pranken des Nordens; bei jedem Schritt ruft uns die Eiswüste zu: »Stirb, du wirst erfrieren, du wirst umkommen, du wirst meine Beute werden.« Wir sind stumpf geworden, uns regt kaum noch etwas auf. Die Leichname, der Typhus, der Skorbut – es ist alles einerlei. Es sind keine Menschen zu sehen in Trofimovsk, nur der Haufen der nackten, gefrorenen Leichen auf der Anhöhe wird täglich größer. Wann sind wir an der Reihe? Wir schauen einander an. Am schrecklichsten ist es, dass der jeweilige Kandidat auf Anhieb zu erkennen ist: In seinen Augen leuchtet ein flackerndes kleines Licht, die Augen sind groß, das ausgezehrte Gesicht besteht nur noch aus ihnen.

✱
✱ ✱

Jeder versinkt in seinen Erinnerungen. Ich kann an alles denken: an das zu Hause, an den Vater, an die Freundinnen, an die Lehrer, an Palanga und an das Meer. Die Bilder einer glücklichen Kindheit ziehen wie ein Film in meiner Erinnerung vorbei. Nur an das Theater darf ich nicht denken. Ich brauche bloß die roten Samtvorhänge zu erinnern, das Orchester, die ersten Klänge aus „La Traviata", und schon ist es, als würge mich jemand am Hals und verenge mir die Brust. Ich habe das Gefühl, gleich bewusstlos zu werden. Ich ziehe die Lumpen über den Kopf, und salzige Tränen ergießen sich aus den Augen. »Das gab es nicht, das gab es nicht«, sage ich vor mich hin und weiß schließlich nicht mehr, ob es das gab, ob es ein Traum war oder eine Halluzination. Die Vorstellungskraft ist schwach geworden, der Verstand ist wie nach einem Granateinschlag. – »Nein, ich muss mich irren, das ist ein Werk meiner Phantasie, das gab es nicht.«

Zu heftig ist der Hungerschmerz in den Eingeweiden, zu tief sind die Wunden von der Seilschlaufe in der Schulter, zu real und irrsinnig zugleich ist dieses schreckliche Gebäude – das Gefängnis in der dunklen Festung der zu Eis gefrorenen Tundra.

Ich habe Angst vor überdeutlichen Bildern aus der Vergangenheit, denn sie sind schmerzhafter als glühendes Eisen, sie drohen mich zu zerreißen. Aber die Erinnerung hat auch Gutes bewirkt. Sie machte mich besessen von dem Wunsch zu leben, alles durchzustehen, zu kämpfen, immer aufs Neue zu fechten, um zu leben, zu leben, zu leben, und in des Teufels Namen in das wirkliche Leben zurückzukehren.

★
★ ★

Leise, wie in einem schweren Traum, schlich die Zeit im schrecklichen Grab von Trofimovsk. Die Polarnacht hüllte uns mit einem riesigen Leichentuch ein.

Immer weniger Menschen kommen aus den Baracken gekrochen, immer häufiger sieht man die Brigade von Abromaitis mit ihrem voll geladenen Wagen davon schleichen. In allen Baracken herrscht eine gespenstische Stille. Der Tod und die Krankheiten wüten in den Eiskatakomben. Aus unserer Baracke krieche nur noch ich mit Krikštainis hinaus. Man hört keine Gespräche mehr, nicht einmal über das Essen. Das Finale naht. Bald werden wir alle auf die Anhöhe umziehen, wo man von den Baracken aus den Leichenhaufen wie einen Eiffelturm aufragen sieht.

Plötzlich war die Stille zu Ende. Wie die Explosion einer Bombe schlug das erste Heulen des Schneesturms ein. Es krachten und ächzten alle Häuser und Baracken, als wären sie Streichholzschachteln. Es begann der alljährliche Schneesturm vor dem ersten Erscheinen der Sonne, er war der stärkste, der wütendste und der längste. Der Himmel vermischte sich mit der Erde, die Tage mit den Nächten, der Traum mit der Wirklichkeit, die Phantasie mit der Realität und alles zusammen fügte sich zu einem Nachtmahr, zu einem dunklen irrsinnigen Albtraum. Und in der Polartundra war unser Trofimovsk nur ein winziger Punkt. Wie viel Zeit war seit dem Beginn des Schneesturms vergangen? Wann würde er zu Ende sein? Es scheint eine Ewigkeit vergangen zu sein, seit jegliche Verbindung mit der Außenwelt abgebrochen ist. Es ist der zwölfte Tag, dass wir gleichsam lebendig begraben sind. Selbst wenn der Schneesturm vorbei sein wird, werden wir nicht hinauskönnen; denn unser Kriechgang, lang wie ein Darm, ist völlig zugeweht. Die Tür ist aus den Angeln gebrochen und liegt nun unter den Pritschen. Man hatte sie auch früher nie schließen können, weil sie völlig vereist war. Auf der Tür schläft jetzt V. Totoraitis. Durch die Türöffnung hat der Schneesturm eine Wächte aufgehäuft. Das ist sehr gut, denn so gibt es keine Öffnung, durch die der Wind hineinfahren könnte. Das Mauerwerk liegt tief unter dem Schnee. Das flache Dach liegt auf einer Höhe mit der Schneeoberfläche. Die Bretter in der Decke sind verschoben, sie krachen dumpf, wenn der Wind durch die Ritzen pfeift und die Flocken auf unsere Köpfe und Pritschen treibt.

Wir hatten den Fußboden herausgerissen, die Holzverkleidung von den Balken an der Decke bis zum Gehtnichtmehr abgehauen, wir hatten die Bänke zerhackt und die Bretter, welche die Pritschen der Familien voneinander abschirmten. Es gab keinen Grund aufzustehen, wir hatten auch gar keine Kräfte mehr. Seit fünf Tagen hatten wir keinerlei Nahrung, seit jemand durch den Schornstein unseres Öfchens drei Laib Brot hineingeworfen hatte.

An diesem Tag war das dumpfe, irrsinnige Tosen etwas schwächer geworden, es zitterte nicht mehr alles so. Wer würde es wagen, das Brot zu verteilen, das uns so schwer erreicht hatte? Ich sah, wie Krikštanienė aus ihrem verschneiten Eislager aufstand. Auch ich zog die wattierte Jacke über. Die Kranken und Sterbenden brauchten kein Brot mehr, aber auch sie erhielten ihren Teil. Wir benachteiligten die Sterbenden nicht. Krikštanienė war eine aufrichtige Frau und wahnsinnig hartnäckig. Selbst der Teufel hatte solche Bedingungen noch nicht ersonnen, die sie zur Strecke gebracht hätten. Sie würde überleben, das sah ich, denn sie wollte überleben. An diesem Tag war der Hungertod für einige Tage aufgeschoben worden. Suvorin irrte mit seinen Hungertheorien – nur noch fünf Tage hatten die Schwachen unter unseren Augen existiert. An diesem Tag wurden die letzten Reste des Fußbodens verheizt und zum letzten Mal schmolz in der Konservendose der Schnee, der mit Ausscheidungen der Durchfallkranken vermischt war. Sie schwammen auf der Oberfläche, wenn der Schnee getaut war, und wir gossen sie ab. An diesem Tag bekamen die Kranken zum letzten Mal zu trinken.

Und der Durst quält. Nun nimmt jeder von seinen Lumpen eine Hand voll Schnee und lutscht. Wir liegen aneinander geschmiegt. In der Baracke ist es dunkel. Wir haben alles, was wir besitzen, über uns gelegt, und darüber liegt noch eine Schicht Schnee. Sie wärmt. Der Schnee ist auf den Kissen, auf den Haaren – überall. Man steckt den Kopf unter den Lumpen hervor, dann zieht man ihn wieder ein und atmet, es wird warm, der Schnee taut von den Haaren, später gefriert er zu Eis. So komme ich zu einer Wintermütze. Stille. Dunkelheit. Nur der Schnee schimmert weißlich.

Da bin ich nun in dieser Eishöhle zusammen mit Wesen, die irgendwann Menschen waren, die irgendwann gelacht und geflirtet haben, zu Besuch gingen und selbst Gäste einluden, darüber nachdachten, wo sie den Sommer verbringen sollten nach dem langen Winter in der Stadt; Menschen, die sich enttäuscht zeigten, wenn ein Kleidungsstück schlecht genäht war, denen eine Zweizimmerwohnung zu klein war. Jetzt schweigen sie. Und es gibt sie ja auch nicht mehr. So wie sie waren, gibt es sie schon lange nicht mehr. Sie starben am vierzehnten Juni 1941, und jetzt liegen hier in der Baracke Nummer dreizehn nur noch dahinsiechende Wesen. Hier gibt es nur noch solche Kategorien: 1.) Leichname, 2.) Sterbende, 3.) Kranke, die vielleicht noch gesund werden. Diejenigen, die überleben werden, werden hiervon Zeugnis ablegen können gegenüber Menschen, die solch teuflische Proben nicht bestehen mussten. Aber das werden fernere Generationen sein.

Die Mauerwände zittern. Von der Decke fliegen eines nach dem anderen die abgerissenen Bretter herunter und hinterlassen immer größere Lücken. Durch sie fegt der Schneesturm nach innen. Das Eisenfass, unser Öfchen, tanzt unentwegt auf und nieder und schreit blechern. Wir schweigen, wie Verbrecher, atmen unter unseren Zudecken. Wir schweigen, denn zum Sprechen fehlen die Kräfte, es gibt auch nichts zu besprechen, und es wird einen auch keiner hören durch das Heulen des Schneesturms. Wir haben überhaupt keine Hoffnung mehr. Alles ist sinnlos. Es scheint die letzte Komödie unseres Lebens zu sein. Ich habe Angst vor dem Tod. Die Anhöhe im ewigen Eis der Tundra schreckt mich. Denn sogar im Sommer wird man im Eis liegen in der Tiefe der Tundra. Man wird nicht verwesen, dafür ist es zu kalt. Und ich will Wärme. Man braucht Wärme. Den Hunger spüre ich nicht mehr. Die Vorstellung von Brot ärgert mich nicht mehr. Ich will nur Wärme. Der Schneesturm wird wohl nie zu Ende gehen. »Comedia finita est«, blitzt der letzte Gedanke im Kopf auf und geht in einen Traum über, in einen Nachtmahr, in ein einziges Heulen; es gibt keine Grenzen mehr zwischen den Empfindungen, zwischen dieser und jener Welt.

Es ist still. Es fällt schwer, sich zu beherrschen. Noch einmal stecke ich den Kopf unter der Decke hervor. Es herrscht Stille. Ist das wirklich wahr? Ich höre in mich hinein – das rhythmische Geräusch von Schaufeln kommt näher. Der Schneesturm ist zu Ende! Ist das wahr?! Man wagt es nicht zu glauben. Er könnte doch wieder mit einem plötzlichen Dröhnen irrsinnig zu heulen beginnen und wieder würde sich der Himmel mit der Erde mischen. Wieder würde der Albtraum beginnen, bis wir schließlich wahnsinnig werden. Da kommt jemand auf dem Bauch durch das Loch gekrochen.

»Gibt es hier Überlebende?«

Stille.

»Ihr Menschen, sagt was, meldet Euch!«

Ich erhebe den Kopf, nehme alle Kräfte zusammen und richte mich auf.

»Es gibt, es gibt hier Überlebende...«, ich fühle, dass ich kaum sprechen kann, die Stimme wird von etwas erdrückt, die Knie, die Beine zittern, der Kopf fällt zurück; Schwäche überströmt den Körper, aus den Augen ergießen sich Tränen.

★
★ ★

Zwei Wesen kommen in die Baracke hereingekrochen: zwei Männer. »Ich grüße die Bezwinger der Arktis«, poltert spöttelnd eine muntere, kräftige Stimme vom Eingang her. Sie zünden eine Kerze an. Eine Weile stehen sie überwältigt von dem Anblick der armseligen Baracke. Beide stecken vom Kopf bis zu den Füßen in Pelzen. Sie fragen nach den Kranken.

»Alle sind krank.«

»Dann werden wir mal alle anschauen«, antworten die Männer. »Junger Mann, halten Sie die Kerze, wir werden jetzt alle Pritschen abgehen.«

Sie hatten mich in der Hose und der wattierten Jacke für einen Mann gehalten. Wir schlurfen langsam an den Pritschen entlang. Sie fragen alles, bitten mich, alles zu erzählen. Die Kranken fragen sie nicht viel, decken nur bei jedem die Füße auf – stellen den Skorbutgrad fest, leuchten einem jeden ins Gesicht. Es ist überall dasselbe: schreckliche, eingefallene Augen, wunde, schwarze, zusammengezogene Beine, geschwollene Knie und Gelenke, deformierte Extremitäten, abstehende Hüften.

Einer der beiden Männer ist ganz offensichtlich Jude. Er hat die typische Nase und entsprechende Figur. Sie wollen gehen.

»Verliert die Hoffnung nicht. Wir werden uns um euch kümmern«.

Mir lassen sie den Kerzenstummel. »Dein Glück, junger Mann.«

Das war Doktor Samodurov. Am nächsten Tag grub jemand ein Loch – nun konnten wir gebeugt aus der Baracke treten. Der Schnee mit dem Kot und Urin wurde hinausgefahren. Manche weinten sogar vor Rührung. Nach der Arbeit erfuhren wir, dass Stepanovienė da war, dass sie alle Kranken notiert und sogar die Temperatur gemessen hatte.

Am Abend waren wir erst recht wie vom Donner gerührt – man brachte uns ein aus einer Konservendose gebasteltes Lämpchen und hängte es unter der Decke auf. Nun konnten wir wenigstens die Umrisse voneinander erkennen und würden in der Dunkelheit nicht mehr aufeinander stoßen. Auch in die Nachttöpfe würden wir nicht mehr treten.

Das Lämpchen flackert und qualmt schrecklich, über ihm

taut der Schnee von der Decke. Wir schauen alle auf das Lämpchen. Die Lüsterlampe in unserem Esszimmer war nichts, verglichen mit diesem Lämpchen. Es ist wichtig, dass sich jemand um uns sorgt. Jeder wird als Optimist geboren, wir glauben, dass es besser wird.

Am nächsten Tag brachte man die Skorbutkranken in ein Krankenhaus, die Typhuskranken in ein anderes. Außerdem kam die schöne Liuda aus Šiauliai und gab jedem 50 Gramm gekeimte Erbsen. Sogar die Gesunden bekamen etwas. Und so ging es jeden Tag weiter. Die Kranken bekamen außerdem Tabletten gegen Skorbut. Wir bekamen auch jeder ein Kilogramm gesalzene wilde Zwiebeln und eine große Portion Graupen. Die Lage besserte sich täglich, die Kranken begannen, wieder auf die Beine zu kommen. Ehre gebührt dem jüdischen Arzt. Er rettete viele von uns vor dem Tod. Wenn er nicht gekommen wäre, hätte wohl kaum jemand von uns überlebt.

✳
✳ ✳

Mit den Baumstämmen im Schlepptau ziehen die Brigaden eine nach der anderen das Eisgolgatha hinauf. Und die Baumstämme nehmen kein Ende. Zwei Kosakenbrigaden hacken Holzflöße aus dem Eis, die im Herbst eingefroren waren. Das Schleppen der Stämme fällt uns jetzt leichter – das Seil schneidet nicht mehr so schmerzhaft, weil die Schultern vernarbt sind, und eine Narbe tut weniger weh als eine offene Wunde. Am Ende des Arbeitstages, wir arbeiten 14 Stunden am Tag, spüre ich, dass die Wunde auf der Schulter wieder aufgegangen zu sein scheint. Wie die Treidler von Repin lege ich das Seil über die Brust und drücke beide Hände an den Körper. Aber auch das geht schlecht. Ich spüre Druck in der Herzgegend und in den Schläfen, überall hämmert das Blut in den Adern. Ich fühle, wie die Halsadern nach außen springen und unentwegt pochen. Vor den Augen wird es dunkel, die Zunge steht raus, das Atmen wird immer schneller. Tage, Wochen und Monate werden eins. Wenn ich versuche, mich an irgendetwas zu erinnern, wird daraus nichts: Ich sehe nur unser Golgatha, die Baumstämme, den Schnee und immer wieder das Seil. Ich habe nur einen einzigen Gedanken, ein Sehnen: irgendwie nur diesen einen einzigen Holzstamm nach oben zu bringen.

O, Golgatha, Golgatha im Frühling meines Lebens! Ich werde dich wohl mein Leben lang tragen müssen.
Du hast mich geformt, meine Ausdauer gestählt. Hier habe ich gelernt, still zu leiden, mich qualvoll Schritt für Schritt meinen Zielen zu nähern und, wenn ich sie einmal erreicht hatte, Genugtuung und Vertrauen in die eigenen Kräfte zu fühlen. Dieses Golgatha ist meine Lebensschule gewesen: grausam und erbarmungslos.
Hier, mit der ewigen Fessel um die Schulter, von den tonnenschweren Baumstämmen zu Boden gedrückt, bin ich auf allen vieren zu dir hinaufgekrochen, mein Golgatha, hier habe ich im Innersten Rache und stummen Hass verspürt – auf alles, was den Menschen erniedrigt, ihn zum Tier macht.

Markas Zingeris
Das große Nachtmahl

Wie ein Blitz aus heiterem Himmel schlug in der besseren Gesellschaft von Kaunas die Nachricht ein, dass die Woge der Kriegsflüchtlinge, welche die vorläufige Hauptstadt überschwemmte, auch den berühmten Poeten Itzik Manger herbeigespült hatte. Eigentlich konnten Berühmtheiten in Kaunas damals keinen großen Eindruck machen: Meine Großmutter organisierte ständig Empfänge für Šaljapin und Bal'mont, für die deutschen Sozialdemokraten, die den Krallen der Nazis entkommen waren, und für Fabrikbesitzer, die in ihrer Freude, ihre Haut vor dem braunen Mob gerettet zu haben, bereitwillig etwas für die armen Studenten springen ließen. Hier glitzerten auch allerlei Sterne und Sternchen aus den Theatern im Nazi-besetzten Europa, und die Luft im Café „Monika" war geschwängert von den Schlagern der Emigranten und vom Pfeifenqualm des Verehrers meiner Großmutter, Papartis-Frydmanas.

Aber Itzik Manger! Das war schon etwas, sogar im Vergleich mit Šaljapin. Das war doch die ureigene Literatur, bei der es selbst den Kaunaer Kutschern und den einfachen Arbeitern weh ums Herz wurde! Es war völlig unvorstellbar, dass dieser Poet irgendjemandem unbekannt war. Die Literatur war, wie meine Großmutter stets versicherte, für den gebildeten, in ewiger Verbannung lebenden Juden die einzige wirkliche Heimat.

In die Vorbereitung ihrer großen Abende stürzte sich Großmutter mit Leib und Seele; sie entfloh auf diese Weise wenigstens für kurze Zeit ihrer lautstark geführten Ehe mit diesem Dickschädel von Großvater, der ganz ungeniert hinter den Röcken selbst ihrer Freundinnen her war. Im Hochgefühl ihres Mäzenatentums streifte sie sogar den Staub ihres kleinen Gasthauses von sich. Das Ideal der erhabenen Seele, vor zweihundert Jahren von Menschen mit edlen Profilen und gepuderten Perücken vorgelebt, war bemerkenswert lebendig unter den gebildeteren Kaunaer Juden. Konserviert blieb es in diesem gottvergessenen Landstrich, wie unter Glas in einem Museum.

Wer war nun Itzik Manger? In der üppigen Blüte der jiddischen Vorkriegsliteratur, dieser wunderbaren Knospe aus reicher Vergangenheit, war dies das prächtigste und farbigste Blatt. So hätte es wenigstens unser Kaunaer Literaturkritiker Giršas Fantastikovičius ausgedrückt, und so schrieb es meine Großmutter denn auch auf das Plakat. Es versprach eine „feierliche Dichterlesung mit Itzik Manger im Kristallsaal des Restaurants Versailles am 13. September 1939, um 18.30 (oder etwas später, falls sich der Zug aus Warschau verspäten sollte)."

Durch die Tür strömten vertrocknete Jiddischisten, Kulturaktivisten, welche die Sprache der europäischen Juden als die allgemeine Sprache des jüdischen Volkes propagierten und die Notwendigkeit, nach Israel auszuwandern, verneinten, und gravitätische Metzger, Anarchisten und Schweineborstenhändler, freie Künstler und Veterinärstudenten. Wichtig waren dabei die Frauen der Berühmtheiten mit ihren aufgedonnerten Garderoben und ihrem vornehmen Gehabe. Aber am wichtigsten war natürlich Itzik Manger, der Stolz der modernen Literatur. Nicht jeden Mittwoch konnte man schließlich den Genius bestaunen und ihm sogar einen Hechtkopf *à la Juif* anbieten, und dazu noch mit litauischem Meerrettich. O jo, man war sich einig, es waren wunderbare Verse, diese Balladen, die der Genius schrieb! Und dazu die himmelblauen Augen!

Pünktlichkeit ist die Tugend der Könige! Punkt achtzehn Uhr dreißig – man konnte es kaum glauben im kriegsgeschüttelten Europa – erschien in der Tür ein breitschultriger Mann mit gelocktem Haar, umgeben von Korrespondenten, Schriftstellern, Agenten und Managern. Das war er also! Vergeistigter Gesichtsausdruck und himmelblaue Augen! Paola Fajans, die Busenfreundin meiner Mutter und selbst angehende Dichterin – meine Großmutter hätte sie übrigens um nichts in der Welt mit dem Großvater zusammen je allein gelassen – kämpfte sich nach vorn und drückte ihr Schlangenledertäschchen an ihr Herz. Großmutter übernahm derweil die Regie und geleitete mit dem Hermelin über der Schulter die Prozession ihrer Gäste die Treppe hinauf.

Stühlerücken, Gabelgeklapper und Seidengeraschel verstummten. Die ersten Worte von Itzik Manger lauteten der Überlieferung nach so: »Ich übermittle Ihnen die folgende Botschaft: Uns gibt es nicht mehr, Herrschaften!« Seine Stimme war heiser, leise, aber fest; sein Jiddisch hatte einen polnischen Akzent und war gespickt mit deutschen Wendungen, wie später der Korrespondent der „Welt" anmerkte. »Hochverehrte Gastgeberin, *meine Damen und Herren!* Zunächst danke ich Ihnen, liebe Frau Mäzenatin, für den gehackten Hering und den französischen Champagner. Ich danke auch für die brüderliche Aufnahme unter diesem litauischen Dach. Aber es gibt uns nicht mehr! Es gibt unsere dicken Journale nicht mehr, und unsere Stimme zählt nicht mehr. Es gibt keine Bibel mehr und keine Internationale. Es gibt keine Schriftsteller mehr und auch keine Leser. Die Menschheit hat keinen Weg mehr, die Geschichte kein Ziel, die Juden keine Mission. Wir erheben unsere Gläser hier auf einem Gespensterball. Sie werden sagen, die Vorsehung wird uns retten?« Itzik Manger schaute die ehrenwerte Gesellschaft an. »Die Vorsehung hat euch alle im Visier! Und Ihre Schreibmaschinen, meine Herren Korrespondenten, werden in tausend Jahren von den Archäologen ausgegraben werden. *Fertig.* Deshalb schlage ich vor, die irdischen Güter und – soweit vorhanden – die Konzertflügel zu verkaufen! Wir fahren fort nach Palästina. Ohne Pfadfinderlieder, sofort, heute Nacht. Der Zug ist schon weg? Dann mit dem nächsten. Es regnet? Bedeckt Eure Köpfe mit Büchern. Ich trinke auf das Leben nach dem Tod.«

Die Jiddischisten lächelten verwirrt. Die Zionisten klatschten laut und standen einer nach dem anderen auf, als ob jemand die Unabhängigkeit des Heiligen Landes von der britischen Krone verkündet und so ihren seit langem gehegten Herzenswunsch endlich erfüllt hätte. Der Besitzer des Optiklädchens, der hoch verehrte Mackabuckis, flüsterte unterdessen seiner von Parfümduft umhüllten Nachbarin zu: »Fräulein, wie gefallen Ihnen die Schnecken?«

Fräulein Fajans bemerkte es nicht einmal, dass ihr Schlangenledertäschchen unter den Tisch gerutscht war und dabei eine Laufmasche in ihrem Perlonstrumpf in Bewegung gesetzt hatte: Sie wusste nur, dass alles zu Ende war! Itzik Manger hatte Recht. Sehr gern hätte sie noch heute Abend die Enge dieser litauischen Stadt verlassen. Im Laufschritt wollte sie dort hineilen, wohin der Autor von *Dos buch fun Gan Eden* sie und die ganze Gesellschaft einlud. Bald sah sie schon die Kriegsmaschinerie aufziehen, bald hing sie verstört an seinem himmelblauen Blick. Womöglich tat auch das Gläschen Anisschnaps seine Wirkung, das sie zusammen mit einigen Tropfen Baldrian direkt vor dem Abend geleert hatte. Sie ahnte ja, dass sie hier auch meinen Großvater treffen würde: Nach der gestrigen Liebelei hatte sie seine männlichen Absichten durchschaut und war fest entschlossen, sich kühl und distanziert zu geben.

Paola hob kurz das Champagnerglas an, aber „hurra" zu schreien traute sie sich dann doch nicht, sie wartete auf irgendeine Äußerung der Literaturpäpste.

Aber die Päpste schwiegen finster. Sie hatten den ganzen Morgen getagt und die Frage erörtert, welche Straße man in der vorläufigen Hauptstadt nach dem im letzten Winter verstorbenen Autor benennen sollte: diejenige, in der er geboren wurde oder diejenige, in der er seine unsterblichen Werke geschrieben hatte. Dieser Dramaturg hatte eine einaktige

Komödie über einen Juden geschrieben, der tatsächlich den Familiennamen Hitler trug; er hatte den Führer des Dritten Reichs vor einem internationalen Gericht verklagt, der habe seinen Familiennamen plagiiert und sich angeeignet, würde ihn nun schamlos verwenden.

Meine Großmutter erhob das Glas auf den Gast und sagte, dass die meisten der Anwesenden sein Werk *Dos buch fun Gan Eden* gelesen hätten. Sie empfahl allen, mit dem Hering zu beginnen. Schon beim Hering begannen die Linken mit den Rechten zu streiten, und alles lief so ab, wie es eben in einer von der übrigen Welt gut abgeschotteten Vorkriegsgemeinde litauischer Juden ablaufen musste.

Leider leerte der Poet ein Gläschen mehr, als es sich geschickt hätte, pflegte die Großmutter zu seufzen, wenn sie an ihre besseren Zeiten dachte. Überhaupt waren die Beziehungen des jüdischen Intellektuellen zum Schnaps ziemlich kompliziert, dies pflegte auch mein Großvater zu beteuern: Entweder versuchte so ein Mensch nervös, der Angelegenheit aus dem Weg zu gehen, weil er meinte, auf dem Grund des Glases drohten Blut und ungezähmte Leidenschaften, oder er war nach einem einzigen Tropfen hinüber! Dies war dann meist irgendein entwurzelter kleiner Jude, ein missratener Wicht, den so ein polnischer Adliger oder ein Vorgesetzter, wohl genährt wie ein Bär, voll im Griff hatte.

Aber hier hatte wohl der Geist des jüdischen Volkes selbst die Wirkung gesteigert! Schon nach dem dritten Toast, den der Vorsitzende der Journalisten- und Literatenvereinigung mit dem Pelikan-Füller in der vorderen Westentasche aussprach, hatte meine Großmutter bemerkt, dass der Gast ein wenig zu lallen begann. Außerdem hielt er mit der Gabel einen Reizker aufgepiekst und erzählte der am anderen Tischende schmorenden Paola lauthals, dass sein Hund Fuchs in Warschau eine Hündin gehabt habe. Und was für eine! Der Hund sei ein armer Kerl, die Hündin aber sei eine ganz prächtige Hundedame gewesen. Fuchs mühte sich auf ihr ab wie fürs Vaterland. Und plötzlich rutschte er runter und fiel tot um *jak Bierek pod Plockiem!* Dem Hund sei vor lauter Liebe einfach das Herz stehen geblieben!

Die Frau des Fabrikanten Kacas, eine Dame von hohen Grundsätzen, die herrlich Beethoven spielte, erhob sich und verließ empört den Saal. Vielleicht war das Gläschen dem Poeten zu Kopf gestiegen, vielleicht spielten auch seine Nerven nicht mehr mit?

Wie es weiter ging, erzählte der Großvater gern, wenn er die Großmutter ärgern wollte. Er hatte schließlich auch dabei gesessen, mit Halbedelsteinen an den Manschetten. »In meiner Sippe erging es allen wie diesem Hund!«, posaunte nach Großvaters Version der Stolz der jüdischen Literatur. »Darauf trinken wir einen.«

An dieser Stelle pflegte die Großmutter dazwischenzufahren: »Dein Großvater ist wirklich ein Schwein«. Und an den Großvater gewandt, sagte sie: »Es ist eine Schande, dass du dich in Gegenwart deiner Enkel ausgerechnet auf diese Weise an die Smetonazeiten erinnerst, du *svinja!*«

Was weiter geschah, daran erinnert sich niemand mehr, nicht einmal die vergilbten Zeitungen. Durch die Kaunaer Boudoires schwirrten einige Zeit abscheuliche Gerüchte. Angeblich sei der Klassiker leibhaftig auf den Tisch gestiegen und hätte direkt in die Kristallvasen gepullert. Die einen hätten nach der Polizei gerufen, die anderen »Donnerkeil« gebrüllt, wieder andere hätten versucht, ihn am Schlafittchen zu packen und hinauszuschleppen. Und er hätte ständig herumtrompetet, dies sei ein Gespensterball. Da draußen, hinterm Fenster, am eisigen Himmelszelt, galoppierten schon die Reiter der Apokalypse auf ihren falben Pferden, Hakenkreuze auf den Ärmeln.

Später erschütterte auch noch ein öffentlicher Skandal die Stadt, auf den sich sogar die Zeitungen stürzten – sowohl die linken als auch die rechten. Die junge Jiddischistin Paola Fajans war zusammen mit dem Poeten in das rote Birobidžan geflohen! Andere, dem diplomatischen Corps nahestehende Kreise, schworen aber bei Gott, dass das Pärchen in Hongkong auf einer Dschunke unter einem Baldachin lebe! Meine Großmutter richtete als Mäzenatin von Itzik Manger ein Protestschreiben an das „Jüdische Echo". Darin geißelte sie all die Blutsauger, die sich von üblen Nachreden nährten: »Es geistern Gerüchte umher, dass der berühmte Poet während seines Besuchs in unserer Stadt eine junge Frau verführt habe, deren Name hier nicht interessiert. Als Organisatorin des Abends zu Ehren des Gastes sehe ich mich zu der Erklärung veranlasst, dass diese Gerüchte jeglicher Grundlage entbehren. Selbst wenn die erwähnte junge Dame abgereist sein sollte, so tat sie dies freiwillig. Es ist ja wohl nicht verboten, sich in einen Poeten zu verlieben, zumal wir alle die Poesie von Itzik Manger lieben. Wer derartige Gerüchte ausstreut, ist der Mitarbeit im Feuilleton eines seriösen Kulturblattes unwürdig. Es ist eine einzige Schande!«

Am Ende des Briefs konnte die Großmutter nicht mehr an sich halten und begann, aus den Gefilden der Gerechten Pfeile auf die Kaunaer Gerüchteköche abzuschießen. Da war die Rede von „Erdenwürmern" und von „giftigen Schlangen". Es überkam sie wieder – wie dies manchmal geschah – der stolze und leidenschaftliche Geist ihres Urgroßvaters, des Rabbiners und Predigers von Jašiūnai.

Und was war mit Itzik Manger? Wie war sein wirkliches Schicksal?

Nach vielen Jahren, als vom Gasthaus „Kommerz" meiner Großmutter nur noch eine rauchende Ruine übrig geblieben war, hatte Itzik Manger das Gelobte Land erreicht. Dies vermerken alle Enzyklopädien. Kaum hatte er festen Boden unter den Füßen verspürt, da hatte er die berühmte Phrase, die er schon im „Versailles" in Kaunas gebracht hatte, wiederholt: Er wolle den Staub von Israel nur deshalb nicht küssen, weil er selbst ein Staubkorn des Gelobten Landes sei. Und danach verstummte Itzik Manger für alle Zeiten. Vielleicht fütterte er die Truthähne im Kibbuz? Vielleicht trocknet die Phantasie aus, wenn Sehnsüchte in Erfüllung gehen?

Fräulein Fajans schrieb Briefe an die Großmutter aus fernen Ländern, zuletzt aus Australien, und berichtete, dass Itzik Manger in der Tat einige Zeit mit ihr gelebt habe, bevor er ohne Nachricht verschwand. Sie habe es sehr schwer gehabt mit diesem Menschen, er habe sich überall wie im Käfig gefühlt. Aber »dieser Käfig war golden, denn er war die jiddische Sprache unserer goldenen Epoche«.

Ich schaue auf die verblichene Ansichtskarte mit der Oper von Tel Aviv und danke Gott, dass Paola Fajans einen anderen Weg eingeschlagen hat, dass sie, die seinerzeit angehende Literatin, mir durch ihr erfülltes Leben und nicht durch irgendwelche literarischen Ergüsse diese Geschichte überlassen hat.

Und nun bin ich es, der es nicht lassen kann, das große Nachtmahl meiner Großmutter zu kommentieren! Ich werfe mich in den Frack, ziehe die Fliege zurecht und erkläre: Es gibt kein bittereres Schicksal als das von Itzik Manger. In allen Hauptstädten der Welt schrieb dieser Flüchtling in einer Sprache, die niemand verstand. Seine Kinder, Bluts- und Geisteskinder, in Frankreich, Litauen, Polen, Israel und sogar in China können nicht lesen, was dieser Vater schrieb. Verzweifelt bemühte er sich, das lebendige Wort in sich zu erhalten: Er dachte oft an seine Mutter, schrieb viel über den Tod. In einem Gedicht riecht sogar der gerade erblühte Apfelbaum nach Verwesung. Die Bitterkeit erhob seine Poesie über die Werke der anderen. Aber wer zerbricht sich darüber heute noch den Kopf?

Markas Zingeris
So sangen sie damals in der Freiheitsallee

Er war frei und trug doch Uniform, war von Winden zerzaust und doch militärisch korrekt. Er war voller Hass, aber auch selig vor Liebe. Er war glücklich und zugleich unglücklich, er war zum Helden geworden und war ebenso ein Nichts – ein demobilisierter Soldat. In seinem Kopf steckten die verqueren Vorurteile seiner Zeit, und ein unsterbliches, heiteres Lächeln lag auf seinen Lippen.

Das war mein Vater.

Da stand er auf dem Vytautasberg, auf dem es damals noch kein fröhliches Karussell gab; nur das Kurhaus stand da, im Bierdunst – es war von den Deutschen überhastet verlassen worden. Er schaute in das grüne Tal hinunter. Er hatte diese Stadt kampflos erobert, ganz wie es sich gehört bei einer seit alters her geliebten Stadt. Sie waren von verschiedenen Seiten her in die Stadt einmarschiert, und die Deutschen konnten nur noch das Kraftwerk sprengen.

Er lächelte unter Tränen: Viele seiner Freunde aus der *Brazilka* und *Aleksotas*, aus der *Freiheit* und aus *Žaliakalnis*, würden nie mehr zurückkehren. Aber seine Braut lebte. Die wartete auf ihn dort unten im Tal, dort, wo die beiden Flüsse zusammenströmten; in dem Tal, das von der Freiheitsallee durchquert wurde, von dieser profanen und zugleich heiligen Straße! Von der Straße mit den Filmpalästen, welche die Leute in der Vorkriegszeit wegen der Hollywoodfilme „Luftschlösser" genannt hatten. Seine Braut trank dort in einem kleinen jüdischen Hotel Tee und erzählte den Kaunaer Soldaten und ehemaligen Mitschülern vom Untergang ihres Landes – eines Litauen mit den Paraden der Gymnasiasten, die ihre Gesichter dem Balkon des Präsidentenpalais zuwandten: Oben stand seine Exzellenz im Frack; dem Litauen mit Chalva aus Palästina und der unvergleichlich bitteren Mokkaschokolade.

Nein, er hatte Hitler nicht in einen Käfig gesperrt, um ihn quer durch Europa zu schleifen und zusammen mit noch nie gesehenen Schreckgespenstern im Zirkus zu zeigen. Nein, er kam nicht auf dem Panzer geradewegs aus der Hölle des Faschismus gefahren, womöglich gar mit dem Ruf »Hitler kaputt!«, wie ein kleiner Junge, der Indianer spielt. Seine Vorgesetzten hatten seinen sehnlichen Wunsch nach Fronteinsatz nicht berücksichtigt. Er war all die Kriegsjahre im Karree der Militärschule marschiert, hatte das politische Einmaleins erlernt und im Sperrholzschießstand aus seiner Pistole, was das Zeug hielt, auf den „Fritzen" gefeuert. Erst in den letzten Monaten war er ins Feld gegangen. Auf die Schnelle bekam er den Krieg zu schmecken: Er kriegte eine Kugel in den Fuß, nahm einen vom Volkssturm gefangen, obwohl Major Gnedych ihn anschrie: »Auf ein paar Kugeln mehr kommt es bei dem Saukerl nicht an! Ein Sensibelchen bist du, Genosse Leutnant!« Der Deutsche ging in die Gefangenschaft wie ein Kalb zum Schlachter – mit einem Schokoriegel und den Fotos der Eltern in der Westentasche.

Nach dieser Heldentat bekam mein Vater Urlaub, wurde dann endgültig ausgemustert und blickte nun auf die Stadt seiner Jugend, die er so kampflos eingenommen hatte, und über seine Wangen rannen bittere Tränen; in die stob der Wind – der Wind, der von allen Fronten auf die Anhöhe von Žaliakalnis gebraust kam. Die Kameraden aus der Kompanie waren nicht mehr da, auch nicht das Gebrüll des Spießes, in dessen Gegenwart es immer den Munteren, den Fröhlichen, oft genug den Verseschmied zu spielen galt: stets ein Liedchen aus *Tri tankista – tri vesëlych druga* oder aus *Volga Volga, mat' rodnaja* auf den Lippen. Nun ja, von einem Juden wird halt in Gesellschaft immer irgendetwas Musikalisches erwartet. Hurra, Genosse Butylkin!

Nun wehte der Wind in Böen Vorkriegsmelodien heran, dann heulte immer dumpfer die Kanonade. Doch Fanė lebte! Ihren Brief hatte sie sorgfältig in großen Buchstaben mit einem Kopierstift geschrieben; jetzt wärmte der seine Brust wie ein Schluck Kräuterschnaps beim Wachgang.

Er rückte seinen Gürtel zurecht, wobei er nach alter militärischer Gewohnheit den Daumen hinter den Hosenbund steckte und die Seitenfalten glatt strich, und stieg hinab.

Im Tal baumelten noch Plakate aus der Zeit der Deutschen: Plakate von Filmen mit Greta Garbo.

An einer Ecke flatterte die Reichskriegsflagge. Er zog die Stange aus der Halterung und schleuderte den Lappen in eine Toreinfahrt. Am Hotel „Lietuva" tuckerte eine Ansammlung von Autos vor sich hin. Er erkannte an der Hoteltür den alten ergrauten Löwen mit dem Pfeifchen – Il'ja Erenburg! Er hätte ihm gern zugerufen »čto pišete, tovarišč Erenburg?« Schließlich war es Julio Jurenito gewesen, der seinen Abenteuerappetit in der Vorkriegszeit geweckt hatte. Erenburg hatte all die Kriegsjahre über den Deutschen mit der Feder eingeheizt wie mit der Kalaschnikow. Aber auf den Schulterstücken dieses kleinen Herrgotts meines Vaters prangten – wie bei den meisten seiner Zeitgenossen – weit mehr Sternchen, als der Verehrer des Schriftstellers aufweisen konnte. Erenburg drehte sich kommentarlos um und verschwand hinter der Hoteltür. Der Fahrer irgendeines Generals kaute Sonnenblumenkerne und flirtete mit einer jungen Frau, die das Tuch nach der damaligen Mode auf der Stirn gebunden hatte. Frische umgab sie, als wäre sie gerade dem Bad entstiegen – als hätte es nie einen Krieg gegeben. Alle Frauen sahen bezaubernd, anziehend und geheimnisvoll aus.

Meines Vaters Gedanken kehrten zur Armee zurück: Sicherlich war auch Černjachovskij hierher gekommen. Seine Adjutanten hatten erzählt, der General hätte im „Metropol" die ganze Nacht durch mit Kipras Petrauskas gesoffen, und Kipras, dieser Fuchs, der noch eine Woche vorher den

Fritzen das Herz mit einer Siegfriedarie erwärmt hatte, stimmte nun im Restaurant *Ei, uchniem* an, und das Gold auf den Schultern des Generals der Dritten Front blitzte dazu auf. Was für ein Künstler!

Der Wind kam wieder vom Nemunas, und beim Gedanken an Kipras kam dem Vater die Melodie von „Širdys mergelių..." in den Sinn. Er hatte dieses Lied einst beim Rasieren seines Tertianerflaums am hohen Fenster in der Freiheitsallee geträllert, während die Wolken, weiße Sommerwolken, wie es sie nur im verlorenen Paradies der Vergangenheit gibt, wie Seife auf der Rasierklinge schäumten. Hatte er nicht sogar zuweilen eine Taube mit einem roten Band in diese Wolken aufsteigen lassen und aufmüpfige revolutionäre Blättchen in sie hineingestreut? Er hatte auf der richtigen Seite der Barrikaden gestanden – und er hatte überlebt.

Er kickte einen vom Bajonett zerrissenen Kinderball fort – *Deutschland, Deutschland über alles!* – daraus wird nichts. Die Zukunft gehört der Kommune! Der Kommunismus schien dem Vater auch so eine Art verlorenes Paradies zu sein: Als zöge sich die Freiheitsallee durch die ganze Welt hindurch, und die Menschen aller Völker wandelten in ihr Hand in Hand (vielleicht auch noch mit einem Schokolädchen im Mund), und an jeder Ecke blickte Stalin im Profil auf sie herab, nur die Spatzen brauchten ihn nicht zu fürchten. Aufmerksam bewachte der große Führer die Harmonie: die Linden der Allee, die Spatzen, die Nachtigallen, die Juden, das Proletariat, die Freunde des Vaters, die gern sangen und pfiffen, und die Menschen aller Nationen, die guten Willens waren! Er schützte vor den dunklen Wolken, die diese Harmonie vielleicht zerstören wollten, vor den schweren Wolken, die sich möglicherweise hinter dem Horizont schon wieder auftürmten.

Doch jetzt, nach dem Sieg über die Deutschen, dehnten sich die Horizonte erst einmal sehr weit. In der Maironisstraße drängten sich die Menschen vor der heruntergekommenen

Synagoge. An den Wänden hingen die Listen der Überlebenden, die sich wieder eingefunden hatten. Eine alte Jüdin weinte und presste ihre Stirn gegen die Ziegelwand. In der Menge erzählte man sich, dass ihre ganze Familie umgekommen war: Kinder, Enkel, Urenkel. Sie hatte ihr offenes Bein durch alle Frontlinien von Stutthof bis hierher geschleppt und war im Lazarett genesen, aber jetzt wusste sie nicht, wohin sie gehen sollte – ihre Zukunft war verbrannt.

Zwei junge Männer – ihren Gesprächen war zu entnehmen, dass sie KZ-Häftlinge gewesen waren, sie waren aber schon wieder halbwegs zu sich gekommen und hatten sich amerikanische Zigaretten beschaffen können – stritten miteinander darüber, wessen Schuld es war, dass sie im sowjetischen Machtbereich gelandet waren. Eigentlich hatten sie aus Deutschland gleich nach Palästina fahren wollen. Der Fahrer hatte sie betrogen! Nur gut, dass er sie nicht zum NKVD gebracht hatte. Die Männer sprachen ganz ungeniert jiddisch.

Da hatte der Vater plötzlich die kleine Notiz entdeckt. Sie war mit einem Kopierstift geschrieben und an ein Brett genagelt. Diese liebe wohlbekannte Schrift! »Motiejus, ich warte auf dich im Hotel ‚Kommerz'. Fanė«.

Sie war aus Deutschland heimgestiefelt mit einem Kätzchenzweig und einem Gewehr in der Hand; das Gewehr war fast größer als sie selbst. Sie hatte sogar ihre Gefangenen – Kühe, die sie bis nach Danzig treiben sollte. Fanes Füße bluteten zwischen den Zehen. Die schwarzweißen Kühe schauten die ungeschickte Treiberin scheel an. Am Feldrand explodierte eine Mine, die Kühe stoben aufgeschreckt auseinander, warfen ein Fernmeldeauto um, Fanė wurde in den Dreck geschleudert. Danach wurde die Lahmende von flotten Armeechauffeuren mitgenommen: »*Moja tvoja liubit'!*« Mal für die Schweizer Uhr des Vaters, die im Lager zu verstecken ihr gelungen war, mal auch »für die schönen Augen«. Es gab auch solche, deren Grabschfinger sich dorthin verirrten, wo sie nichts zu suchen hatten. Dann versuchte

Fanė, sich mit ihren knochigen Lagerellenbogen zu verteidigen, schrie wie eine aufgeschreckte Krähe. Entkam türenknallend. Rief Gott, Vater und Mutter auf Jiddisch an: das Schulmädchen, das vor dem Krieg ohne die Eltern nicht in die Oper gehen und in der Schule keine durchsichtigen Strümpfe tragen durfte. »Mädchen, du hattest einfach Glück«, sagte eine Rabbinerfrau beim Übernachten im Heuhaufen zu ihr, »sie haben dich bei Warschau nicht ins SS-Bordell gesteckt, du bist nicht vom Konvoi im Schnapsgestank vergewaltigt worden.« Fanė hatte wie ein antiquarisches Möbelstück überdauert – mit zerrissenem Bezug, aber mit festgefügten Lehnen. Ihre Weltsicht wird nach vielen Jahren von neuen Generationen smetonisch genannt werden. Nur Fanes Augen, die gesehen hatten, wie in der Mitte des Ghettos der Juwelier Mekas gehängt wurde, die den Großvater, den Selbstmörder, gesehen hatten, wie er stolz von den Kissen seinen Apothekerbart ins Jenseits reckte – diese Augen waren leerer, tiefer und dunkler geworden; trockene unheilbare Schwermut hatte sich ihrer bemächtigt. Hinter der Demarkationslinie hatten die Sowjets sie ausgequetscht wie eine Zitrone. Dieses Verhör wurde „Die Finger" genannt. *Die Finger* packten kräftig zu.

Alles begann mit der üblichen Frage:
»Warum und auf welche Weise haben Sie überlebt?«
»Das war die Schicksalslotterie, Genosse Major! Ich habe das große Los gezogen.«
»Welche amerikanischen Soldaten und Offiziere haben Sie kennengelernt?«
»Bloß Jim. Wir waren tanzen.« Sie lächelte und biss sich auf die Lippen. »Das war nach meiner Entlassung aus dem Lazarett.«
Der Offizier raunzte sie an: »Jim heißt mein Schäferhund! – Ausreden sind wohl nicht Ihre Stärke.«
Diese Menschen sprechen eine ganz andere Sprache als meine Familie, als meine Freunde, – Fanė begann etwas zu be-

greifen. – Sie denken auch irgendwie anders.
»Was wollte Jim von Ihnen wissen?«
»Ob ich Schokolade mag.«
»Und das war alles?«
»Alles.«
»Seine Adresse?«
»Er hat keine hinterlassen.«
»Was hat denn Ihr Jim Ihnen hinterlassen?«
»Maiglöckchen.«
»Was?«
»Maiglöckchen.«
»An Gott glauben Sie natürlich nicht?«, vergewisserte sich der Genosse Major.
»Nein, ich glaube nicht mehr. Ich kenne zwar eine Rabbinerfrau, aber auch sie glaubt nicht mehr!«
»Die Scherze lassen wir mal beiseite, Fräulein Lyberman. – Und nach Palästina hat Sie niemand eingeladen?«
»Doch, man bot mir an mitzukommen.«
»Wer bot es Ihnen an?«
»Ein paar Jungs aus meiner Klasse, ich traf sie auf meinem Rückweg.«
»Und wo treiben sich diese Kerls jetzt rum?«
»Vielleicht im Lazarett? Vielleicht in Palästina? Vielleicht in englischer Gefangenschaft, weil sie versucht haben, dorthin zu gelangen?«, dachte Fanė laut nach. »Aber vielleicht befinden sie sich auch in Ihrer Zone? Wer weiß!«

Sie war müde, alle ihre Knochen taten weh. Bei solchen Subjekten – sie fühlte sich an die Gestapo erinnert – muss man die richtige Sprache finden, dachte sie. Eine Heilige spielen, überhaupt jemanden spielen.

»Warum sind Sie nicht mitgefahren?«
»Ich habe mit den Eltern verabredet, dass wir uns in der Freiheit treffen wollen.«
»Wo?«
»In der Freiheitsallee, das ist eine Straße.«

»Was ist denn das für ein Name?«

»Ein litauischer.«

»Es gibt keine litauischen Namen. Alle Namen sind jetzt sowjetisch.«

Die Augen des Majors schauten sie forschend an, erinnerten sie aber gleichzeitig an die Augen eines toten Karpfens in Mutters Küche.

Was erfährst du schon von einer Neunzehnjährigen? – dachte der Genosse Major. Von einer neunzehnjährigen kleinen Jüdin mit einer am Ellenbogen eintätowierten Nummer.

Auch wenn's in Grodno war, auch wenn das Zuhause noch weit weg war: Aus der Kasematte ging's geradewegs in das üppige Sommergras. Fanės befreiter Leib, der seinerzeit eben noch den Abiturientenwalzer mitbekommen hatte, achtete nicht auf die blutenden Füße, er flog mit dem Wind die Lindenwipfel entlang nach Hause. Und der Zug ratterte munter, besonders in der Nacht. Er entlockte den Gleisen dabei alles, was sie in den letzten drei Jahren gehört hatte, – und sogar manchmal eine Vorkriegsstimme. Es waren Rufe ihres Namens auf litauisch, es waren deutsche Kommandos *schnell, schnell!,* es war das Geflüster der Mutter. Wenn der helle Morgen anbrach, schienen ihr alle Mitreisenden, die zwischen Säcken und Mänteln schliefen, freundlich, gutherzig und lieb. Das war der Zug des Lebens, er trug sie immer weiter fort von der Todespforte. Sie dachte nicht an das Frühstück, sie hätte in den Manteltaschen ja auch nicht einmal einen Krümel gefunden. Fanė stillte ihren Hunger mit Bildern von zu Hause: Da wandelte ihr Vater im weißen Hemd unter den Linden, die irgendwie vom Wind zerzausten Palmen ähnelten. Er politisierte dabei mit dem Deutschlehrer Navardaitis.

»*Du, deiner, dir, dich!*« Der Vater sprach auch mit dem Geschichtslehrer Strielčiūnas: »*Während des polnischen Aufstands gab es so einen Berelis Joselovičius!*« Die Taschen des Vaters waren voller Uhren. Er verbeugte sich vor seinen reichen Kunden und buchstabierte mit dem Kopf im Nacken die Namen italienischer Opern von den Plakaten der Litfaßsäulen, als säße er während des Gottesdienstes zum Gedenken an die Zerstörung der Heiligen Stätten – des Tisch'a Be Av in der Synagoge. Daneben kam der Duft der Reibekuchen herangeweht, welche die Mutter freitags buk! Fanė konnte sich ihre Mutter nicht anders vorstellen als beim Ausbreiten eines weißen Tischtuchs über den Esstisch. Bruder Mendel ließ das tschechische Motorrad aufheulen. »Wie ist das alles doch so schön, wie auf der Vorkriegsseife«, mischte sich in ihre Fantasien die andere Fanė ein, die viel ältere Fanė, die sich ihres Kopfes seit den Zeiten des Ghettos bemächtigt hatte. – Und wo waren Ruhr und Durchfall geblieben? Wo war der im Ghettohimmel schwankende Mekas? Wo waren die ausgemergelten Körper auf den Leichenhaufen des Konzentrationslagers? Wo waren die Menschenjagden und die Maschinengewehrsalven? Wie sehnte sie sich danach, ein Saxofon zu hören! Wie verlangte es sie nach Märchen, nach Zauberei, nach goldenen Träumen für ihren nackten Kopf, der auf der Sanitätsstation wegen der Läuse kahl geschoren worden und nun mit einem roten Tuch umwunden war!

Mit geschlossenen Augen lag sie in dem ratternden Zug und hörte einer satten Saxofonmelodie zu, die sich von sehr weit her zu ihr verirrte. Sie hörte denselben *tango nocturno,* den sie beim Verhör vorgegeben hatte mit dem Amerikaner getanzt zu haben. Deutlich sah sie auch den Saxofonisten des Gymnasiums mit der Igelfrisur im Rampenlicht – einen Jungen mit dem seltsamen Nachnamen Arklys. Aber auch ihn hatten sie erschossen, als er von der Slabadabrücke in die Vilija sprang.

Von den Bekannten der Vorkriegszeit fand Fanė nur eine Klassenkameradin und deren Eltern wieder. Ihr Bruder Mendel hatte es schon geschafft, zurückzukommen und gleich zu heiraten. Die Leute erzählten, dass seine Taschen genauso wie seinerzeit die seines Vaters voll von Uhren waren, die er reparieren wollte, aber er wohnte jetzt in einer anderen Straße, denn ihr Haus hatten die Nachbarn besetzt und frisch gestrichen – es waren ehemalige Kunden des Vaters. Die Menschen an der Synagoge meinten, ihren Vater gesehen zu haben: die einen in Deutschland – beim Reparieren der Rathausuhr in Weimar; andere meinten, ihn sogar in Danzig gesehen zu haben beim Besteigen eines Schiffs nach Palästina. Und ein zahnloser Bettler mit einer Selbstgedrehten hinterm Ohr schnaubte: »Im Lazarett, im Leichenhaufen.« Lauter Latrinenparolen!

Beim Umherirren in den Straßen von Kaunas blieb Fanė wieder vor ihrem Haus stehen und presste unwillkürlich ihre mageren Arme an die Brust. Ihr Herz ahnte, dass die Mutter womöglich den Tisch schon im Himmel deckte! Hatte sie doch nach ihrer Zwangstrennung ihre Margarineration Fanė scherzend über den Stacheldraht zugeworfen: »Die ist nicht koscher! Das ist nichts für meinen Magen!«

Und wieder füllten sich Fanės Augen mit der trockenen Trauer. Und wieder saß sie im Stadtgarten, die Fäuste fest zwischen die Knie gepresst.

Sie war erst neunzehn, und da schoss ihr ein übermütiger Gedanke durch den Kopf: Fanė heftete an das Brett im Synagogenhof eine Notiz für Motke – Motiejus, mit dem sie das vorvorherige Neujahrsfest verbracht hatte. Sie war als Bajadere gegangen, er als Arsenio Lupen, Dieb und Gentleman zugleich. Sein breitkrempiger, schief sitzender Hut war wirklich famos.

So wartete sie auf ihn, als käme er eines Tages vom Tanzen zurück. Sie lebte jetzt bei Mendel und ihrer Klassenkameradin.

Dieser Sommer meinte es gut mit Fanė: Ihr Haar war endlich gewachsen, und die Locken kräuselten sich, ihre Arme, die Beine und das Gesicht waren sonnengebräunt. Jeden Tag besuchte sie Motkes Schwester: Dort krächzte vom Plattenspieler des Oberst Frydmanas das populäre *Mit'ka, Mit'ka, gde tvoja ulybka?*, dort riefen sich die Gäste des Hotels lauthals die neuesten Nachrichten von den Fronten zu, während die beiden Mädchen sich im Flüsterton erzählten, was sie während des Krieges erlebt hatten; sie tuschelten, als ginge es um irgendwelche Histörchen der Kaunaer Backfische aus jenen Zeiten.

Das Wiedersehen von Motiejus mit Fanė und das Wiedersehen von Motiejus mit seinen Eltern mündete direkt in eine Hochzeit: die Hochzeit des Soldaten mit der KZlerin. In der Mitte des Tisches saß der Artillerist Frydmanas als Zeremonienmeister. Er stimmte aus voller Kehle auf jiddisch an:

Zol myr zingen a lachajim,
ajai, jai jai jai!
For dem lebn, for dem najem,
ajai jai jai jai!

»Zum Wohl, Freunde, sang er, auf ein helles und freies Morgen!« Frydmanas hatte einen angenehmen Bass, und seine Augen waren wie reife Mirabellen, ein wenig von einem gefühlsduseligen Schimmer verhangen. Man erzählte sich, er habe mit den Katjuschas ganz Ostpreußen niedergemangelt, in manchem Städtchen am Nemunas sei keine Menschenseele am Leben geblieben. Sein Heimatdorf auf der Krim hatten die Fritzen vor ein paar Jahren niedergebrannt – bis auf die Grundmauern.

Fanė saß da im rosenbestickten Seidenkleid ihrer Schulfreundin und bearbeitete Motiejus heimlich mit der Faust: Ihre Hochzeit werde nicht so gefeiert, wie es sich gehöre. Es gäbe keine Chuppa, keinen Baldachin. »Ja, ohne Chuppa«, erwiderte die Alte, die sich seit der Zeit des Ghettos in Fanės Kopf eingenistet hatte. – »Die Chuppa hat der Krieg verbrannt! Und ohne Rabbiner – der Rabbiner ist im Jenseits. Und im Jenseits glaubt er nicht mehr an Gott. Gott? Gott ist der reine Verräter des jüdischen Volkes! Ja, so ist es! Fanė, deine Hochzeit ist ohne Gott, ohne Chuppa und ohne die

Eltern. Die Eltern sind immer noch nicht zurück.« Sie wird auf die Eltern ihr Leben lang warten. Nach vielen Jahren wird die Alte, die in Fanes Kopf lebt, ihr sagen, dass sie niemals zurückkehren werden. Und im Traum wird sie in irgendwelchen Dokumenten von Todeszeugen lesen. Dort wird es heißen, dass sie, Jokūbas und Sulamaitė, einander umarmend – wie könnten Eltern auch anders schlafen – auf dem Grunde der Ostsee liegen, im Schiff – im Gefängnis. Die Karawane der deutschen Dampfer war im Bombenhagel der alliierten Flieger untergegangen.

Aber jetzt war Sommer. Die Pfannekuchen, die auf den Tellern gestapelt waren, und eine Hand voll in Alkohol eingelegter Kirschen lockten die Bienen an. Was gab's da für Gekreische und Gelächter! Und als man schließlich die amerikanischen Konserven aus der Ration des Oberst geöffnet hatte, musste man, ob man nun wollte oder nicht, zugeben, dass sie alle eigentlich im Paradies waren – die ehemaligen Soldaten und die ehemaligen Häftlinge. Das war Glück und Unglück zugleich; eine Freude, die von Bitternis getrübt war, von all dem, was die dunklen Augen dieser Gymnasiastin erfahren hatten.

Nach einem Jahr wird ihnen ein Sohn geboren werden. Je länger er leben wird, desto mehr wird er grübeln und staunen. Desto mehr werden ihn die Kriegswunden schmerzen, als wäre er selbst ein Bruchstück vom Krieg. Umso mehr wird er sich für die Lieder dieser Zeit interessieren, für die glückliche Rettung von Menschen und für ihre schrecklichen Irrtümer.

Die Mutter wird ihm erzählen, wie auf ihrer Hochzeit eine Deutsche zu ihnen kam. Wer weiß, wo sie her kam, vielleicht aus Ostpreußen, vielleicht von noch weiter her – ihre schwarze Gestalt stand plötzlich in der Tür des Hotels „Kommerz". Dort prangte schon eine flink angenagelte Tafel mit der Aufschrift *Gostinica oficerskaja*. Die Deutsche öffnete die Tür und sah viele erhitzte, offenbar glückliche

Menschen um den Tisch versammelt. Sie lärmten und aßen. Da begann die Deutsche zu singen:

Maikäfer flieg, dein Vater ist im Krieg,
Dein' Mutter ist in Pommerland,
Pommerland ist abgebrannt.

»*Vokietka!*« So wurden damals bettelnde deutsche Frauen genannt. Sie sang das Lied mit brüchiger Stimme und schaute dabei mit starrem Blick vor sich hin. Sie war in ein großes kariertes Tuch gehüllt, unter dem eine schmale Handfläche wie ein Scheffel hervorlugte.

»Fortjagen!«, rief der Oberst Frydmanas.

»Was haben sie mit unseren Kindern gemacht!« – brachte Mendel in Erinnerung, dessen Taschen schon voller Uhren waren. Dabei zog er seine vom Monokel hochgebogene Augenbraue noch etwas höher.

»Vergebt ihr«, sagte meine Großmutter mit erhobener Stimme, sie war die Verwalterin des Hotels. »Wir feiern doch eine Hochzeit! Die Frau ist wahrscheinlich krank. Motiejus, mach die Tür zu!«

»Gebt ihr von dem Brot!«, rief mein Vater. Er war, wie schon erwähnt, eben nur Mensch. Er legte einen mit Fisch gefüllten Pfannekuchen auf eine Scheibe Brot und trug beides zur Tür.

»Genosse Leutnant, Sie sind ein Weichling! Fanė, nimm lieber mich! Motiejus ist ein Weichling«, dröhnte der Oberst Frydmanas. »Wenn sie sich wieder berappeln, werden sie wieder ihre Köpfe erheben! Ihr werdet noch an meine Worte denken!«

»Was sein wird, das werden wir aus der Taufe heben!«, antwortete mein Vater. Er war halt ein Stimmungsmensch und glückselig vor Liebe. Er dachte nie lange nach, bevor er etwas im Leben anfing. Alle lachten, schließlich war Hochzeit.

Markas Zingeris
Herbstgespinste

Mir ist, als wäre all das erst gestern gewesen. Aber vielleicht bestätigt die ganze Geschichte auch die philosophische Maxime, dass das Leben nur ein Traum sei. Jedenfalls kniete im Jahr 1921 vor meiner Großmutter in deren Schlafzimmer der Bencijonas Papartis-Frydmanas, ein Jurist mit rötlichen Kalbsaugen und üppigem Schnurrbart und sprach so:

»Ach Ania, man bietet mir doch eine Praktikumsstelle! Du weißt doch, dass ich Zivilrechtler bin! Ein einzigartiger dazu! In Palästina kaufen jetzt alle Land, da brauchen sie Leute wie mich. Wir werden in einem Ford spazieren fahren, Ania! Durch Zypressenalleen! In Jerusalem wärst Du eine Königin!«

Er versuchte, meine damals noch blutjunge Großmutter am Handgelenk zu fassen und seine Lippen kurz auf eine sehr zarte Stelle nahe ihrer Armbeuge zu drücken. Aber er stieß auf entschiedene Abwehr. Sie stand auf, ging zum Fenster, und ihre Augen folgten einem mit riesigen Bierfässern beladenen Wagen. Der Kutscher traktierte das lustlos schleichende Pferd mit der Peitsche. – »Warum hast du nicht den Mut, dich deinen Gefühlen hinzugeben?«, posaunte der Jurist, und ruckelte auf dem Sofa immer weiter in Richtung meiner Großmutter. »Warum sollte man so genierlich sein? Wir leben doch in der Gegenwart! Du warst doch selbst von Isadora Duncan begeistert! Eine Scheidung ist doch keine so komplizierte Angelegenheit. Und außerdem sitzt du hier in Europas Hinterhof! Die Kinder nehmen wir einfach mit. Motke werden wir großziehen, aus ihm wird ein wunderbarer Farmer, Pflanzer oder der Lawrence der Juden. Ich selbst bringe ihn nach Cambridge.«

Bei diesen Worten blitzten die Augen der Großmutter durch die hauchdünne Brille auf, sie schätzte die Wissenschaft.

»Für Rozalija werden wir eine Gouvernante aus London einstellen«, fabulierte der Salonlöwe. »Der Orientexpress, ein Schlafwagen, Ania! Du schreibst einen Brief an Jokūbas und ich werde die notwendigen Papiere besorgen. Ich bin Zivilrechtler, Ania!«

Ich vermute, dass diese Szene mit den üblichen Worten der Großmutter endet: »Wart noch ein wenig, Bencijonas!« Wahrscheinlich schob sie später noch etwa dreimal die weiche Tatze des Kaunaer Dandys von ihrem Ellenbogen.

Später wurde diese Bekanntschaft welk, sie erschlaffte zu einer formellen Freundschaft. Und dann traf der Flötist Garfunkelis, dieses Windei, den Herrn Papartis-Frydmanas in Begleitung einer anderen Dame in Paris.

So blieb meine Großmutter in der provisorischen Hauptstadt beim Großvater und trug die Last des Familienlebens. Ihre Lieblingslektüre wurde „Anna Karenina" – das Buch lag immer griffbereit am Kopfende ihres Bettes – und sie machte sich daran, mit fester Hand das Schicksal ihrer Kinder zu ordnen.

Aber was hat eine Mutter in unserem Jahrhundert noch zu melden? Motiejus, der ältere, geriet gleich auf Abwege: Er trieb sich mit den Gassenjungen in den Hütten der *Brazilka* herum und landete schließlich ganz im revolutionären Untergrund. Die Tochter – meine künftige Tante Rozalija – wurde unglaublich fett und stöberte der Mutter zuliebe völlig antriebslos und ohne die geringste Begeisterung in der englischen Grammatik herum. Aber nicht davon wollte ich erzählen. Ich wollte sagen, dass der Jurist Papartis mit dem üppigen Schnurrbart, die seinerzeit sonnige Perspektive meiner Großmutter, nicht weit gereist ist. Im Jahr einundvierzig schickten ihn die Deutschen aus Paris direkt in das Ghetto Slabada. Jemand sah ihn hinterm Stacheldraht, wie er mit einem nagelbewehrten Spazierstock Zigarettenkippen aufpiekste. Ein anderer hörte, wie er während der Mordaktionen der Nazis Cicero auf lateinisch vor sich hin murmelte. Kurzum, Bencijonas Papartis-Frydmanas wurde zum gewöhnlichen Lagergerippe und reiste wie viele andere ehemals gut gekleidete und vielversprechende Männer ins Jenseits.

Aber nicht davon wollte ich erzählen! Ich wollte nur erzählen, wie meine Großmutter selbstvergessen die Härchen an ihren Schläfen zupfte, wie immer noch ihr reizender Schopf mit den ausbleichenden Strähnen durch das Kaunas der letzten Jahre vor dem Untergang des Sowjetimperiums schwirrte. Ich wollte erzählen, dass das Leben nur aus Katastrophen besteht. Ich wollte davon erzählen, wie der Großvater, kaum dass er sie geheiratet hatte, die Schabbatkerzen hinunterwarf und erklärte, dass er ein moderner Mensch dieses Jahrhunderts sei und dass in seiner Familie der Geist der Freiheit wehen solle. Deshalb sollte sie lieber Deutsch lernen – eine Kultursprache. Und außerdem müsse man reich sein, wenn man es zu etwas bringen wolle.

Ja, sie hatten viel Geld! Der Schwiegersohn des Präsidenten, der Leiter der Litauischen Bank, lieh ihnen so eben mal zweihunderttausend mit einer Handbewegung – als ginge es um das Geld für ein Küchlein.

Die Großmutter war in einen Fuchs gehüllt, sie trug Schuhe aus Schlangenleder, vor ihr verbeugten sich die Minister. Und die Arie des Boris Godunov sang in ihrem Salon der große Schaljapin höchstselbst. Einmal brachte sein Bariton einen Leuchter aus der Zarenzeit zum Klirren, bis er zu Boden stürzte. Mit der Konsulin trank sie Tee, sie tratschten über ihre Schneiderinnen, – und bei der Rebhuhnjagd, während der Großvater Jokūbas mit dem Herrn Konsul von Österreich durch die Sümpfe watete, organisierte sie auf den Wiesen ihres Guts ein Picknick. All das war ein verzweifelter Griff nach verblichenen Sternen.

In ihrem Zimmer flogen oft die Motten umher; sie leuchteten im Licht der Vorhänge wie Schmetterlinge, besonders im Frühling. Sie vermehrten sich im karelischen Birkenschrank in den Füchsen der Großmutter; die hatte sie nach dem Krieg angeschafft als Ersatz für die früheren Silberfuchspelze. Sie hatte die Koffer nicht ausgepackt, als sie aus Zentralasien zurückkam. Die Motten legten ihre Eier sogar auf „Anna Karenina" ab, die auf dem Vertiko verstaubte. Deshalb hatten die Sachen von Großmutter – soweit ich mich erinnere – immer einen Beigeschmack von Naphtalin. Naphtalin und Niuta, so wurde sie vom Großvater genannt, sind für mich deshalb nahe Verwandte.

Sogar das Eingemachte, das in ihrem Zimmer stand, schimmelte schnell. Dennoch erschien mir die Großmutter als Schönheit, im Lichte einer großen Vergangenheit, das auf ihre schütterer gewordenen Strähnen fiel, auf die Füchse, auf die alten Bilder aus dem Fotoatelier Baulas sowie auf die alte Karaffe aus der Rabbinerfamilie, welche die Säfte des Weinbergs gekostet hatte und mit ihrem legendären Gluckern das „großartige Mädchen" fasziniert hatte, während es auf Urgroßvaters Schoß saß. »*Kum zu mir, mein Kind*«, pflegte er zu sagen, dann strich er mit seinem himbeerfarbenen Frotteekaftan kurz über ihre Wange und sprach: »Sag doch mal den Gästen „Weine nicht, Jerusalem" auf! Und alle applaudierten ihr: die Kaufleute in ihren Pelzen, die Bediensteten in ihren Livreen und sogar der Gutsbesitzer Volskis, dieser Pferdequäler und Antisemit.

Nachdem sie ihr kleines Gasthaus und die Brauereien verloren, sich vom Königsberger Zoo und den legendären Warschauer Geschäften verabschiedet und sich mit den Enkeln und Urenkeln überworfen hatte, ruhte die Großmutter auf ihrem durchgelegenen Sofa, und das Leben schien ihr wie eine Ruine zu zerbröckeln, während ringsherum die Bolschewiken herumpöbelten. Sie schaute mit erloschenem Blick zur Decke und fragte meinen vor ihren Augen auferstehenden Großvater, der allmählich die Gestalt ihres eigenen Großvaters, des Rabbiners Alteris im Frotteekaftan annahm:

»Warum das alles? Ma nischtana?«

Und wenn sie sich damals den Lockungen des Advokaten hingegeben hätte, das war doch ein durchaus sensibler Mann mit den Augen eines Rindes und einem stark ausgeprägten Kinn, einer hellenischen Gottheit gleich, wer weiß..?

Wie wär's gekommen? Vielleicht wäre das Leben dann besser gewesen als ihr wirkliches. Womöglich hätte es dann den Hader, die Zwietracht und die Streitereien nicht gegeben? Wie oft wurden sie und Jokūbas von ihrem schwarzsilbernen Fuchs und ihrem gelockten Goldhaar gerettet. Schnell den prächtigen Fuchsschwanz über die Schulter geworfen und ab in die Bank! Die Auseinandersetzungen des Großvaters mit den Kreditoren, seine skandalösen Eingaben an die religiöse Gemeinde der Stadt, sein liederliches Benehmen gegenüber der Polizei und die groben Ausfälle dem Kaunaer Adel gegenüber – all dies überstrahlte sie mit ihrer lichten Stirn, mit ihrem heiteren Blick durch die kleine zerbrechliche Brille; ihre kultivierte Diktion, ihr ganzer Auftritt verriet den hypnotisierten Beamten sofort eine allerbeste Kinderstube aus dem Mädchenpensionat. Am meisten war ihr der Bankdirektor Francas Jonovičius verfallen, der in Petersburg studiert hatte und der Schwiegersohn seiner Exzellenz des Präsidenten war.

Dies alles war in Scherben gegangen. Und die Kinder waren auch Kinder dieses Zusammenbruchs. Motiejus hatte sich mit irgendwelchen Halunken zusammengetan und die Tochter fand sich in Amerika wieder, wie so manche Tochter aus den besten Kaunaer Kreisen, und heiratete einen Unglücksraben, genauso einen Emigranten wie sie selber, – und dann kam er auch noch aus der Badstraße, aus irgendeinem Nest namens Plungė! Die Missratene! Alles Bruch!

Plötzlich sah sie sich vor der im Wind flatternden Fahne des Gelobten Landes stehen. O ja, sie würde die Propheten deklamieren, während die Fahne des jüdischen Staates gehisst wurde. Sie wäre eine der ersten Damen des jungen Staates.

»Aber es ist zu spät – der Zug ist abgefahren, Niuta, du Goldkind!« Sie bewegte die Lippen und warf eine auf die Stirn gefallene Haarsträhne zurück. Vielleicht wäre sie Gründungsmitglied der Hebräischen Universität geworden. Bencijonas säße Zigarren paffend im Büro und würde ordentlich Geld verdienen. Sie würde dafür sorgen, dass in dieser asiatischen Apfelsinenplantage, genannt Palästina, ein europäischer Ton vorherrsche – eben *die Kultur*. Den Neuankömmlingen würde sie feste Lebensgrundsätze beibringen. Man braucht dazu nicht einmal die zehn Gebote Moses. Für eine feste Moral bürgt bereits die hebräische Grammatik, die „*Dikduk*". »Hände auf die Bänke! Sind die Nägel sauber? Auswendig, ihr Mädchen, *dik-duk*. Was reicht man zum gefüllten Fisch? Weißwein, meine Lieben. Und womit isst man *Kneidlach*? Mit einem Gebet und mit Liebe!«

Ihre Augen wurden feucht, wer weiß warum; sie schloss sie und bedeckte sie mit ihrem Ellenbogen, der faltig war und hart wie eine vertrocknete Brotrinde.

»Lebt anständig und manierlich, dann wird auch das Familiensilber nicht schwarz.«

Aber Jokūbas benahm sich wirklich wie ein Tier, nichts war ihm heilig!

Sie jedoch wusste, dass sie in Israel den Kindern ganz bestimmt Wiener Walzer beigebracht hätte, wie er seinerzeit in Kaunas getanzt wurde. Sie wusste auch ganz sicher, dass ihre Tochter mit dem Konsul von Österreich übers Parkett schweben würde! Und Rozalija wäre auch nicht so elend fett geworden.

Soweit ich es verstehe, quälten die Großmutter irgendwelche Begabungen, die sie nicht hatte ausleben können, unerfüllt gebliebene geistige Höhenflüge, Gottesgaben eben. So ergeht's ja vielen Menschen. Vielleicht ist es ein Glücksfall, sein Geschenk zu finden und sich dem Ruf des Lebens hingeben zu dürfen? Hat man diesen Ruf einmal verraten, wird man ihn ein zweites Mal nicht mehr hören. Was bleibt, ist die tiefe Sehnsucht, die in alle Himmelsrichtungen fliegt wie Ahornblätter nach dem ersten Frost; was bleibt, ist die Demut gegenüber dem Schicksal, manchmal gar der Fatalismus des Todgeweihten. Aber schönen Frauen begegnen die Versuchungen des Lebens häufiger. Die Damen aus der Freiheitsallee von Kaunas und sogar die Schwiegertochter der Großmutter, meine Mutter, versicherten, die Großmutter sei eine ausgesprochene Schönheit gewesen. Solche Frauen werfen den Kopf zurück, stecken eine Locke hinter das Ohr und stellen kühl fest: »Eine schöne Frau!« Es scheint, dass in diesem Augenblick auch die Züge ihrer selbst, der Zeuginnen, vornehmer werden, gleichsam als Belohnung für die verkündete Wahrheit.

Wenn schöne Frauen aber ihre Ausstrahlung wohl kalkuliert gebrauchen und außerdem ein pralles Scheckbuch besitzen, werden sie zu einer gefährlichen Macht, ja zu regelrechten Schicksalsgöttinnen! Sie schalten sich in das große Spiel ein, das da Leben genannt wird, und wenden dabei alle Tricks und Berechnungen eines erfahrenen Kartenspielers an. Das Zerbersten der Hoffnungen solcher Frauen gleicht, lieber Leser, dem Absturz eines Luftschiffes. Durch die Heirat mit meinem Großvater, die den Besitz beider Familien mehren sollte, verlor meine Großmutter alles: die Schönheit, die Hoffnung und die Macht. Nur einmal sah ich sie weinen auf diesem durchgelegenen Sofa, ein einziges Mal im ganzen Leben; sie weinte, als Jokūbas , mein Großvater, gestorben war – ihr gesetzlicher Ehemann. Und dies geschah wiederum wegen des besagten Bencijonas Papartis-Frydmanas – warum war sie bloß nicht mit ihm nach Palästina geflohen!

Markas Zingeris
Meine arme, arme Tante Rozalija

Wenn es in unserer Familie eine wirklich seltsame Person gab, dann war das meine teure Tante Rozalija. Ihre Haare leuchteten rot wie geriebene Möhren mit Ingwer – das ist übrigens eines der süßesten Gerichte der jüdischen Küche. Leidenschaftlich liebte sie die Poesie und brach stets eine Lanze für die Wahrheit.

Tante Rozalija hätte ja in der Stadt Kaunas, in der sie das Gymnasium besucht hatte, vor dem Spiegel sitzen bleiben und ihre prächtigen Haare kämmen können. Sie hätte im Park auf der Bank große Zeitungen lesen können. Sie hätte dann vielleicht mit ihrem kleinen dicken Finger irgendeinem Ungemach in der weiten Ferne gedroht und leise geseufzt wegen der Unbilden dieser Epoche. Aber die großen Erschütterungen der Weltgeschichte verfrachteten sie nach Amerika, und da begegnete sie dem Leben der Epoche: auf der Straße und nicht bei der Zeitungslektüre.

Zunächst mal landete sie, wer weiß warum, nicht in der Nachbarschaft der Gymnasiastinnen aus ihrer Heimat, sondern in einem Viertel von lateinamerikanischen Immigranten, im bunten Strudel der leichtsinnigen Lebensart. Jedem, der ihr über den Weg lief, drohte sie mit dem moralischen Zeigefinger – genauso, wie sie es früher im Gymnasium des Vorkriegslitauen gelernt hatte: Die Mädchen durften keine durchsichtigen Strümpfe tragen, und der Theaterbesuch musste von der Gouvernante genehmigt werden. Und in Amerika spazierten sie alle in durchsichtigen Strümpfen herum und lümmelten sich in den Theatern ohne jegliche Erlaubnis! Meine Tante begann einen heiligen, hoffnungslosen Feldzug gegen die Lebensart der Vereinigten Staaten von Amerika.

So kam es, dass die Puerto-Ricaner, die Tante Rozalija im Aufzug von heißen Küssen abzuhalten suchte, ihr den Beinamen ‚Alte Hexe' gaben. Aber Rozalija war viel zu arm, um in einen anderen Stadtteil zu ziehen, in dem vielleicht reumütige Millionäre wohnten, die ihren gesamten Besitz dem Wohl herrenloser Hunde vermacht hatten, oder Poeten, die ihre altersschwachen Mütter zum Nudelessen ausführten. Mitten in New York war sie in den lateinamerikanischen Dschungel geraten! Ja, Rozalija war von Puerto-Ricanern, Brasilianern und Mexikanern umgeben, und alle nannten sie aus irgendwelchen Gründen ‚Alte Hexe'!

Als sei es damit noch nicht genug, brachten sie ihr unterm Fenster auf ihrer Guitarre ein Ständchen mit dem Refrain: »*Ai jai jai, mama Rosa, ai jai jai.*«

Miauten wie die Kater im Märzen: sie fahre jeden Tag auf Kavaliersuche in die Stadt, und die jungen Männer bezahle sie dafür *aj jai jai* in bar! *Ai, jai, jai,* sie triebe es einfach mit den Katern und Alfonsen, während ihr gelähmter Ehemann mit dem Stock klopfe und nach ihr rufe: »Bring mir doch die Herztinktur!«

»Ich werde die Polizei holen«, brüllte Tante Rozalija durch die Fenster in den Dschungel des Kapitalismus hinaus.

»*Ai jai jai, Mama Rosa, ai jai, jai*«, antworteten ihr die Guitarren.

Sie rief die Polizei an. Am anderen Ende war eine Stimme mit spanischem Akzent: »Pedro Estrada am Apparat. – Mein Dienstgrad? Sergeant des Patrouillendienstes. – *Buenos dias!* Womit kann ich dienen?«

Dieser Hundesohn war wohl auch aus ihrer Straße, hatte sich nur das kleine Blech angehängt. Seine Finger waren sicher auch noch ganz flink auf der Guitarre!

»Abschaum sind diese Puerto-Ricaner«, erstattete mir Tante Rozalija per Telefon aus New York Bericht. »Sie haben ein widerliches Lied über mich geschrieben, mit so einem russischen Wort, du weißt schon mit welchem! Und auf der anderen Straßenseite, sehe ich, verkaufen sie eine Kassette, auf der sie meinen Namen in den Dreck ziehen! Abends schneiden sie im Treppenhaus Grimassen hinter mir her.«

Die Kommunisten mochte Tante Rozalija auch nicht leiden. Als sie noch in Kaunas lebte, lamentierte sie regelmäßig bei der Abendtoilette, beim Kämmen ihres Kupferhaars vor dem Spiegel: was für ein Hundesohn der Genosse Brežnev und seine ganze Mischpoche doch seien. Alles, was edel und gut gewesen, hatten die Kommunisten verraten! Am wenigsten konnte Tante Rozalija ihnen verzeihen, dass sie die hohe kommunistische Idee zu Grabe getragen hatten: Es ärgerte sie, dass Worte, die sie früher beim Kämmen vor dem Spiegel so feierlich deklamiert hatte, Worte wie Freiheit, Gleichheit, Brüderlichkeit, jeder nach seinen Möglichkeiten, jeder könne ein Michelangelo oder ein Raffael werden, Worte von Marx, der doch nicht dumm war, denn er war ein Deutscher, und die Deutschen waren ja vor Hitler wirklich nicht dumm wie Knobelbecher – dass all diese Worte billiger geworden waren als hundert Gramm Wurst! Und hundert Gramm Wurst waren derart im Wert gestiegen, dass sie genauso schwer wogen wie die wunderbarsten Worte der Menschheit.

So legte Tante Rozalija ihre amerikanische Rente in Telefonaten aus New York an, wobei sie an dieser Stelle stets zu weinen begann. Sie hatte unter den Kommunisten gelebt und vertraute Worten genauso wenig wie Menschen.

Obwohl sie inmitten von New York lebte und erfahren hatte, wie das Leben in der Sowjetunion und in Amerika war, kehrte sie in Gedanken immer häufiger in die Smetonazeiten zurück. Wenn sie allmorgendlich die Strecke Bronx – Manhattan fuhr, sah sie plötzlich durch die Busfenster nicht mehr die kleinen Läden der Bronx, nicht die Parks und Büros von Manhattan, sondern ein Schneefeld, Fahrspuren und Lastschlitten. Sogar die raureifbesetzten Mäuler der Wölfe, die hinter dem Schlitten herjagten, standen vor ihren Augen. Damals, in ihrer Kindheit, brachte man sie aus der Mühle ihrer Eltern in Balbieriškiai nach der Hauptstadt zum Arzt. Dort, in Kaunas, blieb sie von nun an. Immer häufiger kam es Tante Rozalija in diesem höllischen New York so vor, als sei alles, was wahr, schön und ihr lieb gewesen, mit ihrer Jugend zu Ende gegangen, gleichzeitig mit der blühenden Freiheitsallee, mit dem Schuleschwänzen wegen eines Films mit Greta Garbo. Denn just zu dieser Zeit wurden die russischen Klassiker, die jüdische Universalität und das erstarkende Selbstbewusstsein der Dörfler unter den Armeestiefeln der Proleten im Krieg zertrampelt.

Eines späteren Tages, schon in New York, brach sie sich zum zweiten Mal seit ihrer Kindheit die Hand. Sie hatte versucht, mit ihrem Regenschirm eine U-Bahn zu stoppen. Im Krankenhaus legte Rozalija die Machenschaften der amerikanischen Ärzte bloß, und die wohlgenährten farbigen Krankenschwestern erschienen ihr als SS-Frauen! Beim Kissenausschütteln legten sie sich mit ihren massigen Brüsten auf Rozalijas Atemorgane und verharrten so lange, bis in der Kitteltasche die Dollarscheine raschelten, gefolgt von der leeren Losung: »Vergelt's Gott!«

Gerade erst vorgestern erzählte mir meine teure, meine einzige Tante Rozalija durch das transatlantische Telefon Folgendes: Sie rief von irgendeiner Ecke des Central Park an. Rozalijas Mann Giršas war tot. In der Bronx wohnte die Tante jetzt nicht mehr. Sie hatte das Viertel den Taugenichtsen überlassen: Sollten doch die Amerikaner selbst samt ihrer vorbildlichen Demokratie dort Herr der Lage werden. Was gingen sie noch die Tücke und die Heuchelei dieser Welt an!

So geschah es, dass meine Tante Rozalija in New York obdachlos wurde. Sie briet sich nächtens im Park Würstchen in ihrer kupfernen Bratpfanne, einem Stück, das noch aus den Smetonazeiten stammte; sie hatte es aus der Sowjetunion mit hierher genommen und schleppte es nun in einem breiten Korb mit sich herum. Am Tag schlief sie im städtischen Fundbüro; ein befreundeter Schweizer gewährte ihr

Einlass. Er nahm sie auf, weil er sich langweilte, denn die Fundsachen in seinem Büro wurden von niemandem vermisst.

Wer brauchte denn auch verlorene Bücher aus dem neunzehnten Jahrhundert, mit Traumbildern über ein wunderbares Leben, welches Licht und die Elektrizität bringen würde, oder mit Gaslampen, unter deren Schein die Strohwitwen in den Kriegsjahren Briefe für die Soldaten ersannen, sich die Pulsadern durchschnitten und ihr Herz Fremden ausschütteten? Oder wer brauchte schon einen Geldbeutel, in dem nur fünf Dollar steckten und das Foto eines traurig lächelnden Kindes?

Und das war noch nicht alles. Hier gab es auch einen Koffer, in dem ein einziges Kissen sich breit machte. Jemand hatte darauf gestickt: „Für die Tochter von der liebenden Mutter." Wo war die Mutter? Wo war die Tochter? Auch Schlüssel gab es, die schon an die drei Jahre am Haken hingen, – das könnten gut die Schlüssel zu einer Wohnung von frisch Vermählten oder vielleicht auch von einer Kirche oder Synagoge gewesen sein. Aber daraus haben die Bolschewiken bestimmt irgendeine Kneipe „Zum goldenen Pfannkuchen" gemacht.

Tante Rozalija übernachtete zwischen all dem Gerümpel. Der alte Schweizer, der aus einem kleinen Alpendorf stammte, hielt sich in der Vorstadt eine Ziege. Abends mümmelten die beiden zwischen den Gepäckstücken Ziegenkäse, den der alte Mann mit einem eingewachsten Faden schnitt, wie es die Ziegenhirten in den Alpen tun. Einen der verlorenen Koffer kippten sie zur Seite, sie machten daraus einen Tisch und legten sich darauf beim Käse die Karten.

»Na, wie gefällt dir der Araber mit den Pflaumenaugen, der auf der anderen Seite Würstchen verkauft?«, fragte der Alte.

»Gestern hat er mir Schweinefleisch anzudrehen versucht, indem er behauptete, das sei roter Fisch«, kaute Rozalija auf ihrem Käse herum. »Dieser Antisemit! Sieh dich bloß vor, dass er dir nicht statt der Rosinenbrötchen irgendeine Bombe unterjubelt.«

»Was für Zeiten, was für Zeiten!«, sorgte sich der alte Mann, »jeder, der halbwegs pfiffig ist, versucht, den anderen übers Ohr zu hauen, die Händler wie die Politiker!«

Eine der erfreulichen Einsichten, die meine Tante im Alter gewonnen hatte, war, dass Karten über alles viel gründlicher Auskunft geben als die Kommentatoren im Fernsehen. Wenn man den Stapel gekonnt ausgebreitet hatte, diagnostizierten die Karten allerlei Seelen- und Alterskrankheiten entschieden genauer als die Ärzte.

So legten der Dörfler aus der Schweiz und die Jüdin aus dem alten Kaunas Patiencen vom Beginn des Jahrhunderts. Sie schimpften über Amerika, lamentierten über die Unbeständigkeit des Menschen sowie seine sündige Natur. Sie erinnerten sich daran, welche Schokolade sie in ihrer Kindheit gemocht hatten. Tobler – das war wenigstens eine Firma! Der Alte schenkte der Tante sogar eine elektrische Matratze, von der er behauptete, auf ihr hätte man nur gute Träume. Sie bügelte ihm mittags auf einem Koffer die Hosen. »Das ist unser Sex«, dachte sie mit dem Bügeleisen herumfuhrwerkend. »Schau nur zu, Amerika! Sollen dir doch vor Neid die lackierten Fingernägel abbrechen!«

»Daraus wird nichts! So leicht wird Amerika deine Tante nicht von der Bühne schieben können«, schrie sie mir in den Telefonhörer. Nachts, in Träumen und Gesichten, gäbe ihr Gott die Jugend zurück. Das Fundbüro wurde dann zum kleinen Hotel „Kommerz" ihrer Mutter in dem gottverlorenen Land, das an einen ausgekippten Flüchtlingskoffer erinnerte. Dort saß sie vor dem Spiegel und kämmte ihr Kastanienhaar.

Und da wandte sie sich unserem Jahrhundert zu, rothaarig und in allen Muttermalen aufflammend, so als hätte ihr ein Bengel im Gymnasium der Smetonazeiten gerade den Rock hochgehoben. »Ihr sagt, ich sei eine alte Hexe?!«, rief sie in den Nebel hinaus, wo all die Millionen hausten, die Sex hatten, immer in Eile waren, ohne zu wissen, wo und wozu sie lebten, all diese Menschen, die nicht mehr an Wunder, an Gebote und Versprechen glaubten.

Ein unglaubliches Hochgefühl zwang sie plötzlich, den im Fundbüro herumstehenden Reisigbesen zu ergreifen. Der Besen wurde lebendig, schüttelte seine Reiser und schnaubte störrisch wie eine junge Stute im Bilberiškiai des beginnenden Jahrhunderts, dort, wo Rozalijas seliger Vater eine Brauerei besessen hatte.

Und der Besen trug meine Tante wehenden Haares durch den Mondschein hinaus; hoch über dem Lichtermeer flog sie. Sie klopfte an die Fenster ihrer entfernten Verwandten, die sie vergessen und so schmählich behandelt hatten! Jetzt wachten sie auf und riefen die Polizei an. Ob es wohl bei den rauschgiftsüchtigen Nachbarn Tumult gab? Dabei war es Tante Rozalija, ihr Gewissen, das da lärmte! Und sie scheuchte ganze Horden von Schurken über den Times Square. Sie jagte sie mit ihrem Besen nach oben in Richtung der St. Patrick Kathedrale, während jene vor Entsetzen schrieen. Sie dachten, es sei irgendeine Polizeiaktion und streuten beim Umpacken ihrer Hosentaschen Rauschgiftsäckchen, Essensmarken, Präservative und Arbeitsunfähigkeitsbescheinigungen auf das Straßenpflaster. Und Rozalija verkündete derweil von der Treppe der Kathedrale herab:

»Schaut her, die Blumen welken vom teuflischen Gestank eurer Werke! Warum glaubt ihr nicht an das Reich der Zukunft? Gehört es sich denn für wohlerzogene jüdische Mädchen, auf Schößen von betrunkenen Cowboys zu sitzen?«

Die Junkies, die Gras gekifft hatten, glaubten an einen Überfall der Hell's Angels, und die Vorüberfahrenden meinten, man drehe einen neuen Werbefilm für Lockenwickler.

Das alles war aber nur meine einzige, meine teure Tante Rozalija! Im Vorbeifliegen stemmte sie einem dieser Typen den Besenstiel in die Zähne, zusammen mit seiner albernen kleinen Zigarre. Und er begann, sich auf dem Bürgersteig zu winden, verschluckte sich an der Galle versauerter Vorurteile. Sofort überschwemmte die Galle die gesamte New Yorker Kanalisation. Alle Löcher der Stadt waren von den Vorurteilen des alten Kontinents verstopft! Das Ende der Welt und das Jüngste Gericht waren das! Und was ging sie, die Hexe, das alles an? Sie entwendete den Hooligans eine Guitarre und briet Kartoffelpuffer für ihre alten Schulfreundinnen darauf.

Da kamen im Mondschein auch Fanė, Veročka, Feiga und Cilė von der Vierten Staatlichen auf ihren Besen herbeigeflogen. In Wirklichkeit kamen sie aus Israel, Australien und Südafrika. Es kamen sogar die Schulbänke herbeigeflattert, in denen sie damals gesessen hatten, sie, die Schönsten, die Vorbildlichsten, – sie kamen schon aus einer anderen Welt herbeigesegelt. »Litauen, unser Vaterland«, klapperten die Schulbänke. Auch die „Hoffnung", die Hymne Israels, sangen sie.

Immer mehr Schulbänke türmten sich unter den Bäumen; Micė, diese Schelmin, kletterte den Stapel hinauf und sang einen Schlager mit der Stimme von Marlene Dietrich. Ihr muss man verzeihen, dass ihre Stimme brach. Micė war die Schönste in der Klasse, sie wurde von einem Deutschen auf der Straße erschossen.

Manchmal war die Tante nach ihren seltsamen Ausflügen derart voll von Eindrücken, dass sie ihre gesamte Rente vertelefonierte. Man konnte sie oft kaum verstehen, wenn sie in den Hörer flüsterte. Waren das Träume oder war ihr womöglich doch etwas zugestoßen? Wahrscheinlich war es die Demenz, der Altersschwachsinn. Jedenfalls versprach ich der Tante immer wieder, ihre Geheimnisse zu hüten. Aber eines Nachts setzten die Schulfreundinnen Tante Rozalija in die Bank mit den eingeritzten Herzchen und führten sie mit sich fort. Und ich wurde von meinem Eid entbunden.

Romualdas Granauskas
Rot auf weiß

Der Verstand des Menschen ist leider so beschaffen, dass die Erinnerung nie als ein gleichmäßiger, durchgehender Faden erhalten bleibt; sie besteht vielmehr aus einzelnen mehr oder weniger deutlichen Punkten und Strichen wie ein Morse-Alphabet, und alle die leeren Zwischenräume werden vom früheren Alltagsleben ausgefüllt, obwohl gerade dieses ja den größten Teil unseres Daseins ausmacht. Das ist eigentlich sehr schade, denn es verlässt uns für immer und wird höchstens am Ende des Lebens, im hohen Alter manchmal in unseren Träumen im Morgengrauen ganz unerwartet wieder sichtbar, aber es ist dann so, wie es immer war: belanglos und schmerzlos. Noch weniger können wir uns an die Farben erinnern, denn auch unsere Träume sind ja nur selten farbig. Aber in unseren Herzen spüren wir alle die Sehnsucht nach diesen Farben, denn wenn wir aufwachen, wünschen wir uns, alle Träume sollten farbig sein, und zwar jede Nacht, immer, nicht nur gelegentlich oder erst dann, wenn wir schon lange nicht mehr an sie glauben und auf sie warten.

So richtig gut erinnern kann ich mich nur an die ersten zwei Farben aus meinem Leben: Gelb und Braun. Das waren die Farben des Oktobers, des Altweibersommers. Es ist ja wahr, es gab auch noch das Grün, so ein dunkles Grün von jungen Tannen. Unter einer solchen Tanne, in einer kleinen Mulde, lagen wir damals auch: der Stiefvater, die Mutter und ich. Die Mutter hatte sich halb über mich gelegt und mich an die Erde gedrückt, und das Pferd stand vor einen Wagen gespannt am Rand dieser kleinen Senke; es war am Stamm einer anderen Tanne festgebunden. Unter uns zitterte und barst die Erde, obwohl wir gerade noch auf der Chaussee gefahren waren; es waren auch andere Fuhrwerke und Lastautos unterwegs, als der Stiefvater plötzlich gerufen hatte:

»Die Russen!«, und das Pferd blitzartig in das Tannenwäldchen gelenkt hatte.

Gleich hinter dem Tannenwäldchen lag die Straße, die nun von Flugzeugen bombardiert wurde. Zwischen den Einschlägen, wenn die Erde unter uns zur Ruhe kam, hörte ich, wie sie dennoch von meinem Herzklopfen bebte. Nachdem die Flugzeuge abgedreht hatten, befahl der Stiefvater uns, dort zu bleiben, wo wir waren; er selbst streichelte das Pferd, das am ganzen Körper zitterte, und versuchte es zu beruhigen; dann steckte er den Kopf auf die Straße hinaus.

Bald kam er zurück, und wir durften uns aufsetzen.

»Es ist vorbei. Die russische Front ist durch.«

»Wie sollen wir denn noch wegkommen?«, begann die Mutter zu weinen. »Was wird aus uns?«

»Wie's ist, so wird's auch bleiben.«

»Wir werden doch den Russen in die Finger geraten!«

»Vielleicht schaffen wir es irgendwie.«

Der Stiefvater band das Pferd los, wir setzten uns in den Wagen. Als wir wieder auf die Landstraße kamen, lenkte der Stiefvater das Pferd nach links, in die Richtung, aus der wir auch gekommen waren. Der Weg führte abwärts zwischen Bäumen und Büschen, und da habe ich mir sie für mein ganzes Leben eingeprägt, diese Farben: sowohl das Braun als auch das Gelb, und unten im Tal floss ein Bächlein. Die Holzbrücke, die auf seine andere Seite führte, war noch nicht zerstört. Auf dieser Brücke hielt der Stiefvater das Pferd an, stieg aus dem Wagen und zog unter dem Stroh ein Gewehr und ein Bündel hervor, in dem seine Polizeiuniform steckte. Er schaute sich in alle Himmelsrichtungen um, aber die Chaussee war nun leer; auf ihr waren weder Flüchtlingswagen noch Lastautos mehr zu sehen. Das Gewehr plumpste geräuschvoll ins Wasser und versank, während das große Bündel von der Strömung fortgetragen wurde.

Ich saß am Wagenende und schaute nun rückwärts fahrend auf Äcker und Stoppelfelder, und die zwei schönen Farben entfernten sich von mir – nisteten sich ein in die Erinnerungen.

Dann folgt in meiner Erinnerung eine weiße Fläche. Ich weiß, dass wir auf dem Hof von Rimkus wohnten, das Haus stand ganz nah an der Straße, aber ob es dieselbe Landstraße war, auf der wir damals gefahren waren, oder eine ganz andere, kann ich nicht mehr sagen. Durch ein Zimmerfenster war eine verschneite Fläche zu sehen, dahinter war ein Stall aus Holz, und ein bisschen seitwärts sah man das Dach eines Wohnhauses. Durch das andere Fenster war die Straße zu sehen und gleich hinter der Straße der Garten, der sich den Abhang hinab hinzog und dermaßen verweht war, dass die Zweige der Apfelbäume direkt aus dem Schnee emporragten. Ich war damals krank und durfte nicht aufstehen; deshalb konnte ich auch nur so viel sehen.

Und wieder liegt auf meiner Erinnerung eine weiße Fläche. Aber dann beginnen sich auf dieser weißen Fläche die Gegenstände abzuzeichnen: vier Wände, eine Tür, diese zwei Fenster, ein kleiner Ofen, zwei Betten, in einem von ihnen liege ich. Aber an die Farben kann ich mich nicht erinnern, es ist, als sähe ich alles in einem Schwarzweißfilm. Die Mutter und der Stiefvater sind auch so grau, nur ihre Gesichter und ihre Hände sind etwas heller als die Kleider. In der einen Ecke stehen auf Holzklötzen zwei gut zugebundene Mehlsäcke; auf den Holzklötzen stehen sie, damit die Mäuse sie nicht erreichen und anknabbern. Neben dem anderen Fenster, durch das ich die Zweige der Apfelbäume aus dem Schnee ragen sehe, stehen zwei weitere Säcke, sie sind vollgestopft mit unseren Kleidern, genauer gesagt mit denen des Stiefvaters und der Mutter, denn für mich gibt es nur das, was über dem Bettende hängt; die Mutter nahm in der Eile nicht mehr mit, vielleicht hatte ich auch nicht mehr. Aber meistens tut es ihr nicht um meine Kleider, sondern um die Singer-Nähmaschine leid; immer wieder steht sie am Ofen und beklagt sich beim Stiefvater: »Alles hätten wir dalassen können, aber die Maschine hätten wir als Erstes packen sollen. Wenn ich jetzt die Nähmaschine hätte, bräuchten wir nicht tagaus tagein diese elende Mehlsuppe zu löffeln. Ich könnte Geld verdienen, und das würde für Brot und auch mal für ein Stück Fleisch reichen.«

Ja, sie könnte mit Nähen was verdienen, aber nicht, wenn sie mit der Hand nähen musste. Sie saß zwar zuweilen auf dem anderen Bett und nähte mal für jemanden einen einfachen Rock, mal eine einfache Schürze, aber mit der Nadel allein kann man doch nichts Gescheites nähen. Mit der bloßen Nadel kann man eine Jacke aus Schafsfell nähen, aber das machen meistens Männer, denn dafür braucht man sehr starke Finger.

Von dem Stiefvater, der meistens auf einem niedrigen Birkenklotz sitzt, sehe ich nur den Hinterkopf und den Rücken. Er ist viel älter als die Mutter und schon ganz grau. Er hält meist irgendein Holz zwischen den Knien, und mal schabt, mal schnitzt er daran. Die Mutter ist ständig damit beschäftigt, die Holzschnitzel zu dem kleinen Ofen hinzukehren. Aus diesem Holz werden dann weiße Sohlen für Holzschuhe, der Stiefvater wird sie dann mit Kerza von russischen Schaftstiefeln beschlagen oder mit dem Oberteil von irgendwelchen alten Gamaschen und sie verkaufen; das wird dann auch alles sein, was er verdienen wird. Der Rücken des Stiefvaters ist schief: Das rechte Schulterblatt steht viel weiter vor als das linke, und die eine Schulter steht immer etwas hoch. Vielleicht bei Radviliškis, vielleicht auch bei Giedraičiai wurde dieses Schulterblatt von einem Granatsplitter getroffen, als er mit den Parteigängern von Bermont, vielleicht aber auch mit den Polen kämpfte, vielleicht kämpfte er aber auch mit beiden und hatte gar keine Angst vor ihnen, aber vor den Russen hat er schreckliche Angst: Sobald er einen russischen Soldaten durch das Fenster auf der Straße vorbeigehen sieht, hört er auf zu schaben und zu schnitzen, damit das Messer nicht ausrutscht und die Hand verletzt.

Ich sehe nicht nur den Stiefvater und die Mutter, sondern auch noch die alte Rimkienė, die eine gekochte Zuckerrübe in den Händen hält; sie war es, die es uns erlaubt hatte, in diesem Zimmerchen zu leben. Rimkienė war ein kleines vertrocknetes Frauchen, und immer hielt sie diese große gekochte Zuckerrübe in den Händen; nicht einmal ich als Kind war jemals derart auf Süßes aus. Manchmal kommt auch Stapūnė in das Zimmer herein, ein junges kräftiges Frauenzimmer von vielleicht achtzehn Jahren; sie war es, die auf den Dachboden gestiegen war und mir den „Kleinen Falken" für die vierte Klasse ans Bett gebracht hatte – es war noch gar nicht so lange her, dass sie selbst damit gelernt hatte. Einmal zeigte mir die Mutter die Buchstaben; wie man Wörter zusammenfügt, brachte sie mir nicht bei, aber als die Mutter abends an dem kleinen Ofen die Mehlsuppe kochte, las ich, zwar etwas langsam, aber doch ganz allein, das Märchen von den drei Stellmachern, die ihre Bäuche an einen Ast gehängt hatten. Die Mutter erzählte Rimkienė und Stapūnė davon, und diese kamen einige Male herein, sagten, ich solle laut lesen, es fiel ihnen ganz offensichtlich schwer, das zu glauben, was sie da sahen. Rimkienė war so gerührt, dass sie sogar die Hälfte von ihrer Zuckerrübe für mich abschnitt.

»Iss sie nicht ganz auf, heb dir etwas für morgen auf. Kranke brauchen jeden Tag Süßes.«

Aber mehr Süßes bekam ich nicht, ich wurde offenbar auch so gesund.

Ich wollte über die Farben der Erinnerung schreiben, aber ich erinnere mich an keine schönen Farben aus diesem Winter. Ich war lange krank, bis zum Frühling, ich hatte den „Kleinen Falken" schon einige Male von vorn bis hinten gelesen und auch all die Zeitungen, mit denen die Wand an meinem Bett tapeziert war. Dann brachte Stapūnė einige dicke Zeitschriften vom Dachboden. In ihnen gab es eine ganze Menge Fotos, aber auf allen waren nur Pfarrer mit weißen Kragen und Kirchenaltäre zu sehen sowie viele junge Menschen, die alle die gleichen Mützen trugen: Mal saßen sie am Tisch, mal standen sie in Reihen an irgendwelchen großen steinernen Gebäuden. Lang war dieser Winter für mich, aber der Frühling nahte dennoch; denn die Mutter erinnerte den Stiefvater immer häufiger: »Mach auch für das Kind irgendwelche Holzschuhe, den ganzen Winter hockt es schon wie ein kleiner Gefangener in diesem Bett.«

»Ja, muss ich machen, aber im Moment weiß ich nicht, woraus.«

»Du kannst doch schon mal die Sohlen schnitzen, das Leder kannst du dann später dranmachen.«

»Ja, ja, ich muss sie machen. Im Frühling wird es Leder geben.«

Aber er schnitzte die Sohlen nicht und ich wartete darauf wie auf die aufgehende Sonne. Ich verstand bloß nicht, woher im Frühling das Leder kommen sollte, und an den Frühling selbst hatte ich auch keine rechte Erinnerung mehr, aber ich wusste, dass es dann warm ist und man barfuß draußen rumrennen kann. Auch die Mutter wartete auf den Frühling, sie schmatzte sogar in Erinnerung an ihn: »Dann können wir auch mal Sauerampfer oder Brennnesseln in die Suppe schmeißen.«

Das große Frühlingstauwetter begann, und der Schnee, den ich durch die Fenster sah, wurde grau, sülzig, rutschte nach unten, und die Zweige aller Bäume waren nass und schwarz. Der Stiefvater hatte sich von seinem Klotz erhoben und schaute immerzu auf den Garten am Hang auf der anderen Straßenseite.

»Bald ist der Schnee geschmolzen, bald ist er ganz weg.«

Was der Stiefvater sich von der Schneeschmelze erhoffte, wusste ich nicht; denn ich durfte nicht an das Fenster. Es hatte nur einfaches Glas; die Rahmen waren nass, es wehte durch sie kräftig herein, sobald der Wind auf diese Seite des

Hauses gedreht hatte, und die Mutter hatte Angst, ich könnte einen Rückfall bekommen. Eines Morgens zog die Mutter mir ihre Wollstrümpfe über, und erlaubte mir, aus dem Bett zu steigen.

»Ist dir schwindlig?«

»Nein!«, und ich stürzte an das Fenster.

Als erstes sah ich zwei Farben, die mir deutlich in die Augen stachen: Weiß und Rot. Schnee gab es nicht mehr, die Stämme der Apfelbäume waren frei und auch alle Zweige der Stachel- und Johannisbeerbüsche. In diesen Büschen und auch auf der Erde leuchteten das Weiß und das Rot ganz deutlich, ich sah auch den Stiefvater, wie er zwischen den Stachelbeerbüschen umherging, bis ich endlich begriff, dass es eine Unmenge von blutigen Verbänden war, die auf all den Zweigen im Wind flatterten. Die Mutter zog mich schleunigst vom Fenster fort und brachte mich wieder ins Bett. Für das erste Mal sei es genug.

»Mama, woher kommen aber die vielen Roten und Weißen?«

»Im Winter war hier doch ein russisches Lazarett, ohne Unterlass brachte man die Verwundeten von der Front bei Liepoja. Erst kürzlich wurde das Lazarett aufgelöst.«

»Und was ist jetzt dort?«

»Dort wohnen die Pupeikiai, sie haben ganz viele Kinder; wenn es wärmer wird, kannst du zu ihnen zum Spielen hingehen.«

Der Stiefvater kam heim, ließ im Vorraum etwas hinter die Tür fallen und schaute sich besorgt im Zimmer um.

»Hast du nicht gesehen, wo mein scharfes Messer ist?«

»Ich bin doch nicht die Hüterin deines Messers, du hast heute Morgen doch selbst den Tabak damit geschnitten.«

»Ach, diese Saukerle!«, wiederholte er andauernd, während er lautstark in der Schublade herumwühlte.

»Was fluchst du da herum?«

»Wie soll man da nicht fluchen: So einen guten Stiefel haben sie rausgeschmissen, ohne den Fuß vorher rauszunehmen!«

Als er endlich das Messer fand, ging er wieder hinaus.

»Nun ja«, seufzte die Mutter. »Nun ja! Den ganzen Winter über haben sie doch das Zeug eimerweise in den Garten getragen. Jetzt, wo es warm geworden ist, kriegen wir womöglich die Cholera. Du wirst noch etwas warten müssen, bis du zu den Kindern der Pupeikiai gehen kannst, erst müssen wir eindeutig wissen, ob wir hier nicht irgendeine Pestilenz haben.«

Und wieder gibt es in meiner Erinnerung keine erkennbaren Farben mehr, bis der Frühling selbst mit seinem Grün kam, bis ich durch das Fenster die Stachelbeerbüsche hinter der Straße aufgehen sah mit ihrem so feinen, so zarten Grün. Und die blutigen Verbände flatterten nicht mehr im Wind; denn Pupeikis hatte sie zusammen mit seinen Kindern mit Harken von den Zweigen geholt, sie etwas weiter unten aufgehäuft und zusammen mit den Blättern vom Vorjahr verbrannt.

Sehr bitter, sehr übel riechender Rauch drang sogar in unser Zimmer, und der Stiefvater, der einen ganzen Haufen zerschnittener, nasser Soldatenstiefel gehortet hatte, arbeitete nun an meinen kleinen Holzschuhen. Er arbeitete zwei Tage daran, und ich stand diese ganze Zeit wie eingepflanzt an seiner rechten Hand und schaute zu, ohne je die Augen abzuwenden. Am dritten Tag klapperte ich von morgens bis abends in diesen Holzschuhen durch das Zimmer, die Mutter bekam sogar Kopfweh davon; denn draußen war es kalt geworden; das Wetter war ganz schlecht, ich konnte nicht vor die Tür.

Aber an diesem schrecklichen Tag kam eine junge Frau zu uns, sie war hoch gewachsen und begann mit meiner Mutter ein gepflegtes Gespräch:

»Ich habe gehört, sie seien Näherin, ich würde gern mein Kostüm wenden lassen.«

Auch die Mutter tat vornehm, aber auch ich beherrschte diese Sprache, ich hatte sie im „Kleinen Falken" und aus den Zeitungen an der Wand gelernt.

»Ich würde es gern machen, aber ich habe keine Nähmaschine.«

»Und ich habe eine Nähmaschine, kann aber selbst nicht nähen. Vielleicht könnten sie deshalb zu mir kommen?«

So einigten sie sich auch. Als die vornehme Dame gegangen war, fragte mich die Mutter:

»Weißt du, wer das war? Das war die Lehrerin!«

Ich erschrak aus irgendeinem Grund nachträglich.

»Holzschuhe hat das Kind jetzt immerhin, ziehe ihm doch deine Strickjacke über, krempel die Ärmel hoch und geht ihr zwei zusammen«, riet der Stiefvater.

»Sie hat aber doch nur mich eingeladen...«

»Du sagst einfach, dass du nicht weißt, wo du das Kind lassen sollst. Und wenn du etwas zu essen bekommst, wird man auch ihm was geben. Ich werde mir Mehlsuppe kochen.«

Der nächste Morgen war schön und sonnig und wir gingen los. Ich hielt mich an der Hand der Mutter fest; denn die Angst vor der Lehrerin war noch nicht vorüber. Stapūnė hatte mir immer wieder Schreckensmärchen erzählt, wenn sie zu uns hereinkam:

»Jetzt kannst du furchtbar schlau tun, im Bett lesen, aber warte, wenn du in die Schule musst, wenn du dort Aufgaben lösen musst, dann wirst du schon dein blaues Wunder erleben! Dann wird's Tränen geben und alles Mögliche!«

Sie selbst war fast in jeder Klasse sitzengeblieben.

In der Schule hatte der Unterricht schon begonnen, die Lehrerin sah uns aber kommen und kam auf die Veranda heraus, um uns in Empfang zu nehmen. Sie wohne hier auch, erklärte sie uns, gleich am anderen Ende des Hauses. Und ihr altes Kostüm hätte sie schon auf dem Tisch bereitgelegt. Während die Erwachsenen sich dann gepflegt unterhielten, liefen meine Augen auf der Wand hin und her: Hilf Himmel, wie viele Bücher gab es hier! Wie viele Bücher! Die Lehrerin bemerkte meinen Blick und meinen vor Staunen offenen Mund: »Ach, Kindchen, du kannst wohl schon lesen?«

»Kann ich.«

»Und wer hat es dir beigebracht?«

»Ich selbst!«

Die Mutter mischte sich ein: »Ja, ja er selbst! Ich habe ihm nur einmal die Buchstaben gezeigt.«

»So ein Wicht! So ein Wicht aber auch! Wirst du wohl im Herbst auch schon zur Schule gehen?«

Das wusste ich nicht, die Mutter hatte dazu nichts gesagt.

»Er könnte schon gehen, aber ich weiß nicht, was ich ihm anziehen soll. Holzschuhe hat er, aber sonst gar nichts.«

»Ich kann bei den Kleidern von meinem Žygimantas schauen, er ist älter und kräftiger. Liebe Dame, lassen Sie ihn im Herbst in die Schule, lassen Sie ihn. Sie wohnen doch hier im Dorf, der Schulweg ist nicht weit. Und was liest du zu Hause?«

»Den „Kleinen Falken" und die Zeitungen an den Wänden.«

»Gute Frau, im Dorf gibt es doch eine Bücherei! Wir in der Schule haben fast gar nichts, nur ein paar Schulbücher. Soll er sich Bücher holen und lesen! Er soll so viel lesen, wie nur in seinen Kopf hineinpasst! Liebe Frau, er ist doch im aufnahmefähigsten Alter! Was er jetzt liest, das wird er auch noch im hohen Alter wissen, und was er später liest, wer weiß.«

Sie schob mich, leicht an der Schulter gepackt, in die Richtung ihrer Bücher:

»Geh' und such dir etwas aus. Ich muss wieder in die Klasse gehen, ich höre schon, wie die Kinder Kopf stehen...«

Mit einem Buch in den Händen habe ich es mir auf dem gestrichenen Fußboden gemütlich gemacht, und es interessierte mich nichts mehr, nicht einmal die Schulkinder, die aus irgendwelchen Gründen nicht auf ihren Füßen, sondern auf ihren Köpfen standen. Es wäre interessant gewesen zu sehen, wie sie das wohl machten, aber zu lesen war noch interessanter. Wenn ich nach Hause komme, werde ich auch versuchen, auf dem Kopf zu stehen.

Und da war in meinen Erinnerungen wieder eine weiße Fläche, vielleicht sogar eine völlig farblose, wenn nicht die ewigen Streitereien zwischen dem Stiefvater und der Mutter gewesen wären. Natürlich wegen dieser Bücherei. Ich hatte mich schon bei Stapūnė erkundigt, wo die Bücherei wohl war, obwohl ich noch gar nicht wusste, ob der Stiefvater mir überhaupt erlauben würde, dort Bücher auszuleihen.

»Du gehst den Berg hinauf, oben wirst du so ein braunes Haus mit Veranda finden, dort hängt ein weißes Schildchen mit schwarzen Buchstaben, auf dem steht geschrieben: Bücherei.« Mir wurde klar, dass die Bücherei Stapūnė noch nie interessiert hatte, vielleicht hatte sie die Bücherei sogar noch nie von innen gesehen.

Als die Mutter endlich Oberwasser über den Stiefvater gewonnen hatte, konnte ich die Bücherei trotzdem noch nicht besuchen. Ich musste erst eine lange Lektion von Fragen und Antworten durchlaufen. Jeden Morgen gleich nach dem Frühstück führte mich der Stiefvater an das Fenster, damit ich sein strenges Gesicht besser sah; was es darstellen sollte, war mir nicht ganz klar: vielleicht den Büchereileiter, vielleicht auch irgendeinen mit fünf Gewehren bewaffneten Vorgesetzten. Damit er noch strenger aussah, setzte er sich nicht wie üblich auf seinen Klotz, sondern blieb stehen, beugte sich zu mir herunter, packte mich fest am Kinn, was sehr weh tat, und begann zu fragen. Meine Antworten mussten wie aus der Pistole geschossen und ohne Versprecher kommen, sie mussten an jeder Stelle des Verhörs gleich gut sein: am Anfang, am Ende und in der Mitte.

»Dein Name?«
»Granauskis. Romualdas«
»Wo ist dein Vater?«

»Weiß ich nicht.«
»Und wer ist der Alte, der mit euch zusammen lebt?«
»Das ist der Stiefvater.«
»Wie heißt er?«
»Valtas. Stasys.«
»Und wo habt ihr früher gelebt?«
»In Šiauliai.«
In Šiauliai hatten wir nie gewohnt. Wir hatten in Mažeikiai gewohnt, von dort waren wir hierher geflüchtet, aber so hatte ich es halt zu sagen.
»Und warum lebt ihr jetzt hier?«
»Weil die Deutschen unser Haus zerstört haben.«
»Und warum lebt ihr jetzt bei Rimkus?«
»Weil der Stiefvater zusammen mit Rimkus in der Armee gedient hat.«
»Und wo arbeitete der Stiefvater in Šiauliai?«
»Bei der Eisenbahn.«
»Und welche Farbe hatten seine Kleider?«
»Sie waren schwarz.«
»Und hatten seine Kleider Schulterabzeichen?«
»Nein, sie hatten keine Schulterabzeichen.«
»Und hatte er ein Gewehr?«
»Nein, hatte er nicht.«
»Aber vielleicht hatte er so ein ganz kleines?«
»Er hatte auch kein kleines.«
»Und hatte er Schulterabzeichen?«
»Nein, hatte er auch nicht.«
»Welche Farbe hatten denn die Schulterabzeichen?«
»Er hatte doch keine Schulterabzeichen.«
»Und wie sahen diese Schulterabzeichen aus?«
»Sie sahen gar nicht aus.«
»Welche Farbe hatten sie denn?«
»Gar keine.«
»Und das Gewehr hatte er doch an der Wand hängen?«
»Er hatte doch kein Gewehr.«

»Und hat er so ein kleines Gewehr am Gürtel getragen?«
»Er hatte nichts am Gürtel.«
Und so ging das endlos, und das Ganze zweimal am Tag: morgens und abends. Wie Beten war das. Beim Beten konnte ich aber auch mal einen Fehler machen, hierbei wäre das undenkbar gewesen! Wenn ich aber in die Bücherei wollte, und im Herbst in die Schule, musste ich da durch.

Aber niemand fragte mich in der Bücherei nach diesen Dingen, man schrieb meinen Namen und Familiennamen auf, wo ich wohne und wie alt ich bin; dann durfte ich selbst an das Regal gehen und mir etwas aussuchen. Ich suchte mir so viele und so dicke Bücher aus, dass ich schnaufte und sie kaum auf den Tisch heben konnte.

»Nein, nein! Wir geben immer nur drei auf einmal.«

Ich wählte die drei dicksten, damit es länger reichte. Außerdem war ich nicht sicher, ob der Stiefvater mir eines schönen Morgens nicht wieder verbieten würde, hierher zu kommen. Die Leiterin schüttelte etwas den Kopf, aber sie sagte nichts.

Diese Büchereileiterin, eine junge jüdische Frau mit dem Namen Judita, hatte man aus Salantai hierher geschickt, und alle sagten, dass sie wohl im Dorf herumspionieren sollte. Der Stiefvater hatte sich ziemlich erschrocken, aber an so kleinen Kindern spionierte sie offenbar nicht herum. Ihre Augen waren dunkelbraun, und auf dem Kopf trug sie einen derart großen Haufen von bläulich schimmernden schwarzen Haaren, dass ihr Schopf von weitem aussah, als wäre er voll von gerade heimgekehrten schwarzen Staren. Aber ich sah sie nur zweimal. Als ich das dritte Mal hinkam, fand ich die Bücherei geschlossen. Im Dorf erzählte man sich, dass eines Nachts die Wäldler gekommen seien, ihr den Kopf kahl geschoren, sie in den Hintern getreten und ihr bedeutet hätten, von hier ein für alle Mal zu verschwinden. Eine Woche später saß dort so ein armseliges Frauchen, sie wohnte auch dort in der Nähe, aber sie machte sogar beim Abschreiben der Büchertitel Fehler. Aber jetzt las ich von morgens bis abends, selbst die Kinder von Pupeikiai waren mir gleichgültig geworden; ich hätte auch nachts gelesen, wenn man es mir nur erlaubt hätte. Es ist ein Elend, Kind zu sein, man hat überhaupt kein eigenes Leben.

Die Kuh von Rimkienė hatte gekalbt, ich habe aber nicht gesehen, wie das vor sich ging. An zwei Abenden brachte Stapūnė uns deshalb Biestmilch, die ich noch nie getrunken hatte. Oh, je, hat das geschmeckt nach all der Mehlsuppe! Und nach einer Woche gab es auch schon richtige Milch. Die Mutter hatte an diesem Abend eine Mehlklößchensuppe gekocht und sie mit der Milch weiß gemacht. Als die drei vollen Teller auf dem Tisch weiß leuchteten und die Löffelstiele seitlich aus der Suppe ragten, erhellte sich unser kleines Zimmerchen. Ich wollte als Erster an meinen Platz stürzen, aber der Stiefvater hielt mich zurück: »Setzen wir uns ohne Eile und danken wir zuerst Gott, dass wir diesen schwarzen Winter überlebt haben.«

Das taten wir denn auch, aber im Gesicht des Stiefvaters sah ich keine Frömmigkeit. Er sagte zur Mutter: »Ich weiß nicht, was man mit der Bücherei machen soll. Die hat man doch auch mit allen möglichen Judenbastarden und Komsomolzinnen voll gestopft – du wirst sehen, bald werden sie sich auch bis zu uns durchspioniert haben. Schluss, es ist aus mit deiner Bücherei!«

Ich schaute ihn an und verpasste ihm in meiner Aufregung eine richtiggehende Ohrfeige: »Warum musstest du denn auch Polizist sein, wenn ich jetzt deswegen keine Bücher lesen darf!«

Der Stiefvater stand auf, beugte sich über den Tisch und schlug mit der Rückhand zu. Ich weinte nicht, hielt mir nur mit beiden Händen die Nase zu, und da langte er noch einmal zu; aber den zweiten Schlag spürte ich kaum noch, vielleicht hatte er auch, weil ich mir die Nase mit den Händen zugehalten hatte, nicht richtig getroffen.

»Hab ich dir nicht beigebracht, du Dummkopf, welche Worte du auf ewig vergessen sollst?!«
»Prügele nicht mein Kind!«, schrie die Mutter.
Der Stiefvater prügelte auch nicht mehr weiter, aber mir tropfte das Blut durch die Finger und fiel geradewegs in die Suppe. Da sah ich zum zweiten Mal im Leben, wie unvergesslich leuchtend Rot auf Weiß ist. Später, als meine Nase zu bluten aufgehört hatte und ich nicht mehr weinte, gingen wir schlafen. Die Mutter löschte das Licht, ich konnte aber nicht einschlafen. Die Eltern stritten sich noch sehr lange in ihrem Bett, aber als sie still wurden, stand ich auf, suchte tastend auf dem Tisch den Teller und löffelte ihn trotz allem ganz leer.

Dem Stiefvater konnte ich nicht lange böse sein; denn er hatte mir doch die Holzschuhe gemacht, mit denen an den Füßen ich alle Ecken und Enden des Hofs durchstöbern konnte; unter die Kornkammer kroch ich sogar bäuchlings, aber ich fand dort nur Scherben einer kaputten Flasche. Sowohl die Kornkammer als auch das Haus standen mit ihrem einen Ende ganz dicht an der Straße, von dort führte ein mit kleinen Weiden bepflanzter Weg bis zur Haustür. Ein etwas breiterer Weg führte die andere Seite der Kornkammer entlang zum größten Gebäude auf dem Hof, zu den Ställen; über den Ställen gab es einen befahrbaren Heuboden, und in der Steinbrücke, die zum Heuboden führte, wohnten zweie: ein Hermelin und seine Frau, aber ich konnte sie nie so recht auseinanderhalten, denn viel zu kurz zeigten sie sich in den Mauerfugen. Der alte Rimkus lebte nicht mehr: Er sah, was die Russen nach ihrem Einmarsch taten, was dann die Deutschen taten, und beschloss, dass es wohl am besten sei zu sterben, was dann auch geschah; dabei klagte er über keine Krankheit und keine Schmerzen. Vielleicht nahm Rimkienė uns auch deshalb auf, weil sie Angst hatte, allein mit Stapūnė zu leben.

Als ich mich wieder einmal beim Kälbchen im Stall herumtrieb, fiel mir eines Tages ein, dass ich nach unserem Pferd schauen sollte, mit dem wir damals vor den Russen flüchten wollten. Aber es stand nicht im Stall. Auch der Wagen war nicht da, kein Geschirr, nichts.

»Mama, und wo ist unser Pferd?«

Die Mutter seufzte tief: »Aufgegessen haben wir es im Winter.«

»Wie, aufgegessen? Wann haben wir es denn aufgegessen?«

»So haben wir's aufgegessen!«, sie wies mit dem Finger in die Ecke, wo auf dem Holzklotz nur noch ein Sack Mehl stand, und auch der war schon ziemlich aufgebraucht. Erst da wurde es mir klar. Auch die anderen zwei Säcke, die mit Kleidern voll gestopft gewesen waren, waren niedriger und dünner geworden. Was mit denen war, wusste ich: Mal einen Rock, mal was anderes hatte die Mutter gelegentlich für einen Korb Kartoffeln oder einen Zwiebelzopf eingetauscht. Sie hatte die Sachen für zehn rote Rüben abgegeben. Aber ein Pferd! So ein großes Tier!

Jetzt war neben der Kuh mit dem Kälbchen nur noch Rimkienės Dūlis im Stall. Er spazierte frei im Stall herum, blieb mal in der einen, mal in der anderen Ecke stehen, als dächte er nach. Genauer gesagt, war das nicht Rimkienės, sondern Stapūnės Dūlis, denn nur Stapūnė fütterte, tränkte und striegelte ihn. Überhaupt war er anders als normale Pferde. Zunächst wegen der Größe: Er war ganz klein, sein Fell war ein wenig kraus, ein größerer Mann hätte ohne hochzuspringen aufsitzen können. Und dann die Farbe seines Fells: Es war grau wie eine Maus, und seinen ganzen Rücken entlang – von der Mähne bis zum Schwanz – verlief ein dunkelbraunes, fast schwarzes Band, wie bei einer Brandmaus. Damals konnte ich ja nicht wissen, dass er vielleicht eines der letzten Exemplare seiner Rasse in Žemaiten war. Kinder mochte er nicht leiden, was er auch stets gleich kundtat, indem er seine gelben Zähne breit entblößte. Überhaupt mochte er außer Stapūnė niemanden leiden. Bei Tauwetter ließ ihn Stapūnė ganz alleine draußen umherlaufen, er spazierte wie der Herr des Hauses überall herum, wobei er immer wieder den Kopf herabhängen ließ und am Schnee schnupperte. Oder er schaute zum Wald hinüber und bewegte die Ohren.

»Nein, Dūlis, nein!«, ermahnte ihn Stapūnė dann, und er bemühte sich, nicht mehr dort hinzuschauen, als hätte er etwas verstanden.

Und er lief nie fort, obwohl der Hof gar nicht eingezäunt war. Wenn es ihm draußen langweilig wurde, kam er von selbst in den Stall zurück und stand dort wieder seelenruhig: Den Kopf steckte er in die Ecke, das Hinterteil hielt er zur Tür gedreht.

Aber auch Stapūnė war anders als andere Frauenzimmer. Wo hat man denn sonst je gesehen, dass eine junge Frau die Röcke hoch zog und sich rittlings auf ein Pferd setzte? Und das nicht bloß im Hof, sondern auch auf der Straße; bis zum Wald ritt sie und vielleicht noch weiter. Wenn ich sie bat, auch mich auf das Pferd zu heben, schoss sie stets zurück: »Du fällst doch runter, du Wicht, und dann muss ich für dich geradestehen.«

Ein schreckliches Frauenzimmer war sie, aber ihren Dūlis liebte sie über alles. Sie sprach sogar ganz lange mit ihm, und Dūlis verstand alles, denn er nickte immer wieder oder schüttelte den Kopf, wenn er offenbar mit etwas nicht einverstanden war. Mich jagte Stapūnė dabei immer fort: »Hau ab! Womöglich belauschst du uns noch!«

So habe ich ihre Gespräche nie mithören können.

Es gab Tage, an denen das ganze Dorf aussah, als hätte es sich geduckt vor lauter Angst. Sogar die Dächer, so schien es, sträubten sich und wurden niedriger. An solchen Tagen schlichen die Stribai durch das Dorf. Stapūnė führte Dūlis dann auf den Hof und platschte ihm mit ihrer flachen Hand auf den Hals: »Lauf, Dūlis! Lauf, du weißt schon wohin!«

Sie ließ ihn frei laufen, ohne jegliches Zaumzeug. Er trabte dann auf dem Feldweg davon, in Richtung Wald, der ihn so brennend interessierte. Auf den Feldern konnte ihn keiner einfangen. Wenn er einen Menschen auch nur von weitem kommen sah, schnaubte er bloß und stob wie der Wind im Galopp davon, und im Wald war er weder zu sehen noch zu finden. Stapūnė brauchte aber nur zu rufen: »Dūlis! Dūlis!«, und er kam von wer weiß woher mit erhobenem Schwanz geradewegs vor die Stalltür gelaufen.

Die Stribai waren schlau. Manchmal gingen sie kurz vor dem Einbruch der Dunkelheit durch das Dorf und taten so, als würden sie ganz woanders hingehen. Dann warteten sie aber irgendwo im Erlenwäldchen auf die Nacht und kamen zurück. Hinter den Tannen, hinter den Gärten, hinter den Scheunen waren am nächsten Morgen die Stellen zu sehen, an denen sie gestanden hatten, und um diese Stellen herum lagen Zigarettenstummel, die gelb von der Nachtfeuchtigkeit waren. Und die ganze Nacht über bellten im Dorf alle Hunde, obwohl die Stribai ganz still in den Ecken kauerten; deshalb konnten sie Hunde gar nicht leiden, und die Hunde mochten sie auch nicht.

Aber auch an solchen Tagen führte Stapūnė ihren Dūlis kurz vor dem Einbruch der Nacht auf den Hof: »Lauf Dūlis! Du weißt schon wohin!«

Und Dūlis trottete auf dem Feldweg davon.

Zurück kam er erst morgens; er stand dann ganz ruhig vor der geschlossenen Stalltür, bis Stapūnė mit einer großen, von der Mutter geklauten Rübe unterm Arm auf den Hof geflattert kam. Dort in der Dämmerung des Stalls küsste sie ihren Dūlis auf die Lippen, oder sie umarmte seinen Hals und stand ganz lange Wange an Wange bei ihm.

Aber eines Morgens erzählte man sich im Dorf, dass die Stribai im Dickicht doch auf ein Versteck der Wäldler gestoßen seien, sie hätten irgendeine junge Tanne hochgehoben und Granaten in das Versteck hineingeworfen. Und dann brachte man die vier Wäldler in das Städtchen, zog sie aus und warf sie vor die Fenster der Imbissstube. Stapūnė lief dort hin. Als sie zurückkam, fiel sie auf das Bett in ihrem

Zimmerchen und weinte drei Tage lang. Nein, sie heulte und winselte drei Nächte lang wie eine Hündin, und wir alle konnten nicht schlafen, aber der Stiefvater und die Mutter verloren kein schlechtes Wort über Stapūnė.

Dann bat Stapūnė den Stiefvater, Dūlis zu füttern und zu tränken, und fuhr fort. Rimkienė sagte, sie sei nach Klaipėda zu Verwandten gefahren. Bald musste man schon die Kartoffeln pflanzen und den Gemüsegarten bestellen, deshalb verdingte sich der Stiefvater bei Rimkienė als Knecht. Er spannte Dūlis an, pflügte den Gemüsegarten um, er säte und eggte. Und was den Rest ihres Landes anbelangte, sagte Rimkienė einfach zum Dorfältesten: »Der Staat kann alles haben, mir wird der Gemüsegarten reichen. Ich verzichte auf das Land und bin dann in den Augen des Staates wenigstens keine Großbäuerin mehr!«

Den ganzen Frühling über lief sie schwarz vor Ärger herum, böse und sehr unglücklich, und mir war ganz klar, warum: Offenbar hatte sie keine Zuckerrüben mehr. Im hinteren Garten überließ sie uns zwei Beete: für Kohl und für Rote Bete. Lauch und Dill könnten wir einfach so pflücken, sagte sie. Und auf dem Acker überließ sie uns noch acht Reihen Kartoffeln, aber dafür sollten wir den ganzen Sommer über alles gießen und jäten. Mutter strahlte vor Freude: »Wie gut diese Frau zu uns ist! Vielleicht müssen wir im nächsten Winter nicht mehr so schlimmen Hunger leiden!«

Aber dann begann Rimkienė über Herzbeschwerden zu klagen, und sogar durch die Wand hindurch war der Geruch von Baldrian zu vernehmen. Aus irgendwelchen Gründen verkaufte sie kurz vorher ihre Kuh samt Kälbchen: an die Pupeikiai – gleich auf der anderen Straßenseite, die so viele Kinder hatten und zu denen ich manchmal zum Spielen hinging. Aber Dūlis wollte im Dorf keiner haben. Die Mutter hatte sich nicht getraut zu bitten, uns die Kuh zum Melken dazulassen, bis Rimkienė wieder genesen zurückkäme. So spannte der Stiefvater Dūlis an und brachte Rimkienė zur

Eisenbahnstation nach Skuodas, von wo aus sie dann allein weiter nach Klaipėda fuhr. Der Stiefvater machte diese Reise gar nicht gern, überhaupt nicht gern, vielleicht fuhr er deshalb erst bei Nacht fort und kam schon vor dem Morgengrauen wieder zurück. Wenn ich den Stiefvater bat, zu weiter entfernt wohnenden Kindern gehen zu dürfen, hob er immer die Augenbrauen hoch und brüllte los: »Und verlasse ich denn den Hof?! Tue ich einen Fuß vor die Tür?!«

Wenn es die Bücherei nicht gegeben hätte, wäre dieser ganze Sommer schrecklich langweilig und lang geworden. Auf die Schule wartete ich überhaupt nicht, als hätte ich was geahnt. Stapūnė und Rimkienė kamen aus diesem Klaipėda einfach nicht zurück, aber obwohl wir jetzt allein im Haus waren, konnten wir uns nicht als die Hausherren fühlen; denn wir wussten ja nicht, ob sie eines Tages nicht doch zurückkommen würden. – Später, zum Ende des Sommers hin, bekamen wir einen Brief, der den Stiefvater zunächst sehr erschreckt hatte, aber, Gott sei Dank, war er nicht von den Behörden. Ich las diesen Brief auch, aber ich kann mich nur noch an ein paar Stellen erinnern. Stapūnė hatte ihn geschrieben, er war voller Fehler und das reinste Gekrakel. »Mamachen wird es nicht mehr lange machen. Sie sagt, ihr sollt alles für euch rausmachen und ausgraben.«

Und an noch eine Stelle erinnere ich mich, ganz am Ende des Briefs: »Valtas, schlage nie meinen Dūlis.« So kamen sie denn auch nicht mehr zurück, aber im Dorf sagten trotzdem alle: der Hof von Rimkienė, der Hof von Rimkienė.

Eines Abends brachte Simaitis dem Stiefvater Schuhe zum Beschlagen und sagte: »Wenn du willst, gebe ich dir für deine Arbeit ein Kaninchenpärchen. Ich habe seinerzeit den Arbeitskreis für junge Landwirte besucht, hab' dann einige Dutzend von ihnen gehalten, aber jetzt bin ich zu faul geworden, ihnen das Fell abzuzieh'n. Kaninchenfleisch schmeckt gut, kaum hat man es in den Topf getan, wird's einem wohl ums Herz.«

Am nächsten Abend brachte er sie: Er hatte die Karnickel in einen Kartoffelkorb gesetzt, den er mit einem Sack zugebunden hatte. Der Stiefvater hatte über Nacht wohl schon überlegt, wo er sie halten wird. Wir wohnten ja nun allein hier und brauchten niemanden zu fragen. Sie ließen die Kaninchen in einem Raum am anderen Ende des Hauses laufen. Vor dem Krieg war dort die Molkerei des Dorfs gewesen, jetzt war das ein großer und leerer Raum mit Zementboden: In einer Ecke lugten aus dem Estrich vier eingemauerte Schraubenspindeln hervor, und in der anderen Ecke schimmerte braun ein großer ziegelgemauerter Ofen; darüber erhoben sich zwei riesige schwarze Kessel. Sonst gab es dort nichts mehr. Simaitis hockte sich in der Mitte des Raums hin, band den Sack los und holte die Kaninchen an den Ohren gepackt heraus: Erst das eine, dann das andere, und sie sprangen davon und hockten sich nebeneinander am Ofen hin.

Meine Freude war unbeschreiblich; sofort wollte ich hinspringen und sie streicheln, aber Simaitis sagte beim Aufrichten: »Freu dich nicht zu früh. Ich denk, du wirst derjenige sein, der den ganzen Sommer über Gras für sie rupfen muss.« Dann drehte er sich zum Stiefvater um und sagte: »Ja, ja, allein mit Streicheln kann man ein Tier nicht aufzieh'n, nicht einmal das kleinste.« Natürlich fiel das ganze Grasrupfen mir zu, und noch am selben Tag schnauzte mich der Stiefvater an: »Das Weibchen ist schon trächtig, lass es in Ruhe, treibe es nicht auf dem Boden herum und streichele es nicht. Bringe ihnen das Gras, leg es hin und geh raus!« Und die Mutter sagte: »Ob sie weiteren Nutzen bringen werden oder auch nicht, aber ein Stück Fleisch werden wir im Topf haben!«

»Geh nur, wann werden sie sich wohl schon so vermehrt haben, dass es auch für den Topf reicht?«

»Besprich's nicht! Bis zum nächsten Sommer wird die ganze Molkerei von ihnen wimmeln! Du kennst doch die Redensart: Sie vermehren sich wie die Karnickel.«

Ich hatte keine Vorstellung davon, dass auch der Stiefvater mindestens genauso viel von den Kaninchen träumte wie ich, nur träumte ich nicht vom Fleisch, sondern davon, wie ich die Kleinen liebkosen und streicheln würde. Die Mutter fragte: »Und warum hast du sie nicht in den Stall getan?«

»Na, was soll das denn, du kennst wohl Kaninchen nicht! Sie werden sich gleich unter den Fundamenten durchgraben, und dann: auf Nimmerwiedersehen!«

»Jetzt werden sie sich nirgends durchgraben können. Kein Kaninchen wird ausbüchsen können, nicht einmal das kleinste!« Der Stiefvater fand irgendwo eine alte Kachel, er drehte sie mit dem Boden nach oben und stellte sie an die Tür; ich sollte jeden zweiten Tag das Wasser darin wechseln, obwohl ich nie gesehen habe, dass sie das Wasser je getrunken oder davon geschleckt hätten. Hinter den Ofen warf der Stiefvater einen Arm voll Stroh, das Weibchen sollte dort in Ruhe werfen können. Sie verschlangen sehr viel Gras, und ich hatte ihnen schon die Hälfte des Klees im Hof rupfen müssen. Der ganze Zementboden war voll von ihren Knötteln, aber niemand sagte mir, ich sollte ihn kehren, so kehrte ich ihn auch nicht.

Aber als ich eines Morgens mit einem Arm voll Klee die Tür öffnete, lagen beide Kaninchen mitten im Raum auf dem Fußboden mit zerfetzten Kehlen, und überall waren Blutspritzer. Doch hier auf dem Zement, zwischen den Knötteln, sah das Blut nicht leuchtend rot aus, es war eher braun und undeutlich.

Braun auf Grau bleibt vielleicht auch nicht so lange in der Erinnerung eines Kindes haften? Das Ganze war für mich eine Tragödie; aber sie wäre mir als völlig belanglos vorgekommen, wenn ich damals schon etwas von der Tragödie geahnt hätte, die noch auf mich wartete.

Der Stiefvater beschloss, dass dies wohl einzig und allein das Werk des Iltis war, er fand hinter dem Ofen auch seine Höhle. Ich musste die Kachel und das Stroh hinausbringen und die Knöttel zusammenfegen, aber durch meine Tränen konnte ich sie kaum sehen.

Wenn der Tod der Kaninchen nicht gewesen wäre, hätte dieser Sommer der schönste für mich werden können, und nicht nur deshalb, weil er der erste war, an den ich mich erinnere. Es gab keine Rimkienė mehr und keine Stapūnė, keiner störte mich beim Lesen; die Mutter war vom frühen Morgen an im Gemüsegarten: Sie jätete dort, begoss irgendwas, machte irgendein Gemüse raus. Und aus den Kartoffeln ragte immer der gebeugte Rücken des Stiefvaters hervor. Der Gemüsegarten und die Kartoffeln – sie sollten uns alle drei im nächsten Winter am Leben erhalten. Wenn man nichts zum Tauschen hat, geht es einem schlecht. Wir hatten nichts mehr zu tauschen, eigentlich hatten wir hier überhaupt nichts: weder Verwandte, noch Freunde, noch Bekannte; allen waren wir fremd, vielleicht sogar unheimlich, und unheimliche und fremde Menschen braucht keiner.

Aber das Ende des Sommers nahte unaufhaltsam, und mit ihm kam der Schulbeginn. Eines Morgens ging die Mutter nicht in den Garten, sie legte auf dem Tisch die Anziehsachen aus, die sie von der Lehrerin bekommen hatte. Der Vorbesitzer hieß Žygimantas, ich habe es nicht vergessen. So werde ich denn jetzt die Hose und die Jacke von diesem Žygimantas tragen. Die Mutter sagte, ich solle das alles anziehen; dann meinte sie zufrieden: »Es wird reichen, wenn ich es umnähe. Wenn auch nur sehr langsam, aber auch du wächst ja.« – Als die Mutter mir zum zweiten Mal die inzwischen umgenähten Kleider überzog, spazierte ich aus irgendeinem Grund nicht stolz wie ein Pfau umher; lieber wollte ich die Klamotten gleich wieder ausziehen, als ob mich eine schlechte Vorahnung, irgendeine Unruhe bedrückt hätte.

»Was soll denn das?«, die Mutter hob ihre Augenbrauen. »Lauf doch damit ein wenig umher, gewöhn dich dran.«

»Ich will nicht«, ich warf alles zur Seite und setzte mich aufs Bett.

Damit ich mich sicherer fühlte, hatte ich mich für den Schulweg mit den Pupeikiskindern verabredet, die Mutter wollte mich nicht begleiten: »Die Lehrerin kennst du ja schon, deinen Namen und Nachnamen weißt du, präg dir nur das Geburtsjahr ein.«

Der Stiefvater veranstaltete mit mir am Vorabend noch eine Probe von Fragen und Antworten, diesmal eine besonders lange und verzwickte, aber ich tappte nirgends daneben, ich konnte mich noch an alles vom Frühling her erinnern.

»Gut«, nickte er. »Du wirst gehen können. Aber wiederhol morgen alles noch einmal auf dem Weg.«

Ich hatte ihm nicht erzählt, dass ich mit den Kindern von Pupeikis gehen wollte, wir hatten uns allein verabredet. Wie sollte ich alles wiederholen, wenn ich mit ihnen zusammen ging?

Auf dem Schulhof lärmten schon viele Kinder, die einen kannte ich schon vom Sehen her, andere nicht. Die Kinder von Pupeikis ließen mich gleich allein und rannten auseinander, wer weiß wohin. So stand ich schüchtern unter dem Dachvorsprung, mit dem Rücken an der Wand. Die Lehrerin sah mich und kam herbei, sie legte mir ihre Hand auf die Schulter: »Bist also gekommen, Granauskas?«

Ich nickte. Ohne die Hand von meiner Schulter zu nehmen, drehte sie sich um und schaute im Hof umher, dann rief sie: »Alle Erstklässler bitte zur mir! Erstklässler! Alle Erstklässler hierher!«

Nachdem sie unseren kleinen Haufen versammelt hatte, führte sie uns in die Klasse. Dort stand ihr hoch gewachsener, magerer Mann am Tisch, und mir ging auf, warum sie beide wohl so dünn waren: Sie waren doch auch fremd hier im Dorf, hatten kein eigenes Land und keine Verwandten.

Die Schule – das waren zwei große Räume, in ihnen standen je zwei Reihen schwarzer Bänke, die hintereinander angeordnet waren. In einem Raum saßen die Erst- und Drittklässler, im anderen die Zweit- und Viertklässler. In den ersten Bänken nestelten die Mädchen, die Jungen lärmten hinter ihnen, und als die Lehrerin mich etwa in der Mitte hinsetzte, konnte ich wegen der Zöpfe und Köpfe der Mädchen vor mir nicht die Tafel sehen.

»Das wird nichts!«, sagte die Lehrerin und ließ alle Mädchen um eine Bank weiter nach hinten rücken. Es kam Unruhe auf, die Bänke wurden zurückgeklappt, mich führte die Lehrerin aber nach vorn und befahl mich in die erste Bank direkt ihrem Tisch gegenüber. Ich blieb jedoch stehen mit gesenktem Kopf und brannte vor Scham. Warum muss ich vor diesen Frauenzimmern sitzen und dann noch direkt am Tisch der Lehrerin? Und außerdem auch noch ganz allein?

»Das wird nichts!«, sagte die Lehrerin wieder, ich fühlte aber, dass ich der Klasse überhaupt nicht Leid tat; sie schauten nur zu, womit das alles wohl enden würde. »Pupeikis, komm her!«

Der kleine Pupeikis kam heran.

»Wer von euch will am Fenster sitzen?«

»Ich! Ich!«, und der kleine Pupeikis schlüpfte flink in die Bank.

Was soll's, auch am Rand zu sitzen, ist gut. Dafür würde ich nach dem Klingeln immer als Erster hinauslaufen können. Als es klingelte, lief ich aber vor lauter Schüchternheit nirgends raus, ich wartete, bis die anderen draußen waren, und der kleine Pupeikis musste mich aus der Bank hinausschubsen: »Steh schon auf! Willst du hier sitzen bleiben wie hingeschissen?«

Auf dem Schulhof versuchte ich mich an ihn zu halten. Wie dem auch sei, er musste jetzt doch mein bester Freund werden, aber er sprang wie ein Hase gleich davon, zu seinen Brüdern hinüber. Ich lief hinterher. In diesem Haufen waren auch noch andere Jungen, die ich nicht kannte. Plötzlich spürte ich einen festen Griff an meinem Jackenkragen. Ich wand mich hin und her und drehte den Kopf, dann sah ich das wütende Gesicht von Žygimantas hinter mir: »Gib sie zurück!«, rief er und riss nun vorne am Kragen. »Das ist meine Jacke!« Und die Pupeikiskinder standen alle um uns herum, sie lachten und keiner trat für mich ein. Aber von irgendwoher tauchte plötzlich die Lehrerin auf und packte den Sohn am Ohr: »Fass ihn ja nicht noch einmal an!«

So am Ohr gepackt, führte sie Žygimantas über den ganzen Schulhof fort, dann ging es in die Veranda, schließlich in ihr Zimmer. In der nächsten Pause sah ich ihn nirgends auf dem Schulhof und dachte naiv, dass damit auch alles erledigt sei, und meine große Schande hatte ich während der Zeichenstunde für kurze Zeit fast ganz vergessen. Das Ohr sollte dem Žygimantas weh tun, ganz gehörig weh tun, und blamiert hatte er sich nicht viel weniger als ich.

Also stand es jetzt eins zu eins, und wenn man so darüber nachdachte, gab es für ihn ja wirklich keinen Grund mehr, mich noch einmal anzugreifen. Wenn die Lehrerin nicht gekommen wäre, hätte er mich wohl verprügelt. Prügeln konnte ich mich aber überhaupt nicht, und ich wusste auch nicht, wo ich darüber hätte etwas nachlesen können. Es wird oft geschrieben, dass die Leute sich prügeln; aber wie sie das alle gelernt haben, das kann man nirgends lesen.

In der langen Pause führte die Lehrerin uns Erstklässler unter einen Baum, stellte uns in einen geschlossenen Kreis mit den Gesichtern zur Mitte und brachte uns so ein Spiel bei – den Ring verteilen. Zwei Kinder gingen in der Mitte des Kreises umher, wir übrigen streckten die geschlossenen Handflächen nach vorne. Eines der beiden musste den „Ring" stecken – einen halben Radiergummi, und das andere musste raten, zwischen wessen Handflächen der „Ring" nun steckte.

»Buntgescheckter Hütehund, schnüffel nach dem Ringelein!«

Nachdem sich die Lehrerin vergewissert hatte, dass wir das Spiel verstanden hatten, ging sie anderswohin. Das Spiel gefiel uns so gut, dass wir nichts mehr anderes sahen und hörten. Plötzlich spürte ich, dass etwas mit meinem Rücken nicht in Ordnung war. Ich drehte mich um, und hinter mir stand wieder wutentbrannt Žygimantas. Er warf mir einen Flicken zu, den er aus meiner Jacke herausgeschnitten hatte: »Da! Jetzt kannst du sie tragen!«

Die Kinder standen bestürzt da und rührten sich nicht einmal, als Žygimantas sich schon ein ganzes Stück entfernt hatte: Was würde jetzt wohl passieren? Es passierte gar nichts. Ich hob den Flicken auf und rannte brüllend vom Schulhof fort auf die Straße. Wie lange lief ich wohl, wie laut und herzzerreißend weinte ich beim Laufen! Die Frauen in den Gärten hatten ihre Köpfe erhoben und konnten nicht verstehen, welches Unglück denn dem Flüchtlingskind widerfahren war.

Zwei Tage lang ging ich nicht zur Schule, und keine Macht der Welt hätte mich dazu zwingen können, obwohl die Mutter den Flicken wieder ganz wunderbar in meine Jacke eingenäht hatte. Am dritten Tag kam die Lehrerin selbst zu uns ins Haus, und ich musste gehen. Sie versuchte, mich auf dem ganzen Weg zu beruhigen und hielt mich an der Hand, aber es wäre besser gewesen, sie hätte das nicht getan.

Die Erinnerungslinie, die in meinem Kopf durch die Grundschulzeit läuft, hat sich in kleine Punkte und undeutliche Striche aufgelöst: Vielleicht, weil ich diese Schule nicht allzu lange besuchte und sie spielend und ohne jegliche Mühe hinter mich brachte, vielleicht aber auch deshalb, weil alles Übrige von diesem ersten Schultag überdeckt und erdrückt wurde, von diesem Flicken, den der Žygimantas aus meiner Jacke herausgeschnitten hatte. Ich saß nämlich nicht lang mit dem kleinen Pupeikis in der ersten Bank am Fenster, vielleicht zwei Wochen.

Eines Tages sagte die Lehrerin: »Nimm dein Heft und geh in die zweite Klasse.«

Und die zweite Klasse, das war bloß der andere Raum der Schule: Dort gab es ebenfalls zwei Reihen von Bänken; zwischen ihnen spazierte der hagere Vater von Žygimantas umher. Ich blieb an der Tür stehen, schaute ihm in die Augen und sagte ganz laut »Guten Morgen«, obwohl ich ihn an diesem Tag schon auf dem Schulhof begrüßt hatte. Die Klasse wurde still, nur ganz am Ende der Bankreihe, dort wo die Viertklässler saßen, war das böse Schnauben von Žygimantas zu hören, und ich spürte plötzlich, dass ich gar nicht mehr in die zweite Klasse wollte.

Aber ich musste mich setzen, und zwar wieder ans Fenster und wieder direkt vor den Lehrertisch. Schon in der ersten Klasse war ich der Kleinste gewesen, aber wie ich nun zwischen den Zweit- und Viertklässlern wohl aussehen mochte, daran wollte ich gar nicht erst denken. Auch in der zweiten Klasse saß ich nicht einmal bis Weihnachten. Eines Morgens sagte der Lehrer: »Nimm dein Heft und geh in die dritte Klasse.«

Und wieder blieb ich in der Tür stehen und sagte: »Guten Morgen.« Und wieder wurde ich in die allererste Bank gesetzt, aber diesmal nicht vor den Lehrertisch; und hier schnaubte auch niemand mehr in sämtlichen Stunden böse hinter meinem Rücken.

Im nächsten Schuljahr, als ich wieder in dem anderen Schulraum saß, gab es Žygimantas nicht mehr; man hatte ihn nach Kretinga in die weiterführende Schule gebracht. In diesem meinem zweiten Schuljahr hätte man mich vielleicht wieder, wie im letzten Jahr, von einer Klasse in die andere geschickt, aber in der Grundschule gab es ja weder eine fünfte noch eine sechste Klasse; so musste ich denn bis zum Frühling in derselben Klasse bleiben.

Im Herbst, als man wieder in die Schule musste – die Schule war jetzt weiter weg, im fünf Kilometer entfernten Städtchen – tauchten lauter Dinge auf, die ich vorher nicht wusste: Es hieß, dass ich nur mit der Jacke bekleidet allein nicht so weit durch die Schneestürme laufen könne, es sei denn, ich wollte mein eigenes Grab schaufeln; dass meine Beine noch so kurz seien, sodass ich morgens kaum durch die Schneewehen waten könne; dass ich klein und krumm sei wie eine getrocknete Kröte; dass ich in den zwei Jahren nicht gescheit gewachsen sei – nicht einmal einen Finger breit, dass ich ganz schwarz im Gesicht aussähe und blaue Ringe unter den Augen hätte, wie mit Blaubeersaft gemalt. Deshalb musste ich mich in diesem Jahr mit der Bücherei und den dort entliehenen Büchern begnügen, im Eckchen meines Bettes kauern, mit einem Buch vor der Nase. Und jeden Tag träumte ich davon, wie gut es doch wäre, wenn ich im nächsten Jahr wenigstens ein kleines Stückchen wachsen würde.

Ich könnte mich jetzt wohl an nichts mehr aus diesem Winter erinnern, wenn man damals nicht damit begonnen hätte, die Menschen im Dorf in die Kolchose einzuschreiben. Obwohl wir nichts hatten, weder Land, noch ein Haus, noch Tiere, nicht einmal eine Laus besaßen wir, schrieben wir uns als Erste ein, damit nicht alle möglichen Agitatoren zu uns kämen, um uns zu befragen und uns auszuhorchen. Ich sah, wie der Buckel des Stiefvaters noch krummer wurde und wie seine Augen immer wieder seitwärts schielten: Ständig verletzte er sich beim Schaben und Schnitzen die Hände.

Ich habe weder die Versammlungen, in denen die Leute eingeschrieben wurden, noch die Agitatoren gesehen. Alle guten Landwirte – die Hälfte des Dorfs – hatten schon „Litauen, auf Wiedersehen" gesungen, und es gab bald nichts mehr zu agitieren. Auch Rimkienė hatte ja ihr Land, Dūlis und alles, was sie hatte, verlassen und war nach Klaipėda fortgelaufen, aber vielleicht auch gar nicht nach Klaipėda; wir wurden ja aus diesem Brief ohne Absender nicht schlau.

Eines Morgens kamen zwei Wagen in den Hof gefahren. Sie waren voll geladen mit Brettern, die man an irgendeiner Scheune abgemacht hatte. Hinter diesen Wagen gingen vier Männer aus dem Dorf; sie hatten Äxte und Sägen bei sich. In dem großen Stall von Rimkienė sollte jetzt die Schweinefarm der Kolchose untergebracht werden, die Schweine waren aber noch nicht da. Der Vorsitzende der Kolchose, Kareiva, kam zu uns herein: »Wenn ihr irgendetwas in den anderen Räumen aufbewahrt, dann müsst ihr noch heute alles frei machen, wischen und trocken machen! Morgen werden da Leute einziehen!« Er spulte alles runter und ging hinaus.

»Nu, nu«, staunte die Mutter. »Was werden das wohl für Herrschaften sein, die da kommen? Bring das Fässchen in den Vorraum raus!«

Am nächsten Tag zogen die Kupriai ein: ein Mann, eine Frau und deren Tochter, ein Frauenzimmer von vielleicht fünfundzwanzig Jahren. Die ganze Habe der Kupriai passte gut in einen Einspänner, wie die unsere, als wir flüchteten; sie saßen auf dieser ihrer Habe wie die Krähen im Wind, sie sahen irgendwie zerlumpt und struppig aus. Sie gingen ein paar Mal zwischen Wagen und Haus hin und her, und schon hatten sie ihre ganze Habe in die Zimmer von Rimkienė gebracht. Die Tochter schien schon den Bauch nach vorn zu strecken und watschelte beim Gehen wie eine Ente.

»Ich werde nicht als Erste zu denen hingehen!«, schüttelte Mutter den Kopf. »Wir wohnen doch schon länger hier!«

Sie polterten und klopften recht lange da drüben; dann begann es allmählich zu dämmern.

»Schau dir das mal an!«, klatschte die Mutter am Fenster die Hände zusammen. »Der Alte, dieser Saukerl, geht doch nicht einmal aufs Häuschen! Schau, da scheißt er doch tatsächlich mitten in den Garten, fast direkt unter unsere Fenster!« Der Stiefvater stand von seinem Klotz auf und ging hinaus. »Nachbar, Nachbar! Wie können wir mit euch zusammenleben, wenn ihr uns unter die Fenster scheißt? Wozu gibt es denn das Häuschen! Hast du denn überhaupt kein Schamgefühl?«

»Was für ein Häuschen?«, antwortete Kuprys beim Drücken. »Man muss doch den Boden düngen! Im Frühling wird dieser Garten uns gehören!«

Und über deren Tochter Verė sagte die Mutter: »Ich seh', dass sie schon mehrere Kinder geboren hat, wo sind denn bloß all die Kinder?«

»Bewahr uns Gott, womöglich bringt sie die später alle hierher!«, erschrak der Vater. »Werden dann hier die Nächte durch schreien und wimmern!«

Auch ich erschrak, aber niemand brachte irgendwelche kleinen Kinder ins Haus. Dafür brachte man zwanzig Schweine, vielleicht auch mehr; man trieb sie in die Pferche und nagelte diese fest zu. Sie brachten auch noch zwei Wagen voll von muffiger Spreu und kippten sie an der Wand aus, neben der Tür des großen Stalls. Außerdem kamen noch ein paar Fuhren Birkenholz; von der Kolchose war eine Handvoll Männer abkommandiert, die dieses Holz sägten, hackten und auf einen großen Haufen im Hof warfen; am nächsten Tag fiel Schnee darüber. Nun verbrannten die Kupriai dieses nasse Holz in der ehemaligen Molkerei unter den großen Kesseln, sie schmorten die Spreu. Aus dem Stall war aber das Quieken der hungrigen Schweine zu hören; sie quiekten Tag und Nacht, und keiner konnte sich daran gewöhnen, am wenigsten die Mutter. Kaum war sie auf den Hof gegangen, da kam sie auch schon wieder zurück und hielt sich fest die Ohren zu. Wir beide, der Stiefvater und ich, hielten uns noch männlich tapfer.

Eines Morgens schleiften alle drei Kupriai ein totes Schwein aus dem Stall; sie hatten ihm ein Seil ums Bein gebunden. Sie ließen das Schwein gleich an der Stallecke liegen. Am nächsten Morgen war das nächste dran. Wie Schweine sahen sie aber, ehrlich gesagt, kaum aus: Sie waren so dünn wie ein Brett, alle ihre Borsten standen hoch, und ihre Rücken waren gezackt wie eine Säge. Aber an die Stelle derer, die sich tot gequiekt hatten, brachte man neue, ich glaube, vier im Ganzen. Und an der Ecke des Stalls machte sich von morgens bis abends eine riesige Schar von Krähen zu schaffen. So lebten wir denn auch in diesem Winter: über dem Kopf – eine schwarze Wolke von Krähen, ringsherum – das Quieken der Schweine und unter den Fenstern – die Scheiße der Kupriai.

Zum Frühling hin kam Verė nieder; nun kam zu allem anderen noch das Schreien des Säuglings hinter der Wand hinzu. Sie gingen oft für lange Zeit in den Schweinestall fort, und das arme Wurm blieb alleine; die Mutter rannte dann im Zimmer herum mit vom Wahnsinn gezeichneten Augen, dann ließ sie sich quer auf das Bett fallen, steckte den Kopf unter das Kopfkissen, aber auch das schien nicht zu helfen. Und an Lesen war nicht zu denken.

Der Frühling war gekommen, es gab keinen Schnee mehr, und in dem Apfelbaum auf dem Hof zwitscherte schon der Star, ganz schwarz-blau, wie einst die noch nicht abgeschnittenen Haare von Judita in der Bücherei gewesen waren. Aber nach der Rückkehr der Zugvögel wird es oft noch einmal ganz kalt. So war es auch diesmal. Eines Tages schneite es zwei Finger dick, aber dann schien wieder die Sonne: Sie war stechend und blendete sehr, wenn ihre Strahlen auf diese großen weißen Flächen fielen. Schon mehrere Tage gab es für die Schweine nicht einmal mehr Spreu. Jetzt machten sich die Kupriai am Brunnen zu schaffen, der Alte schöpfte das eisige Wasser, und die zwei Frauen schleppten es eimerweise zu den Schweinen und füllten es in die Tröge, aber die Schweine quiekten noch fürchterlicher. Das Schreien des Säuglings hinter der Wand war aber noch unerträglicher als das Quieken der Schweine. Wir hörten aber, dass er an diesem Morgen irgendwie anders schrie als sonst: schon röchelnd, als drückte eine Hand seinen zarten Hals zu und ließe dann wieder ab. Meine Mutter hielt es nicht mehr aus. Sie öffnete die Tür aus unserem Zimmer in das ihrige, wir hatten sie noch nicht vernagelt. Ich lief natürlich hinter ihr her, denn ich war noch nie dort gewesen. Der Säugling lag auf seinen grauen Lumpenwindeln unweit der Tür quer über dem Bett, und die Tür zum Vorraum stand sperrangelweit auf; die Tür, die aus dem Vorraum nach draußen führte, ebenfalls. Durch die beiden offenen Türen sah man, wie der weiße Schnee auf dem Hof leuchtete. Da die Mutter sich über den Säugling gebeugt hatte und ich hinter ihr stand, konnte ich nicht sehen, wie das schreiende Bündel aussah.

»Sieh mal einer an, wie die ihre Kinder bettet!«, richtete sich die Mutter voller Abscheu auf, nachdem sie den Säugling mit irgend einem Lumpen aus dem Bett zugedeckt hatte. Aber auf der Türschwelle tauchte plötzlich Verė auf und begann gleich ganz fürchterlich zu schreien: »Was machst du dir an meinem Kind zu schaffen, du alte Schlange, was hast du hier zu suchen? Was schleichst du durch unser Haus? Wolltest wohl was klauen!«

Aber was hätte man da schon klauen können, etwa die vollgeschissenen Lumpen? Die Mutter winkte mit der Hand ab und lief auf unsere Seite, und ich hinterher.

»Schweig!«, fauchte der Stiefvater. »Schweig, und sag es niemandem, halt dich niedriger als das Gras! Das geht uns nichts an!«

Damals konnte ich die Hysterie, die meine Mutter nun überkam, noch nicht als solche erkennen. Schließlich hörte die Mutter auf, in ihrem Bett zu toben, und wurde ruhiger. Der Stiefvater sagte, ich solle die Jacke anziehen und nach draußen gehen: »Siehst du denn nicht, was für ein schöner Tag draußen ist, die Mutter braucht jetzt Ruhe.«

Ich ging denn auch. Zum Brunnen kam nun auf seinen kurzen Beinchen in den Schaftstiefeln Kareiva gleichsam angerollt, und Kuprys sagte, dass die Schweine schon seit drei Tagen gar nichts mehr bekommen hätten. Kareiva rollte zum Stall, öffnete die Tür, dann die andere Tür, hinter der Rimkienės Kuh gestanden hatte, dann die dritte Tür und sah dort Dūlis. »Wem gehört denn dieser Esel?«

»Der Kolchose, wem denn sonst? Valtas füttert ihn jetzt.«

»Die Kehle durchschneiden und den Schweinen verfüttern!«

Kuprys legte ein liebenswürdiges Lächeln auf: »Lieber Vorsitzender, und werde ich wohl einen Schinken für uns nehmen dürfen?«

»Kannst du. Nur das Fell zieh anständig ab, ich werde es brauchen können.«

»Geht in Ordnung, lieber Vorsitzender!«

Ich wollte schon laufen und es dem Stiefvater erzählen, aber es hätte sein können, dass er mich dann nicht mehr nach draußen ließe, dann könnte ich nicht sehen, wie Dūlis geschlachtet wird. Ganz am anderen Ende der Stallungen, fast schon an der Rampe zur Scheune, war der Wagenschuppen. Dort hing noch das Geschirr von Dūlis, Zaumzeug und Leinen, nur der Wagen war nicht mehr da. An der Wand hingen noch zwei Sensen, mit einer von ihnen hatte der Stiefvater im letzten Sommer am Hang noch das Heu für Dūlis gemäht. Diese Sense hängte Kuprys ab und versuchte nun das Sensenblatt vom Stiel zu lösen. Ich stand in der Tür und schaute zu. Kuprys warf mir gelegentlich einen Blick zu, sagte aber nichts. Er nahm das Zaumzeug und die Leinen und ging zu der Tür, hinter der Dūlis stand.

»Und was suchst du denn hier?«, schrie er mich plötzlich an, als ich ihm wieder einfiel, und stampfte sogar mit dem Fuß in den Schnee. »Ab ins Haus, schnell, ich will dich hier auf dem Hof nicht noch einmal sehen!«

Ich zischte ab, aber natürlich nicht ins Haus. Die Wände des Wagenschuppens waren aus Fichtenbrettern gezimmert, wie die der Scheune, und in diesen Brettern gab es viele große Astlöcher. Durch eins von ihnen schaute ich zu, nur von der anderen Seite, versteht sich. In der Tür erschienen sowohl Kuprys als auch Dūlis. Kuprys führte das Pferd in die Mitte des Wagenschuppens, direkt unter den Balken, wo die Sense, die Kuprys vom Stiel gelöst hatte, in der Erde steckte. Dūlis hatte das Zaumzeug um und daran war ein Ende der Leine befestigt. Die Leinen selbst hielt Kuprys ordentlich in Schlaufen um den Arm gelegt in der anderen Hand. Diese Schlaufen warf Kuprys über den Balken und zog die Leine nun nach unten; auf diese Weise zog er den Kopf von Dūlis hoch. Kuprys trat auf das Seil und hielt es mit dem Fuß fest, und Dūlis konnte seinen Kopf nicht mehr herunterlassen. Nun zog Kuprys das Sensblatt aus der Erde, spuckte dreimal über die Schulter aus und zog Dūlis mit der Sense einen langen Strich durch den Hals, so lang, wie die Sense es nur erlaubte. Dūlis wieherte vor Angst, bäumte sich auf und zielte mit seinen Vorderhufen auf den Kopf von Kuprys. Dieser sprang rückwärts nach hinten, ließ dabei die Leine los, sprang dann aus seinen Holzschuhen und stürzte in den Hof; Dūlis hinter ihm her. Mehr konnte ich durch das Astloch nicht sehen, deshalb lief ich um die Ecke des Wagenschuppens. Kuprys machte einen Riesenbuckel und lief am Brunnen vorbei, geradewegs ins Haus, und Dūlis suchte, ihn einzuholen: Er sprang mit den beiden Vorderbeinen in kleinen Schritten vorwärts, als sei er an den Beinen gefesselt. In zwei großen Strömen ergoss sich das Blut aus dem Schlund des Pferdes und spritzte in beide Richtungen; die Sprünge von Dūlis wurden immer kürzer. In Fahrt, wie er war, brach Kuprys mit seinen Schultern die Tür des Vorraums ein und stürzte zusammen mit ihr nach innen, und Dūlis fiel auf dem Stein der Türschwelle in die Knie und kippte dann langsam zur Seite. Der Neuschnee leuchtete blendend, und da sah ich zum letzten Mal, wie unvergesslich schrecklich Rot auf Weiß aussieht.

Jurga Ivanauskaitė
Wie man die Angst nährt

Camille spannte ihren gesamten Körper an, als die beiden sich über sie beugten. Gleich würde sie zum Klingen kommen – traurig und anhaltend wie eine Saite, man hätte sie bloß zu berühren brauchen.

»Sie schläft fest, sag ich dir, wir brauchen nirgends hinzugehen«, flüsterte eilig der Mann.

»Was redest du da«, widersprach Camilles Mutter, »das kann ich nicht. Ich werde es nie vergessen, wie sie damals wach geworden ist. Weißt du nicht mehr, wie sie im Bett saß und uns anschaute, mit weit aufgerissenen Augen und voller Schrecken? Zu allem Überfluss war auch noch unsere Bettdecke abgerutscht.«

»Ich sage dir, sie hat nichts verstanden. Und überhaupt konnte sie ja im Dunkeln gar nichts sehen. Du stellst es dir nur vor, wie ihre Augen damals aussahen, sehen konntest du es gar nicht, ob sie nun weit aufgerissen und voller Schrecken waren oder geschlossen oder was.«

Als Camille sich daran erinnerte, überkam sie ein Schauder. Es schien ihr, dass ihr ganzer Körper wirklich zu klingen begann, wie die Tassen und Gläser in Großmutters geschnitztem, wurmstichigen Büfett, wenn gerade ein Zug vorbeidonnerte. Camille erschrak bei dem Gedanken, die beiden könnten ihr trauriges und ängstliches Klingen hören und beschließen dazubleiben. Sie fürchtete sich maßlos, alleine zu sein, aber noch mehr fürchtete sie sich davor, wie damals aufzuwachen, als sei sie absichtlich geweckt worden durch eine zärtliche, aber gebieterische Berührung ihrer Wange. Damals hatte sie sich in ihrem Bett aufgesetzt, die Augen hatten sich im Handumdrehen an die Dunkelheit gewöhnt, Hitze und Kälte waren in Wellen durch ihren Körper geströmt, bis schließlich eine wahnwitzige Erstarrung sie gelähmt hatte. Camille hatte die Mutter und den Mann angestarrt. Sie hatte sich von dem Anblick losreißen wollen, es aber nicht vermocht, sie hatte hinsehen müssen, so wie sie früher einmal das Aas eines Rehs hatte anschauen müssen, das von Würmern gewimmelt hatte, in eine Wolke aus surrenden Fliegen und Gestank gehüllt und von Krähen umringt gewesen war; sie war beim Pilzesuchen zufällig darauf gestoßen.

Übrigens, dass dies, was sie damals ohne mit der Wimper zu zucken, überströmt vom kalten Schweiß und zitternd angestarrt hatte, ein Reh gewesen war, hatte Camille erst später erfahren, als die Großmutter sie ins warme Bett gebracht und sich dabei mit der Mutter unterhalten hatte. Aber kaum hatte sie damals jene neblige, feuchte Lichtung betreten, hatte sie sich wie eine Märchenprinzessin beim Öffnen einer verbotenen Tür gefühlt; sie erkannte, dass sie schuldig geworden war und schrie fürchterlich, als die Großmutter sie am Ellenbogen gepackt und fortgeschleppt hatte, während die Krähen mit ihrem Geschrei wie scharfe Splitter bis zu den Wipfeln der schwarzen Tannen auffuhren.

Wie an jenem Morgen im Wald, so auch in dieser Nacht, hatte Camille eine magische, fremde Anziehungskraft verspürt, die ihr nicht erlaubt hatte, die Augen zu schließen; diese Anziehungskraft war viel stärker als jene, die einmal im Winter die Zunge von Luka an den von Raureif überzogenen Zaun geschmiedet hatte, stärker auch als jene, welche die Finger von Tomukas, mit denen er in die Steckdose gefasst hatte, ergriffen und nicht mehr losgelassen hatte, während sie seinen blau anlaufenden Körper hin und her zerrte. In jener Nacht hatte die Mutter Camille nicht geschimpft, sie war nur aufgesprungen, hatte sich in die Bettdecke gehüllt und war zu ihr gestürzt, um sie zu küssen und zu liebkosen, wie sie Camille noch nie liebkost hatte, – keuchend, jammernd und schluchzend. Die Mutter hatte damals einen beängstigenden fremden Duft verströmt. Camille hatte nicht geweint.

»Nein, nein«, flüsterte wieder die Mutter, »gehen wir lieber fort von hier.«

»Und wenn sie aufwacht und sieht, dass du nicht da bist? Sie wird sich noch mehr erschrecken, sag ich dir!«

»Nein, nein, sie wird erst morgens aufwachen. Sie hat einen festen Schlaf.«

»Aber damals ist sie doch auch aufgewacht!«

»Damals haben wir sie geweckt. Gehen wir. Sie wird erst morgens aufwachen, zu dieser Zeit bin ich in der Regel schon auf und davon zur Arbeit.«

»Du könntest sie im Flur oder in der Küche schlafen lassen, wenn ich komme. Das Bett hinüberzutragen, würde ich dir helfen, sag ich dir.«

»Nein, nein, was redest du da! Nicht nach dem, was damals passiert ist. Die Kleine hat mich danach ein paar Tage lang so angeschaut, dass ich nicht wusste, wo ich bleiben sollte. Nein, nein, ich kann nicht« – im Geflüster der Mutter quietschten manche Laute so, als würde man mit dem Radiergummi über Glas fahren.

»So klein ist sie ja nicht mehr mit ihren acht Jahren.«

Die Mutter beugte sich ganz nah zu Camille herab. Sie seufzte tief und umgab das Gesicht der Tochter mit einem warmen, unangenehmen Duft von saurem Wein, Rauch und Medizin, die sie auf Zuckerstückchen zu träufeln pflegte. Der Mann gesellte sich dazu, er stank regelrecht nach etwas Ranzigem und Übelkeit Erregendem – ähnlich wie es aus der Schulküche roch. Camille beschloss, dass sie immer Pfefferminztabletten lutschen, Kaugummi kauen oder beim Sprechen mit Kindern sich den Mund zuhalten werde, wenn sie erwachsen sein wird; sie wollte die Kinder nicht mit dem schrecklichen Mundgeruch der Erwachsenen belästigen. Viele haben nicht mal den leisesten Verdacht, dass sie Mundgeruch haben könnten (die Großmutter roch nach Tulpen, die lange in der Vase gestanden hatten, die Lehrerin wie ein in Möhren gedämpftes Huhn, und der Mundgeruch von Tante Nijolė war fast so schlimm wie der von Hunden) oder sie haben sich an den Mundgeruch gewöhnt, sowohl an den eigenen als auch an den der anderen.

»Nun mach schon, sag ich dir«, murrte ärgerlich der Mann und räkelte sich so, dass alle Gelenke knackten, es hörte sich an, als träte er ausgetrocknetes Schilf nieder.

»Na, gut, gehen wir. Sie schläft wirklich ganz ruhig, die Arme.«

Beide flüsterten etwas Unverständliches, kicherten, die Mutter seufzte kurz, der Mann hustete, und nachdem sie im Flur etwas lautstark umgeworfen hatten, schlossen sie leise die Tür und gingen fort.

Einige Zeit lang lag Camille reglos und horchte forschend in die Stille hinein. Sie fühlte, dass sie in die schwarze harte Lautlosigkeit versank – wie das Messer den Ackerboden teilte, wenn man „Länder" spielte. Plötzlich ertönte die Stille unerträglich laut, Camille stopfte die Finger in die Ohren, tauchte unter die Decke und rollte sich zu einem kleinen Knäuel zusammen. Dort atmete sie tief und schnell, bis sie sich aus ihrem Duft eine kleine schwülwarme Höhle geschaffen hatte, in der sie sich geborgen und gemütlich fühlte, sie schnurrte sogar vor Zufriedenheit. Sie war schon am Einschlafen, kam aber plötzlich wieder zu sich, als sie spürte, dass jemand im Zimmer war. Dieselbe Kraft, die sie zwang, ohne mit der Wimper zu zucken auf geheimnisvolle Dinge zu starren, die Kraft, welche Prinzessinnen vor verbotene Türen treibt, suchte unerbittlich, sie unter der Zudecke hervorzureißen. Camille wollte sich wehren, sie zog und drückte sich noch mehr zusammen, als sei sie aus Knetmasse, und versuchte nun, zu einer kompakten runden Kugel zu werden, sie verspürte dabei sogar ein süßes Wohlgefühl im Bauch. Aber die sichere Gemütlichkeit von vorhin wollte nicht wiederkehren, sie war jetzt von Schwüle umgeben, eine ermüdende Übelkeit erfasste sie. Camille drückte sich noch einmal krampfhaft zusammen, schnellte dann wie ein Stehaufmännchen hoch, warf die Zudecke zur Seite, als wollte sie jemanden damit niederschmettern, und schoss aus dem Bett, schlug aber sogleich auf den Fußboden, weil ihr Fuß sich im Bettlaken verfangen hatte. Während sie der ganzen Länge nach auf dem Teppich lag und den süßlichen Staubgeruch in der Nase spürte, war sie wie gelähmt vor Schreck; sie horchte – der Jemand war verschwunden, aber nicht für lange. Camille sprang auf, rannte zur Wand, auf Zehenspitzen ertastete sie mit hochgestreckten Fingern den Schalter und machte das Licht an; mit einem gellenden Schrei schoss sie in den Flur zum anderen Lichtschalter. Schreiend, wobei sie mit der Handfläche auf ihren Mund klopfte – ganz wie die Indianer, die sie im Fernsehen gesehen hatte –, rannte sie von Raum zu Raum – in Küche, Bad und Toilette – und schaltete überall das Licht ein. Dann kam sie ganz langsam und ruhig zurück in das Zimmer und zog Mutters Morgenmantel an: Er war aus rotem, flaumweichen Stoff und mit goldenen Rändern abgesetzt – wie ein Königsmantel.

Die Ärmel hingen bis zur Erde herab wie bei den Japanerinnen, die auf dem kleinen Bild über dem Spiegel tanzten. Camille durchschritt noch einmal majestätisch das Zimmer, den Flur und die Küche, schaute durch das Fenster auf die leere verregnete Straße, hauchte das Glas an, zeichnete auf dem von ihrem Atem feuchten Fleck ein trauriges Männlein, und kam genauso langsam, die Schleppe hinter sich herziehend, zurück: sie fühlte sich wie eine Königin in diesem hellen Heim, das von Stille und Unbehagen überquoll. Sie schaltete den Fernseher ein. Auf dem Bildschirm rauschten und flimmerten eine Unmenge von Sternchen, es war, als hätte man sich mit den Handflächen kräftig gegen die Augäpfel gehauen. Sie setzte sich vor den Spiegel und sah ein Weinglas, das auf dem Tisch stehen geblieben war, tauchte ihren Finger in den Rotweinrest, steckte ihn dann in den Mund, schnitt eine Grimasse und streckte sich selbst die Zunge raus. Dann neigte sie ihren Kopf zur Seite und schaute ihr Spiegelbild an. Der rote Bademantel sah wirklich königlich aus. Camille hob die Arme hoch, die Ärmel bewegten sich, als seien sie lebendig geworden; sie streichelten die Haut, schlüpften bis zu den Ellenbogen hinunter und legten sich in großen Falten zusammen. In die eine Hand nahm Camille den Reichsapfel der Stille, in die andere das Zepter des Unbehagens und zwinkerte ihrem hell erleuchteten Spiegelbild zu: Es war bleichgesichtig und hatte dünne zerzauste Haare.

»Mein Gesicht ist wie eine Birne«, sagte Camille laut und trotzig, und als ob ihre Mutter ihr widerspräche, wiederholte sie: »Wie eine Birne, wie eine Birne, wie eine Birne... Und die Nase ist wie eine Kartoffel, ja, wie eine Kartoffel, Kartoffel, ich weiß es besser«, schluchzte sie, während sie horchte, wie ihre weinerliche Stimme in der Stille versank wie Wasser im Sand. »Und die Lippen sind wie ein Regenwurm, versuch mir nichts zu erklären, ich habe genau so einen Regenwurm gesehen! Ich bin hässlich wie die Nacht. Hässlich, hässlichhässlichhä...«, wiederholte Camille hartnäckig, aber niemand stritt sich mit ihr.

Flehend schaute sie in ihre Augen: Sie waren groß und braun, Tränen standen darin. »Und die Augen sind wie Pferdebremsen! Sag nichts! Sie sind abscheulich, fliegen brummend herum, und wenn sie sich auf der Hand niederlassen, tut es weh, als hätte Arunėlis die Hand mit einem Stein aus seiner Zwille getroffen.«

Camille schniefte kurz die Nase, mit zwei Fingern zog sie das Unterlid herunter, mit den zwei anderen Fingern zog sie an den Lippen, verzerrte ihr Gesicht zu einer schrecklichen Flutsch; sie schluchzte und wiederholte jetzt nur noch lautlos für sich: »Ich bin hässlich, sehr, sehr, sehr hässlich! Gib zu, ich bin hässlich. Camille ist ganz hässlich. Hässlichhässlichhässliiich, stimmt's, Lemika?« (Lemika hatte sie sich selbst genannt, als sie ganz klein war.)

Camille hatte einmal mitgehört, wie die Mutter beim Rauchen mit Tante Nijolė in der Küche sagte: »Arme Camille, sie hat sich in den Kopf gesetzt, sie sei hässlich! Dabei ist sie doch so eine Feine, ein richtiges Wichtelmännchen! Da musst Du erst mal drauf kommen – hässlich! Sie grämt sich fürchterlich, weißt Du, das zerreißt mir bald das Herz. Als ich so alt war wie sie, habe ich nie darüber nachgedacht.« Camilles Mutter war sehr schön, vor Neujahr fuhr sie die ganze Woche mit Väterchen Frost herum und spielte Schneewittchen. »Ach was«, hatte Tante Nijolė entgegnet, »ich habe mich meine ganze Kindheit hindurch so gequält. Und das Heranwachsen habe ich als richtige Hölle empfunden. Jetzt kommt es einem sogar lächerlich vor...«, sie lachte darauf siegesgewiss, als ob sie im Erwachsenenalter eine Schönheit geworden wäre und sich darüber keine Sorgen mehr zu machen hätte.

Während Camille so unentwegt in den Spiegel starrte, begann ihr Spiegelbild zu flimmern, als ob das Glas sich plötzlich in Wasser verwandelt hätte, in das jemand einen Stein hineingeworfen hatte. Das Mädchen blinzelte mit seinen langen Augenwimpern, kniff die Augenlider ganz fest zusammen, und die Tränen krabbelten wie zwei kleine nasse Käfer die Wangen hinunter. Sie schlug die Augen auf und starrte wieder stumpfsinnig auf ihr Spiegelbild, bis es ihr ganz und gar abstoßend und fremd wurde. »Du musst wissen, es kommt vor, dass Kinder in der Klinik nach der Geburt vertauscht werden«, hatte ihr Dainora immer wieder erklärt. »Sie nehmen die Kinder und vertauschen sie absichtlich. Du Dumme, glaubst es wohl nicht! Vielleicht bist du das Kind einer ganz anderen Mutter. Bist dieser Mutter in Wirklichkeit ganz fremd, ja, ja!« Dainora war wohl wirklich vertauscht worden, denn das eine blaue Auge von ihr schaute normal drein, der Blick des anderen, grünen Auges bewegte sich aber hin und her, suchte, irrte herum, als ob er gehofft hätte, die richtige Mutter zu finden. Camille beschloss, dass auch sie wahrscheinlich vertauscht worden sei, denn ein leibliches Kind würde die Mutter bestimmt nicht alleine lassen. Sie beugte sich ganz nah an den Spiegel heran und suchte forschend nach irgendwelchen Kennzeichen, die ihre Befürchtung bestätigen könnten. Plötzlich schoss es ihr durch den Kopf, dass sie nicht in den Spiegel schaute, sondern in ein Fenster, hinter dem – in genauso einem Zimmer – ein ganz fremdes Mädchen lebte. Lemika? Camille drückte sich mit dem ganzen Gesicht gegen das Glas, als ob sie hinüber dringen wollte. Das Nasenbein begann zu schmerzen und die Zähne gruben sich in die Lippen. Von der anderen Seite her glotzte ein kleines Ungeheuer Camille an: Es hatte eine flache Nase, einen breiten Mund und platt gedrückte Gesichtszüge. Sie seufzte, das kleine Ungeheuer verschwand im Nebel, und Camille lehnte sich zurück. Es flimmerte ihr plötzlich vor den Augen, und über die Stirn, die Nase und das Kinn ergossen sich rote Flecken. – „Camille" – schrieb sie auf die behauchte Stelle. ɘllimɒƆ – las sie und wischte das dumme Spiegelbild ihres Namens ab.

Jetzt zogen die Gegenstände auf dem Toilettentisch Camilles Aufmerksamkeit auf sich: Mit herabhängendem Kopf, wobei sie sich gelegentlich von unten her anschaute, begann Camille die Gegenstände auf dem Toilettentisch zu betrachten: halb leere Parfümfläschchen, hastig fortgeworfene Cremetuben, die lustig verdreht waren, ein Kamm voller Haare, Puder, der sich als rosenfarbener Nebel aus der Schachtel ergossen hatte, Streichhölzer, die mit angespuckter Watte umwickelt waren – beschmiert mit grünen, bläulichen und violetten „Schatten", angekaute Augenbrauenstifte, abgewetzte Lippenstifte, deren Verschlüsse schon lange verloren gegangen waren, hart und schwarz gewordene Zahnbürsten und eine Menge anderer Dinge, die eine ungeheure Lust weckten, sie in die Hand zu nehmen und auszuprobieren.

Camille hatte sie alle mit gesenktem Kopf aufmerksam betrachtet, wobei sie gelegentlich ihr Spiegelbild von unten herauf angeschaut hatte. Nun ergriff sie ein schwarzes Fläschchen, drehte den Verschluss auf und sah einen kleinen abgewetzten Pinsel, mit dem die Mutter feine Linien um die Augen zeichnete. Sie versuchte, es nachzumachen, aber die Linien gerieten dick und unbeholfen wie Schnürsenkel. Ärgerlich warf sie das Fläschchen zur Seite, rieb sich die Augen mit den Fäusten und verschmierte dabei die beißende Farbe zu breiten gräulichen Kreisen, dann packte sie einen Wattebausch und begann, sich mit dieser rosafarbenen Wolke zu pudern. Sie wurde von einer Gier erfasst, als säße sie plötzlich vor ganz vielen Schachteln mit ausländischen Leckereien. Camille schmierte breite grüne Linien unter ihre Augen, blaue auf die Stirn und auf das Kinn, bemalte ihre Backen mit violetten Kreisen, und die Nasenspitze machte sie braun. Ein Gesicht mit ähnlichen Flecken hatte sie mal im Bahnhof gesehen. Diesen Onkel hatten zwei Polizisten, koste es was es wolle, von der Bank aufzuheben versucht; seine Hosen waren nass, und unter seinen Füßen hatte sich eine große Pfütze ausgebreitet, weswegen Camille sich schrecklich geschämt hatte.

Sie seufzte tief und begann sich die Lippen zu schminken. Der Stift brach gleich ab, und Camille schleuderte die leuchtende Hülse in die Gegend und schmierte sich mit dem Farbstift selbst ein; der schmolz sogleich in ihrer Hand, duftete wie Sahneeis. Sie rieb die Farbe in ihre Haut mit einer sinnlosen Hartnäckigkeit, als wolle sie absichtlich eine wunderschöne Zeichnung verderben, indem sie so lange scheuerte, bis das Papier sich in kleine dreckige Stückchen aufzulösen begann und schließlich ein Loch hatte. Camille öffnete ihren Mund, um dieses Loch zu bilden, aber der Mund ähnelte dem durchtrennten Bauch eines Karpfens, weil die bemalte Oberlippe bis zur Nasenspitze reichte und die Unterlippe bis zum Kinn. Wer weiß warum, jedenfalls dachte sie plötzlich daran, wie schön der Karpfen ausgesehen hatte, den sie aus dem Cellophanbeutel in die Freiheit der Badewanne entlassen hatte. Sie schnalzte einige Male mit den Lippen und wunderte sich, wie laut dieses Geräusch in der Stille der Nacht war. Camille fühlte sich plötzlich wie eine Fliege, gefangen in der riesigen Faust der Stille. Sie schaute gegen die Decke und hoffte, der junge Kerl, der oben wohnte und von allen ‚der Metaller‘ genannt wurde, möge durch ihren flehenden Blick geweckt werden und seine wüste Musik anmachen, die knurren, bellen, heulen und mit Ketten rasseln würde, wie der große Wolfshund von Dainora; er würde seine Freunde einladen, und sie würden alle tanzen, mit den Füßen stampfen und schreien wie die Faschisten in den Kriegsfilmen: »Hay, hayy, haayyy!« Der Metaller, der niemals aus seiner schwarzen, nietenbesetzten Lederjacke herauskroch, kam manchmal zu ihrer Mutter, um sich Zigaretten zu leihen. Wenn er Camille im Treppenhaus traf, zwinkerte er ihr freundschaftlich zu, obwohl er drei Stufen auf einmal nahm und auf jedem Treppenabsatz ausspuckte. Aber jetzt war es sogar in seinem Zimmer still.

Camille schaltete das Radio ein, aber anstelle von Musik hörte sie ein schnelles unverständliches Geplapper, das voll von unangenehmen r-Lauten war, wie ein Rosinenbrötchen voller Kerne. Rrrrr – knurrte Camille, drehte am Radio herum und schickte die rote Senderanzeige durch den grünen Zahlenwald mit seinen hellen Rechtecken. Immer wieder jagte sie die Nadel hin und her und hatte Gefallen daran, wie sich ihr die Radiogeräusche fügten und verschwanden, um sich gleich wieder zu erheben, wie kräftiges Gras. Aber auch diese Beschäftigung wurde bald langweilig.

Camille warf einen Blick in den Spiegel, aber gerade da kam irgendjemand – so etwas wie eine Fliege oder wie ein Schmetterling – durch das geschlossene Küchenfenster hereingeflogen und verschwand sofort wieder. Das Mädchen beschloss so zu tun, als hätte es nichts bemerkt, aber sein Herz jagte wild, und die kleine Vertiefung unter den Rippen schmerzte. Mit geschlossenen Augen, damit sie den Jemand nicht im Spiegel sah, holte sie tief Luft und zählte bis zehn, denn sie hatte einmal Tante Nijolė sagen gehört, dass dies beruhigt. Aber Camille spürte den Blick des Jemand so deutlich auf ihrem Hinterkopf, dass sie plötzlich – als hätte sie jemand am Schnürchen gezogen – aufsprang, dabei den Stuhl umwarf und sich umdrehte. Der Jemand hatte etwa die Größe einer Fledermaus und flog in den Flur davon. Camille hielt sich die Augen mit den Händen zu, aber zwischen den Fingern konnte sie immerhin erkennen, dass der Jemand sich auf der Lampe niedergesetzt hatte; dort begann er zu schwingen, und sein unförmiger Schatten war mal auf der linken, mal auf der rechten Wand zu sehen. Sie konnte ihren Blick von diesem Jemand nicht mehr losreißen, und da es ihr klar war, dass sie nicht aufschreien durfte, hielt sie den Mund mit den Handflächen zu und biss sich dabei sehr schmerzhaft in den Daumen. Dann schloss sie die Augen, drückte die Lider bis zur Schmerzgrenze zusammen und schüttelte den Kopf, denn sie hatte im Fernsehen gesehen, dass Prinzen das so machten, wenn sie ihren Augen nicht trauen konnten. Sie öffnete die Augen wieder, der Jemand war von der Lampe abgerutscht und segelte nun in schwarzen Fetzen herum, wie die Reste einer verbrannten Zeitung zwischen dem Rauch und den Funken eines Lagerfeuers.

Nach genauerer Betrachtung erkannte Camille, dass dies Vögel waren mit leuchtenden grünen Augen und raubtierartigen gelben Schnäbeln. Sie schwebten außerordentlich still dahin, selbst die roten Zungen, die in den weit geöffneten Schnäbeln zitterten, gaben nicht den geringsten Laut. Ihr Schweigen war unvergleichlich furchterregender, als wenn sie gekrächzt hätten, obwohl Camille beim Fernsehen an den schaurigsten Stellen der Märchen immer aufsprang, um den Ton abzuschalten. Sie wich rückwärts aus, geriet ins Schwanken, warf dabei den kleinen Tisch um, und die Fläschchen stürzten scheppernd durcheinandner, kullerten los und fielen schließlich zu Boden. Camille streckte ihre Finger aus: Wie ein Ertrinkender den Strohhalm ergreift, versuchte sie diesen Lärm festzuhalten. Aber auch er versank sofort in der Stille – wie in Watte.

Camilles Hände und Füße zitterten, der Bauch schmerzte fürchterlich, aber der Weg zur Toilette führte über den Flur, wo die Lampe voller schwarzer Vögel hing, wie ein Mandelbaum, über den der Frühlingsfrost hinweggegangen war; er wuchs nun von der Decke herab. Die Vögel zappelten, sammelten sich und drückten sich ineinander, bis sie schließlich zu einem schwarzen pulsierenden Kloß verklebt waren und lautlos zu Boden fielen. Als Camille bemerkt hatte, dass dies ein großer schwarzer Kater war, schrie sie auf, aber sie konnte ihre Stimme nicht hören. Der Kater begann sich nun zu räkeln: Behaglich streckte er die Vorderbeine aus, spreizte die weißen Pfoten, ließ die Krallen sehen, schob die Brust vor, warf den Kopf zurück, stellte die Ohren hoch, schloss die Augen und gähnte genüsslich, wobei er seinen mächtig langen Schnurrbart zum Zittern brachte, seine weißen Zähne bloßlegte und die rosafarbene Zunge herausstreckte, von der etwas Spucke heruntering. Diese üppige Behaglichkeit pulsierte plötzlich in seinem Nacken, durchlief den hochgestreckten, runden, glänzenden Rücken, floss die nach hinten gestemmten Hinterbeine hinab, schoss blitzschnell durch den Schwanz und sammelte sich triumphal auf der weißen Schwanzspitze. Für einen Augenblick wurde der Kater stocksteif – glückselig in seiner Anspannung, dann bewegte er sich aber wellenartig wie ein Wimpel aus schwarzem Samt im starken Wind.

Jetzt strich er mit seinen Krallen über den roten Teppich, zog sich zusammen, um dann wie ein gerissenes Gummi pfeifend in das Zimmer zu springen. In der Tür wurde er ungeheuer lang, blies sich auf und verwandelte sich in ein Wesen von der Größe eines Pferdes mit einem Horn auf der Stirn. Camille hatte ein ähnliches Geschöpf in irgendeinem Buch gesehen, nur war es weiß gewesen und hatte zwischen den wundersamsten Blumen gelegen, im Schatten eines Baumes voller Früchte. Das Einhorn im Flur bäumte sich nun auf und ließ seine Vorderbeine durch die Luft sausen; mit dem goldenen Horn kratzte es an der Decke und holte den Putz herunter, aus seinem Maul quoll der Schaum: In allen Regenbogenfarben schillernde Schaumspritzer schwebten durch das Zimmer. Das Einhorn schüttelte den Kopf und ließ dabei seine lange Mähne und den Bart durch die Gegend fliegen, bis diese nebelhaft verschmolzen, ganz so, wie die Flügel des Ventilators eine Fläche bilden, wenn er sich mit der vollen Geschwindigkeit dreht.

Plötzlich sah Camille durch den Nebel, dass es kein Einhorn mehr, sondern eine Frau war. Als ob die Frau Camilles Blick gespürt hätte, hörte sie auf, ihren Kopf zu schütteln; ihre schwarzen Haare fielen bis zur Erde und verdeckten den weißen nackten Körper. Ungeheuer lange schwarze Wimpern bedeckten ihre Augen wie Flügel, und ihre Lippen waren genau so groß und bemalt wie die von Camille. Eine solche Frau hatte Camille im Zimmer des Mannes gesehen, als ihre Mutter sie einmal zu ihm mitgenommen hatte. Das Farbfoto dieser Frau hatte zwischen vielen anderen nackten Frauen gehangen. Vor Unbehagen hatte Camille alle ihre Fingernägel blutig gekaut; die Mutter hatte es erst bemerkt, als sie heimgekommen waren, und hatte sehr geschimpft.

Aus den Augen der Frau kam jetzt grünliches Licht auf Camille zu, und aus dem Mund rötliches; die Frau lächelte und strich sich mit den langen kirschroten Nägeln über das Haar. Bei jeder Berührung wurden diese Haare länger und länger, sie ergossen sich über das Zimmer, schimmernd wie schwarzes Wasser. Überflutet von den schäumenden Strömen, verschwand die Frau völlig und wurde zu einem Wasserfall.

Camille sprang auf das Toilettentischchen; denn die schwarzen Fluten strömten in den Flur, in die Küche, brausten durchs Zimmer, überschwemmten die Möbel. Sie lehnte sich an den Spiegel, der fiel aber herunter, schrie auf – gellend wie ein zu Tode erschrockener Mensch – und zerschellte. Verzaubert von dem Todesschrei des Spiegels, verwandelten sich alle Wässer in schwarze Wiesen, und der Wasserfall verschwand.

Camille dachte an das gelbe Roggenfeld am Haus der Großmutter, in das der Wind ebenmäßige Wellen zeichnete. Dieser schwarze Roggen hier wogte aber in einem unhörbaren Wind und wuchs beständig nach oben. In jeder Ähre waren anstelle der Körner kleine Augen, die Camille anstarrten, sie zuckten dabei nicht einmal mit ihren Grannenwimpern. Der schwarze Roggen strebte nach oben und wurde im Handumdrehen zum Wald – die Bäume darin hatten dicke Stämme, die von schrecklichen Haaren überzogen waren, genauso wie die Arme dieses Mannes.

Im Zimmer wurde es dunkel wie im undurchdringlichen Dschungel. Mit ihren pfeilscharfen Wipfeln durchstießen die Bäume die Decke, schossen durchs Zimmer des ‚Metallers', sausten durch alle übrigen Stockwerke und blieben im Sternenhimmel stecken. Camille sprang vom Tischchen hinunter und kauerte sich in einer Zimmerecke zusammen. Die Bäume verschwanden, nur die Angst blieb. Eine wahnsinnige, nicht zu bändigende Angst, die klein wie eine Fliege durch das geschlossene Küchenfenster hereingeflogen war, dann gewachsen war, sich breit gemacht, das ganze Zimmer überschwemmt und das Haus zum Bersten gebracht hatte. Camille begann, tief und laut zu atmen: Sie atmete Angst ein und atmete eine noch größere aus. Die ganze Stadt schwoll an wie ein riesiges Gummikissen, das man mit Angst vollgeblasen hatte, und Camille atmete immer weiter: Sie sog die Angst ein und blies eine noch größere aus, bis sie sich in einem riesigen schwarzen Schiff von unsagbarer Größe kauernd wiederfand; an den Boden des Schiffes schmiegte sich wie ein Anker die kleine blaue Erdkugel. Der Anker riss plötzlich, und das Angstschiff trug das Mädchen mit irrsinniger Geschwindigkeit fort durch das metallisch tönende All.

Camille sah, wie sie sich von sich selbst entfernte, die Wände des Schiffs aber sich hoben; dann gerieten sie zu gigantischen schwarzen Lippen, die sich schlossen und Camille wie eine kleine Beere zu zerdrücken drohten.

Im Angesicht ihres eigenen Todes sprang Camille mit einem gellenden Schrei durch das geschlossene Fenster und fiel zusammen mit dem Fensterglas auf den Betonboden des Balkons. Für eine gewisse Zeit verschwand alles – der Jemand, die Angst, Camille und die ganze Welt.

Als sie die Augen wieder öffnete, sah sie das Himmelsrot und die blendende Kugel der Morgensonne. Genauso rot und blendend war der Schmerz, der ihren ganzen Körper lähmte. Aber als sie hörte, wie die ängstlichen und schwachbrüstigen Stadtvögel ihr Morgenlied begannen, erinnerte sie sich daran, was ihr Schwester Onutė geraten hatte, wenn es einmal sehr, sehr schmerzte, und begann zu singen:

> *Das Mäuschen wird den süßen Schlaf*
> *In Camilles Bettchen tragen.*
> *Unter dem Bänkchen, unter dem Bettchen*
> *Hüt' dich vor der schwarzen Katz!*
> *Wenn die Katze dich entdeckt,*
> *Löscht sie dein Licht, raubt Camille den Schlaf.*

Renata Šerelytė
Gedichte einer Heizerin

Teure Laimutė! Wie soll ich dir bloß alles erzählen, damit du es verstehst? Meine Gedanken laufen auseinander wie Kreise im Wasser, ich weiß bloß nicht mehr, welchen Stein ich hinein geworfen habe.

Ich werde dir einen Brief schreiben – so wird's am besten sein. Auf diesem vom Kohlenstaub verdreckten Schnee, auf der Mauer mit dem grünen Menschenaffen werde ich schreiben (der Menschenaffe hält einen Basketball in den Händen; ich kann dieses Spiel nicht ausstehen und noch weniger die Sportkommentatoren, die ständig behaupten, dass Basketball eine Religion für das Volk sei), ich werde auf der Tür des Heizwerks schreiben, hinter der ich das Dröhnen des Ofens höre, – wie du weißt, bin ich keine einfache Heizerin, sondern Aufseherin des Heizwerks. Die Öfen werden mit Gas beheizt, ich muss nur die Geräte beobachten, die den Druck anzeigen, und das ist ja um einiges besser, als die Kohlenschaufel zu schwingen. Sei mir nur nicht böse, dass der Brief so dreckig ist, du gehst schließlich in deinem Dorf auch nicht auf dem Parkett spazieren, und wenn du einen gehoben hast, dann lässt du doch sogar die Hühner ins Haus hinein und lässt sie die Krümel vom Tisch picken.

Nun denn, liebe Kindheitsfreundin. Meinst du nicht auch, dass die Kindheit ein Paradies ist, aus dem uns Gott auf Nimmerwiedersehen vertrieben hat? Ich weiß, du wirst sagen, dass man auch im Alter noch Kind sein kann, aber wer wird einen dann wieder aufrichten, wenn man hingefallen ist, wer wird einem die Nase putzen und Bonbons kaufen? Ein altes Kind ist weder schön noch interessant. Wenn man einigermaßen Lebenserfahrung hat, sollte man sich bescheiden und geduldig den Tod erwarten.

Ich glaube, es war gestern, dass ich hier im Heizwerk zwei Neuntklässlerinnen versteckt hatte; sie wollten in Ruhe eine rauchen, aber beim Rauchen haben sie so einen Blödsinn verzapft, dass ich an mich halten musste, sie nicht rauszuschmeißen. Das wäre allerdings unklug gewesen, die Schüler würden mich nicht mehr für eine der Ihren halten, würden mir keine Zigaretten mehr spendieren; diese Gören schwatzten über Männer – ihrer Meinung nach sollte man so viele wie möglich von ihnen durchjubeln, um so lustiger sei's dann im Alter, und dazu hätte man auch noch den Trost, dass das Leben nicht umsonst gewesen war.

Ich schaue auf das Ausgussbecken, das braun geworden ist von dem ständig tropfenden Wasser; ich glaube, auch meine Erinnerungen sind ein wenig verrostet.

Habe ich dir schon mal von diesem Einen erzählt? Das Philologen-Wohnheim war zu meiner Studienzeit ein regelrechtes Babylon (es war im dritten Jahr des nationalen Aufbruchs). Abends musste man etwa um sieben die Zimmertür verschließen, denn man hatte immer damit zu rechnen, dass plötzlich irgendein König der Nacht hereinstürzte. Aber einmal gab es im Waschraum plötzlich heißes Wasser, und ich hatte mich seit drei Wochen nicht richtig gewaschen; also sprang ich los, nachdem ich mir in der Eile ein Nachthemd anstelle eines Handtuchs geschnappt hatte; ich wollte hinkommen, bevor die anderen Wind davon bekämen und sich vor der Dusche eine Schlange bildete. Nun gab es aber nur noch heißes Wasser und kein kaltes mehr. Als ich dann zurückkam, rot und dampfend wie ein gekochter Krebs, fand ich in meinem Zimmer einen nassforschen, selbstgefälligen Kerl vor, der auf mich wartete. Er wollte in meinem Bett schlafen.

Wahrscheinlich hielt er sich für meinen großen Glücksfall, denn ich war, wie du wohl weißt, nie schön: Die Oberschenkel waren zu dick, die Beine zu kurz, die Augen zu schmal (er nannte mich sogar „kitaečka"). Er bereitete dem großen Glück den Weg, indem er alle Bücher vom Tisch fegte – die „Chrestomathie der antiken Philosophie" fiel ihm direkt auf den Fuß – und er zog zwei Dosen ausländisches Bier hervor. Stell dir das nur vor!

Er ging im Morgengrauen fort, nachdem er mein Zimmer eingequalmt und vollgelabert hatte – er drosch Unsinn wie diese Neuntklässlerinnen, über die Madonna und über Bananen, über Markenjeans und über Kunstleder, das nichts taugte. Ich konnte den Gestank kaum los werden, habe die Balkontür bis zum Anschlag aufgerissen; unten blühte rosarot der Quittenbusch, leuchtete die ganze Nacht über, die ganze Nacht über fragte Gott stumm, warum wir so seien, seit unserer Vertreibung aus dem Paradies.

Allmächtiger, was kann ich dir antworten?

Verrostet ist es wirklich, dieses Ausgussbecken, sogar zum Ausspucken ist es zu eklig.

Zur Zeit lese ich, liebe Laima, die „Dämonen" von Dostoevskij. Ich lese nachts, wenn meine Schätzchen hier nicht mehr herumstrolchen – mal, um ein wenig miteinander zu schmusen, mal, um zu rauchen, mal, um ein wenig Stoff zu kiffen. Manchmal stehe ich auf und sehe nach, ob niemand das Heizwerk unsicher macht, vielleicht die Regisseurin des Straßentheaters – ich habe in ihrem Stück so eine gutmütige Hure gespielt –, vielleicht der Pädagogikdozent, ein gestutztes stumpfes Männlein, aber die Dozentenwürde erhöhte ihn mächtig und verlieh ihm die Ausstrahlung eines Makarenko. Überirdische Wesen gibt es im Heizwerk nicht, und selbst wenn welche auftauchen, haben sie ein kürzeres Leben als die Sommerschmetterlinge.

Liebe Laimutė, ich weiß nicht einmal, welche Zeit denn besser war, die frühere oder die jetzige? Damals nannte mich dieser Eine zärtlich »kitaečka«. Was würde er jetzt sagen? Alte Mongolin? Stute von Dschingis Chan? Liebe Laima, ich habe den starken Verdacht, dass das Schicksal sich einen ganz üblen Scherz mit mir erlaubt hat! Eigentlich dachte ich, es habe keinen Sinn für Humor, schließlich ist der Humor solchen ontologischen Erscheinungen in der Regel nicht eigen: Muss ich etwa nur deshalb, weil ich nicht schön bin, weil ich nach dem Studium nicht geheiratet habe, weil ich in der Redaktion keine Arbeit bekam – dem Redakteur gefielen meine Augen nicht –, weil ich mich vor Trauer an die Flasche gewöhnt habe, in diesem Heizwerk versauern, und das nicht mal allein, sondern zusammen mit diesem dämlichen, ständig fluchenden, älteren Bruder des Verwalters, der schlecht hört und die Angewohnheit hat, in die Handfläche zu rotzen und alte politische Kalauer zu erzählen? Ich habe natürlich die „Dämonen", das ist wahr, ich habe das Fläschchen, aber was hilft's?

Wo ist meine gute Fee? Es gibt sie nicht, nur die Direktorin schaut manchmal herein mit ihren Glubschaugen und ihrem Süßholzgeraspel, in der Taille zusammengeschnürt wie eine Sanduhr. So eine wird kein Wunder vollbringen. Selbst wenn sie mich mit ihrem Zauberstab berühren würde (die Direktorin unterrichtet nämlich Geografie und hat den Zeigestock immer bei sich), wenn sie sagen würde »Verwandle dich in eine Frau!«, wüsste ich, dass sie kein Wunder im Sinn hat, sondern den Friseur, den Schönheitssalon und die Stilberatung, bei der festgestellt wird, welcher Saisontyp man ist und welche Farben einem stehen.

Ich weiß es auch so.

Ich bin der ewige Winter, der späte Herbst und der kalte Frühling. Im Sommer ist das Heizwerk nicht in Betrieb. Im Sommer liege ich im verwilderten Schrebergarten in der Nähe von Bezdoniai und bin ein Nichts.

Liebe Laima, wie geht es dir? Entschuldige, dass ich den Scherz mit den Hühnern und dem Trinken gemacht habe. Dir als Lehrerin, die dazu noch Gedichte schreibt, tue ich damit sicher Unrecht. Was machen die Kinder? Wie geht's dem Mann? Ein einziger Mann für's ganze Leben, wie ist das schön! Das erinnert an einen Engel auf dem Friedhof, so einen, der sanft lächelt, während er nach unten auf die Begonien schaut.

Zu unserem Schuljubiläum – zum Hundertjährigen – werde ich wohl kaum kommen können. Ich bin ja weder eine Leuchte noch ein bedeutender Mensch, nicht mal „ein anständiger Bürger", oder, hochgestochener gesagt, nicht einmal „ein nützliches Glied der Gesellschaft". Außerdem quält mich an feuchten Tagen die Radikulitis. Wenn du eine feierliche Rede halten oder Gedichte vortragen solltest, dann erwähne bitte auch die, welche »der Wind in alle Welt verweht hat, wie die bunten Herbstblätter«. Mir wär's dann wohl, denn dann hättest du auch mich erwähnt.

Aber denke bloß nicht, dass ich eine versoffene Schlampe bin! Mein Leben ist wirklich glücklicher als das von diesem Vögelchen, das ich durch die Glasscheibe des Schönheitssalons gesehen habe – sie hielt ihre Finger gerade der Manikürin hin. Sie muss ihrem Mann gefallen und nicht nur ihm alleine, sie muss unbedingt auf die Titelseite einer Zeitschrift kommen, oder wenigstens in die Klatschspalten; sie braucht noch irgendwas, ohne das sie das unglücklichste Wesen in der Welt wäre, wahrscheinlich Spitzenhöschen.

Nachdem ich mir eine Weile die leidende Dame durchs Fenster angeschaut hatte, setzte ich mich auf einen Stein an der Mauer der Peter-und-Pauls-Kirche und nahm ein kleines Schlückchen aus der Flasche. Das sah wohl eine noch junge Obdachlose mit Netzstrümpfen und roten, ausgelatschten hochhackigen Schuhen; jedenfalls kam sie auf mich zu – wahrscheinlich dachte sie, ich sei ein Mann (die von meinem fluchenden Kompagnon im Heizwerk ausgeliehene Jacke hing an mir wie ein Sack und stank nach Knoblauch). Vielleicht wollte sie sich an mich ranmachen, denn von den Fläschchen hatte ich ein paar, und die waren nicht mit irgendeinem Wässerchen zum Mundspülen gefüllt, sondern mit anständigem Selbstgebrannten – wie war sie enttäuscht, als die Wahrheit ans Tageslicht kam!

Aber, was ist das schon für eine Wahrheit, eine Frau zu sein. Ganz etwas anderes ist es, wenn du weißt, dass du durch eine Laune des Schicksals, oder vielleicht durch höhnisches Spiel kein Teil irgendeiner sozialen Gruppe mehr bist, sondern das Universum selbst bist, das die Gruppen verbindet. Soll nur das Dämchen an mir vorbeistolzieren, ohne mich eines Blickes zu würdigen, heiter und mit leuchtenden Augen (vielleicht hat sie das Höschen geschenkt bekommen oder ist in die Zeitschrift geraten) – die Teile bemerken nie den Faden, der sie alle zusammenhält.

Wenn ich dies nicht wüsste, würde ich das Dämchen wohl beneiden. Auch die Direktorin würde ich beneiden und auch dich, liebe Laima. Womöglich würde ich auch die dicke Frau des Verwalters beneiden, weil sie immer die Reste aus der Kantine abstaubt.

Aber, wie du siehst, beneide ich euch nicht.

Und obwohl dieser Brief nie ankommen wird, will ich mich sanft verabschieden, alles Gute wünschen. Ich will mich entschuldigen für das unsaubere Papier, die schlechte Tinte, die Stilfehler. Was soll man da machen, eine Heizerin ist eben keine Dichterin und keine Lehrerin, alle ihre Gedichte werden am Ofen geboren und sterben dort auch. Aber dieser kurze Abschnitt zwischen Geburt und Tod ist herrlich und voll der schönsten Möglichkeiten.

Bitė Vilimaitė
Das Rubensjahr

Drei Frauen kamen auf drei verschiedenen Wegen in das kleine Haus am Wald. Das alte Mütterchen, mit dem sie auf die eine oder die andere Weise verwandt waren, war vor einigen Monaten verstorben. Es war einiges in dem Haus geblieben, Betten, Wäsche; vergessen brannten alle Lichter: in der Veranda, in der Küche, in der Stube. Den Schlüssel hatte man unter einem Stein hinterlassen; und die Erste räumte auf, sobald sie eingetroffen war, und bereitete sogar ein Abendessen zu, während sie auf die anderen wartete. Die zweite kam zu Fuß durch den Wald: Sie war im falschen Bahnhof ausgestiegen und hatte zehn Kilometer mit hochhackigen Schuhen zurückgelegt; sie gab jedoch vor, dass ihr Herzensschmerz so groß gewesen sei, dass sie ihre Füße gar nicht gespürt habe. In ihrem clownartigen Gesicht war kein Tropfen Blut. Sie war Schauspielerin, und jetzt sah sie so aus, als hätte sie sich nur kurz hingesetzt, gleichsam auf ihren Auftritt wartend. Die Dritte kam mit einem Linientaxi auf Umwegen, bleich und verschreckt von der plötzlich eingebrochenen Dunkelheit. Während sie mit dem Fahrer abrechnete, waren die Freundinnen auf die Veranda hinausgegangen, sie lachten, und die Zigaretten qualmten zwischen ihren Fingern wie Sandelholzstäbchen.

Die Frauen waren sehr unterschiedlich, bei ihren Unterhaltungen hörten sie einander wenig zu, fremdes Leid hielten sie gleichsam für die inneren Angelegenheiten fremder Staaten, die sie kühl, neugierig und traurig verfolgten. Die dritte Frau, da sie als Letzte gekommen war, fühlte sich als Gast. Sie packte ihre Handtasche aus und schenkte den Freundinnen je eine Dose Königscreme. So unterschiedlich sie auch waren, gehörten sie dennoch zur selben Art (die Fledermaus ist ja auch ein Säugetier); außerdem verbanden sie die Misserfolge des Lebens. Vor lauter Förmlichkeit taten sie so, als ob es in ihrem Leben keinerlei Ungereimtheiten gäbe: weder ungeborene Erstgeborene noch abgebrochene Studien, weder untreue Männer noch misslungene Debüts auf der Bühne und in der Literatur. Sie saßen am Tisch und plauderten wie junge Mädchen.

»Ich meine, wir sollten auf das Haus verzichten. Es ist dumm, es zu verkaufen und dann das Geld zu teilen. Es soll in eine Hand kommen.«

»Was denn auch. Uns gehört hier nichts. Und dennoch ist es schön! So eine Stille! Und der See so nah. Gehn wir spazieren. Auch wenn es dunkel und der Weg uneben ist; wir fassen einander an.«

Sie gingen hinaus und spazierten still den Weg entlang. Schaut her, wie friedlich das Leben ist! Es war schon Oktober, von der Erde stieg Feuchtigkeit auf wie Kälte vom Hemd eines Ertrunkenen; das Magma des Sees wirkte wie die Oberfläche eines riesigen Topfes. Wo sind die Menschen? Ah, sie machen ihre Arbeit.

Die ehemalige Sängerin klagte plötzlich: »Ich komme mir vor wie die unrechte Schwester, die ihren Fuß in einen fremden Schuh gezwängt hat. Was für ein Schmerz ringsherum.«

»Bleibt nur die Möglichkeit, einander zu trösten«, begann eine andere.

»Ich bin untröstlich«, gab die Sängerin zurück. »Erst jetzt spüre ich, wie meine Füße schmerzen.«

»Stütze dich auf uns, morgen suchen wir ein paar Schuhe vom alten Mütterchen, und du ziehst sie an.«

Der Anflug von Wärme wurde an der Luft sofort zu Eis, ohne die Sängerin erreicht zu haben. Wer hat mich hergetrieben, dachte sie. In diese Wälder, und die Dunkelheit des Sees – wie Rumoren im Zuschauerraum.

Sie kehrten schweigend zurück. Und als sie an einem dunklen Haus vorbeikamen, an dem bis zum Dach Holzstapel aufgeschichtet waren, nahmen sie – ohne sich miteinander abzusprechen – einen Arm voll mit, denn das Holz des seligen Mütterchens ging zur Neige.

Sie verbrachten einige Tage mit Spazierengehen und mit Unterhaltungen, mit Pilzesammeln; es war wunderbares Wetter, sie sammelten allerlei Kräuter für Masken auf ihren verwelkenden Gesichtern. Die kleinen Ausflüge zur Lebensmittelversorgung nach Dukštas endeten stets in einem großen inneren Kampf an der Telegraphenstation – es schien ihnen: Wenn sie anriefen, gingen sie ganz und gar verloren, und wenn sie nicht anriefen, gäbe es für sie nie mehr eine Rettung.

»Ich meine, vielleicht sollten wir in das Haus gehen, über dem die Antenne ragt, zum Fernsehen?«

»Ja, ja, vielleicht gibt es da junge Männer...«

Dort wohnte eine Witwe mit einem achtzehnjährigen Sohn. Er glotzte auf die drei Frauen und bekam den Mund nicht mehr zu. Jede war auf ihre Weise schön: die eine vollbrüstig, die andere blond und die Dritte brünett. Diese lächelte, ähnelte einer Schauspielerin, die andere klimperte geräuschvoll mit den Wimpern, als wären sie Haferhülsen; jene mit den goldenen Ohrringen klapperte mit den Holzsohlen wie seine Mutter. Alle gaben sie was her. Der Junge saß wie an einem Tisch voller Süßigkeiten.

Die Witwe ging früh schlafen, und der Sohn begleitete die Gäste heim. Sie gingen alle vier eingehakt, und es sah aus, als würden nicht mehr ganz junge Frauen ihren Sohn heimführen. Sie machten sich über seine Jugend lustig; er staunte über ihren Zauber, das Sonderbare an ihnen, die Kleider. An der Tür blieb er allein mit der, die am meisten seiner Mutter ähnelte. »Wie gut ist es, nicht auseinanderzugehn«, sagte der Junge.

»Oh, nein! Es ist besser auseinanderzugehn.«

»Wie gut ist es, dich zu sehen.«

»Es ist besser, einander nicht zu sehen«, antwortete die Frau.

Er versuchte, ihr unter ganzem Einsatz seines jungen Verstandes zu folgen; Röte und Schweiß ergossen sich über sein Gesicht, das ein wenig dem eines jungen Tieres ähnelte. Er fühlte sich machtlos vor so viel Erfahrung. Und die Frau verspürte plötzlich eine schreckliche Trauer.

Er verabschiedete sich und lief davon, namenlos, jung, frei.

Drin qualmten die Zigaretten. Leise schlug der Stampfer: Eine der Frauen stampfte Leinsamen. Die andere las ein Buch und lächelte angesichts ihrer Gedanken, angesichts der Gedanken des Buches. Ein Bündel von Lichtstrahlen fiel auf einen kleinen Schemel an der Wand der Veranda; auf diesem pflegte das alte Mütterchen zu sitzen, wenn es die Kuh molk. Jemand hatte ihn hergebracht und ihn mit seinen mistverklebten Beinen hingestellt; er war trocken, irgendwie sauber und sah sogar vergoldet aus. Auf ihm lag ein ungeöffnetes Telegramm.

Bitė Vilimaitė
Alte Frau mit Bündel

Wenn sie aufwachte, sah sie zuerst die zerfetzten Vorhänge. Vom Alter zerschlissen rissen sie, kaum dass man sie berührt hatte. Sie konnte noch von Glück reden, dass der Balkon mit Wein überwuchert war, und wenn man von draußen hereinschaute, war fast nichts zu erkennen, auch die Fetzen nicht. Der Schrank war schief geworden; man durfte ihn nur noch selten öffnen; denn er drohte, ganz auseinanderzufallen. Überall lagen Kleider herum, die locker in den Sessel gefallen waren, und erweckten den Eindruck als sitze dort eine gebrechliche Alte, ihre Freundin oder vielleicht ihre Doppelgängerin. Es fehlte nicht viel, und Vacė hätte sie angesprochen. Schreckliche Einsamkeit drückte sie. Verwandte hatte sie nicht. Den Nachbarn traute sie nicht. Sie hegte den Verdacht, dass sie Vacė in ein Altersheim bringen wollten: Dann würde ihr Zimmerchen versiegelt werden und der unverschämteste von den Nachbarn würde sich erdreisten, das Siegel abzureißen, hineinzugehen und sich die Wohnung einzuverleiben. Vacė verdächtigte alle, es auf ihr Zimmerchen abgesehen zu haben, sogar die Briefträgerin, die ihr die Rente brachte, und die Ärztin, die auf der gleichen Etage wohnte und sie gelegentlich fragte, wie sie sich fühle und ob sie ihr nicht eine Arznei aufschreiben solle.

Als Vacė einmal im Wäldchen von Vilnius spazieren ging, verirrte sie sich und entfernte sich weit von ihrem Zuhause. Sie hatte ihre Adresse vergessen; nun lief sie hin und her und fragte alle Passanten, wohin sie gehen solle. Man brachte sie in ein Krankenhaus, und dort lag sie lange mit völligem Gedächtnisverlust. Als Vacė eines Morgens in das von Wein umrankte Fenster starrte, fiel ihr plötzlich ihr Zimmerchen wieder ein; sie schlug mit dem Teelöffel an ihr Glas, rief alle zusammen und verkündete feierlich ihren Vor- und Familiennamen. Niemand freute sich darüber. Eine grantige Sanitäterin brachte und warf Vacė die Kleider hin. Vacė erinnerte sich sogar an das Geld, das sie ins Jackenfutter eingenäht hatte. Wie eine feine Dame bestellte sie ein Taxi und fuhr nach Hause. Aber was war das? Die Tür ihres Zimmerchens war versiegelt. Sie setzte sich davor und weinte. Die Nachbarn betrachteten sie voller Teilnahme und rieten ihr, mutig reinzugehen; das sei ihr Heim, sie wüssten es und könnten es bezeugen. Aber Vacė traute sich nicht.

Sie ging zum Wohnungsamt, aber dort fand sie niemanden, denn es war schon Abend. Dann fuhr sie ins Zentrum und lief mit ihrem Bündel lange durch die Altstadt. Sie kam auf den Gediminasplatz; dort hatte sie früher gern in Ruhe Tauben gefüttert, aber jetzt war der Platz viel belebter geworden. Die Leute lärmten, alle sammelten sich vor einem hübschen Häuschen, das unmittelbar an der Kathedralwand aufgetaucht war. Aus dem Schornstein kam Rauch. Vacė blieb stehen und schaute auf den kleinen Blumengarten vor der Tür des Häuschens. Die Tür war leicht geöffnet. Dahinter sah man ein Zimmerchen: Es gab eine kleine Kommode, ein Marienbild, ein mit Schaffellen bedecktes Bett. Auf dem saß ein bärtiger Mann. Von so einem Heim konnte der Mensch nur träumen. Die Leute fotografierten und filmten das Häuschen, und niemand beachtete die kleine alte Frau mit dem Bündel, die inbrünstig zu Gott betete, man möge ihr doch ihr Zuhause zurückgeben. Dieses Häuschen war sehr hübsch, aber es war dennoch nicht im Entferntesten mit Vacės Zimmerchen zu vergleichen. Vor dem Häuschen gab es Gedränge. Vacė schien es, jemand wolle mit Macht hinein. Es fanden sich immer welche, die sich Wohnungen einverleiben wollten. Vacė zog sich zurück, Auseinandersetzungen und Streitigkeiten aller Art waren ihr zuwider.

Sie fuhr nach Hause. Es hatte sich nichts geändert; von weitem leuchtete das weiße Papier an der Tür – das Verbot hineinzugehen. Aber Vacė riß es ab, schloss auf und kehrte zu sich zurück. Sie drehte am Lichtschalter. Alles war genauso, wie sie es vor Monaten hinterlassen hatte. Nur der Wein hatte seine Früchte nun heranreifen lassen und kleine schwarze Trauben hingen in der Mitte des Fensters. Vacė zog die Vorhänge zu, vorsichtig – und sie kaum mit den Fingern berührend. Sie schaute sich um. Nach der kargen Umgebung des Krankenhauses schien es hier von allem, vor allem Möbel und Kleider, zu viel zu geben. Im Schaukelstuhl saß ihre Freundin, die Alte; sie hatte inzwischen die gleiche Frisur wie sie selbst: Der kleine Zopf war mit einer Plastiknadel festgesteckt. Sie verlangte zu essen und zu trinken, offenbar war sie ausgehungert in all den Monaten, als Vacė nicht da war. Vacė ging in die Küche, drehte das Gas auf und suchte überall nach Streichhölzern. Wo konnten die hingekommen sein?

Bitė Vilimaitė
Die Zauberin

Wie seltsam war dieses Heim! Eine Holzschnitzerei – eine Hexe auf dem Besen – sollte gleichsam die Frau des Hauses selbst symbolisieren, die eine mystische Kraft für sich in Anspruch nahm, Paare zusammenzubringen und auseinandergehen zu lassen, die Zukunft vorherzusagen oder einfach zu erraten, wie man in dem einen oder anderen Fall vorgehen solle. Ihren besten Freundinnen legte sie sogar die Karten. Sie war eine junge Frau von schlangenartiger Gestalt, die ihren schon zwölfjährigen Sohn alleine aufzog. Die Wände im Zimmer des Jungen hingen voll mit Schmetterlingssammlungen, mit Habichtflügeln und Gehörnen von Rehböcken. Die Mutter hielt ihn für schwächlich und bereitete ihm abends mit theatralischen Gesten Kräuterbäder – beruhigende, reinigende, verschönernde und duftende. Darüber ließ sie sich lange am Telefon aus. Sie arbeitete zuweilen in einer Redaktion, manchmal musste auch sie etwas schreiben, dann lag sie im verdunkelten Zimmer zu Hause auf dem Bett, mit einem weißen Blatt Papier auf der flachen Brust; mit ihren wirren langen Haaren und ihrem leidvollen weißen Gesicht sah sie wie eine Komödiantin aus. Sonst war sie eine kräftige Natur – wenn sie sie selbst war: nüchtern und praktisch, eine ausgesprochene Genießerin, leidenschaftlich und räuberisch. Sie konnte sich einige entscheidende Fehler nicht verzeihen: Warum hatte sie jung geheiratet, warum verlor sie ihren Mann, warum war sie überhaupt geboren. So dachte sie in ihrer kleinen Welt, und schrieb darüber nächtens Gedichte, die übrigens formal durchaus interessant waren.

Eines Abends – draußen war es kalt und schmutzig – kam mit einer riesigen Reisetasche unterm Arm ihre Freundin Isabell.

»Alda, du hast immer gesagt, dass ich in einer schweren Stunde kommen könnte«, sagte sie mutlos und verwirrt.

»Ja! Natürlich!«, rief die Frau des Hauses herzlich. »Du hast deinen Mann verlassen! Du hättest dich schon lange entschließen sollen. Gleich werden wir alles organisieren. Einen Kaffee? Oder vielleicht willst du einen Johanniskrauttee? Ich dichte dir gleich einen Scheidungsantrag für das Gericht. Morgen gehen wir zum Rechtsanwalt.«

»Wie gut du bist«, flüsterte die Freundin dankbar.

»Leg deine Kleider hierher. Oh! Was für ein Parfüm! Und wie schön deine Hemden sind!«

Isabell hängte ihre Kleider in den Schrank, trank etwas Tee, wurde warm und sprach sich aus. Direkt neben ihnen stierte der Junge in den Fernseher; er schaute immer wieder zu seiner Mutter hinüber, als diese mit strenger Stimme darüber dozierte, wie es ihr gelungen war, sich von ihrem Mann die ganze Wohnung zu erkämpfen. Er kannte seinen Vater fast nicht, denn die Mutter hatte ihnen verboten, sich zu sehen.

»Kind«, sagte die Mutter zu ihm, »Isabell wird vorerst bei uns wohnen.«

»Gut«, sagte der Junge.

»Du willst Naturwissenschaftler werden?«, fragte Isabell.

»Ja«.

»Und in Naturkunde hat er eine Drei!«, warf die Mutter ein.

»Zeig mir alles«, sagte Isabell.

Sie spazierte in kleinen Schritten durch das Zimmer wie durch ein Miniaturmuseum; sie schaute dabei jedes Stück an, und der Junge erklärte, wie er die Schmetterlinge gefangen hatte; Isabell staunte, dass es in Litauen solch schöne gab. Über dem Schreibtisch waren auf weißem Hintergrund getrocknete Wildkräuter aufgeklebt.

»Die Phantasie deines Sohnes«, sagte Isabell zu Alda.

»Ach was! Wenn er mal zu erzählen anfängt, läuft ihm

der Mund über wie bei seinem Vater«, winkte diese mit der Hand ab. »Alles vom Vater – der kurze Hals.«

»Was für ein Quatsch«, wurde Isabell böse.

»Wenn du erst eigene hast...«

Die erste Nacht schlief Isabell fest. Sie wachte auf, als der Junge in die Schule ging. In der Küche zischte der Teekessel, es roch nach Nelken. Isabell zog den Vorhang auf, ein Viadukt war zu sehen, es regnete. Hier am Stadtrand begann hinter einigen Häusern schon der Wald, heute Morgen war er wie eine riesige Kompresse auf ihrer Wunde.

Sie frühstückten in der Küche.

»Du hast so ein schönes Gesicht, du musst abnehmen!«, sagte Alda. »Deshalb werde ich dir keine Butter geben, keine Sahne, keinen Zucker, keinen Honig.«

Isabell lachte. Sie aß, was sie wollte.

»Mach, was du willst, aber ich habe zu tun. Die paar Seiten mit der Schreibmaschine verlangen Kraft.«

»Dann beeile ich mich!«, geriet Isabell in Aufregung.

»Nein, macht nichts, gewöhnlich schreibe ich eben samstags, nachdem ich das Kind in die Schule geschickt habe.«

»Weißt du, ich geh einkaufen«, sagte Isabell.

Sie zog sich an und ging hinaus, sie hatte den Schirm vergessen. Was soll man in der Stadt den ganzen Tag tun, wenn man keine Bleibe hat, zu der man zurückkehren könnte? Isabell verstand, dass es für sie in Aldas Wohnung schwierig werden könnte, bis ihr Mann etwas entscheiden würde. Als sie zurückkehrte, öffnete der Junge die Tür, und Alda lag auf dem Sofa – das weiße leere Blatt lag immer noch auf ihrer Brust.

»Hast du so den ganzen Tag verbracht?«, rief Isabell.

»Ja«, sagte Alda, »aber ich habe alles überlegt.«

Zum Abendessen gab es ein Hühnchen mit Möhren. Der Junge richtete seine hellblauen Augen auf Isabell.

»In Arbeitslehre habe ich begonnen, Griffe für Ihr Einkaufsnetz zu schnitzen.«

»Schnitz welche für mich!«, rief Alda.

»Ja, zuerst für die Mutter.«

»Gut«, sagte das Kind, »Mama, würden sie dir in Fischform gefallen?«

»Ja, würde mir gefallen, und jetzt geh in dein Zimmer.«

»Soll er doch noch bleiben«, trat Isabell für den Jungen ein.

Aldas Gesicht verzerrte sich vor Wut.

»Das geht so nicht«, sagte Isabell, »du schreist ihn ständig an.«

»Dein Mann hat angerufen«, sagte Alda plötzlich.

»Und worüber habt ihr gesprochen?«

»Über alles, was ist. Und nun genug von ihm, wenn du willst, dass ich dir helfe.«

Willenlos nickte Isabell.

»Du sollst wissen: Während du in der Stadt herumgeschlendert bist, habe ich den Scheidungsantrag für das Gericht gedichtet.«

Alda setzte sich an ihre alte „Regina", die klapperte, als hätte sie Kunstzähne.

»Seltsam ist die Geschichte der Dinge«, sagte Isabell mit zitternder Stimme. »Wer weiß, welche Rosa im Ministerium irgendwann auf dieser Schreibmaschine geschrieben hat.«

»Überhaupt keine Rosa. Das ist Großvaters Erbe. Da, hör zu…«

Isabell schüttelte den Kopf: »Ich habe heute Abend keine Kraft. Vielleicht legst du mir die Karten?«

»Bitte.«

Beide setzten sich auf das Sofa. Der Kristall, die Dämmerung, die langen Finger voller Ringe hypnotisierten Isabell völlig. Sie saß wie vor einer ganz und gar fremden Frau in irgendeinem Abteil eines Wagens, und Alda warf die Karten umher, ließ sie senkrecht fallen. »Geld, Geld…«, sogar Neid klang aus ihrer Stimme. Isabells leidendes Gesicht war von großer Schönheit.

»Wenn ich so schön wäre!«, sagte plötzlich Alda warmherzig.

Das Telefon klingelte.

»Das ist der Teufel! Ich hebe nicht ab!«

Sie gingen zum Schlafen auseinander, und in dieser Nacht schloss Isabell die Augen nicht. Sehnsucht, Liebe, Zärtlichkeit kamen in ihr auf und machten sie unruhig. Aber sie war willenlos, seit sie in dieses Haus gekommen war.

Am Morgen fuhr Alda fort zu ihrer Mutter nach Baltoji Vokė, um dort das eine oder das andere zu holen. Isabell setzte sich mit dem Jungen hin, um „Wagen" zu spielen. Beide steigerten sich in das Spiel hinein, vor lauter Eifer vergaßen sie den Altersunterschied, verlangten Revanche. Die Karten verschlangen den Sonntag. Alda kam gegen Abend zurück, sie wurde von irgendeinem Verehrer aus Baltoji Vokė begleitet, er brachte sogar den Korb hinauf; äußerlich war es ein schöner Mann, aber seine Augen waren ziemlich grausam. Er ging gleich wieder.

»Was macht ihr da?«, staunte Alda. »Wahrscheinlich ist dir das Kind schrecklich auf den Geist gegangen, Isabell? Ab zum Schlafen, Junge. Obwohl – nein, schau dir noch an, was dir die Großmutter mitgegeben hat.«

Sie räumte den Korb aus. Derart kostbare Geschenke hatte Isabell noch nicht gesehen: ein Fell, ein Glas voll Paradiesäpfelchen, Dolden vom schwarzen Hollunder, geräucherte Ente und ein Säckchen Kümmel!

»Ich würde gern deine Mutter kennenlernen«, sagte Isabell.

Der Junge schlief ein mit dem Fell im Arm. Isabell aß die schwarzen Beeren, sie schmeckten streng; Isabell fühlte sich plötzlich wie ein Vogel und wurde wieder traurig.

»Meine Mutter?«, Alda antwortete nicht sofort. »Sie arbeitet schwer bei der Eisenbahn, aber sie sagt, sie würde mein Hundeleben um keinen Preis haben wollen. Alle meinen, dass ich schrecklich lebe. Das ist nicht wahr, ich bin manchmal auch glücklich.« Sie warf den Kopf zurück und lachte.

Isabell fühlte wieder eine unangenehme Abhängigkeit. Mit schweren Schritten ging sie aus der Küche hinaus und begann, ihr Bett zu richten. Morgen musste sie wieder arbeiten – in einer Werbeagentur. Der kleinste Fehler auf einer Nudelpackung, der einmal einer Kollegin durchgegangen war, ließ sie gleich die Karriereleiter hinaufklettern. Sie saß in einem langen Saal, in dem Zeichner für alle möglichen Dinge, die es auf der Welt nur gab, Embleme entwarfen: für Kissen, für Limonade, für Lampen, für Bücher, für Öfen... Sie liebte diese Arbeit mit Schere und Kleber.

»Die Herbstregen beginnen«, sagte Alda, die ihr gefolgt war. »Vielleicht willst du Alben anschauen?«

Sie ging ein wenig umher, richtete die Vorhänge; plötzlich schaute sie Isabell beunruhigt an.

»Da ist gerade ein Taxi gekommen... Hörst du? Jemand steigt die Treppe hinauf.«

Isabell hob den Kopf, lauschte. Die lebendig gewordenen Schmetterlinge aus der Sammlung des Jungen begannen plötzlich im Zimmer umherzufliegen.

»Allmächtiger, so liebst du ihn? Ich sehe ja plötzlich ganz hell... Ist das wirklich wahr?«

Aber Isabell lief schon zur Tür. Das war die Rettung.

Bitė Vilimaitė
Das Messer und der Handschuh

Die Verwandtschaft redete ihr zu, näher zu ihnen zu ziehen, und die Alte durchreiste ganz Litauen, behängt mit ihren Pelargonien. Sie hatte auch ein bisschen Geld; außerdem konnte sie noch Körbe flechten. Jetzt am Rande der großen Stadt hatte sie sogar eine wichtige Aufgabe – jemand wollte sich auf ihren Namen ein Haus bauen, später vielleicht auch eine Sauna. Der Alten gefiel es an dem neuen Platz nicht. In den ersten Tagen verschwand irgendwo ihr Truthahn, und nicht alle Pflanzen gingen an. Oft saß die Alte am Fenster und schaute in die Richtung, wo ihr früheres Haus geblieben war. Die Gegend war dort recht rau gewesen – nackte Felder, Teiche; hier gab es den See. Es war nicht so einfach, sich an ein so großes Wasser zu gewöhnen; hier wurden die Augen von der Schönheit der Natur müde. Es gab gleichsam keinen Grund zu arbeiten.

Die Alte kam ein wenig zu sich, als ihr jemand ein Messer schenkte, das er eigens für sie in der Stadt ausgesucht hatte, ein schönes, besonders gelungenes Werkzeug. Sie betastete es und sogleich überkam sie die Lust zu arbeiten – sie wollte gehen und Weiden für Körbe schneiden. Bald wurde sie in der Gegend für ihre Körbe berühmt. Sie brauchte die Flechtabeiten nicht einmal auf den Markt zu bringen, die Leute kamen und kauften sie ihr weg. Nach und nach legte die Alte einen Garten an, es fehlte auch nicht an Geflügel auf dem Hof, und am Holzschuppen hatte sie einen Hund angebunden, nicht gerade groß, aber verrückt vor Bosheit.

Nun konnte man leben. Nun wird nichts mehr verschwinden. Die Alte gehörte nicht zu denen, die das Geld für ihre Kinder stapeln. Sie wünschte nicht einmal, dass man ihr die Enkel bringe; die hatten sie enttäuscht – hatten unreife Erbsen abgerissen und junge Möhren ausgerupft. Und der Schwiegertochter hatte die Alte gehörig die Ferien verkürzt. Vielleicht versehentlich, vielleicht aber auch nicht, hatte sie ihr das Essen mit Händen gereicht, die sie soeben aus dem Schweinefraß gezogen und nur kurz an der Schürze abgewischt hatte. Wer hält dergleichen aus?

Einige Jahre gingen vorüber. Ein kleiner Zufall sollte über das Leben der Alten entscheiden. Nur einige Stunden blieben ihr da noch. Die Hühner, die sonst unter dem Ofen glucksten, hockten sich etwas höher auf die Leiter. Wie schwarze Trauerfahnen ließen sich einige Krähen auf dem nächsten Baum nieder. Der Hund rührte sich kaum noch. Das Wetter deutete auf Frühling, es fiel Nassschnee und war unangenehm kalt. Von den Wegen war aber der Schnee schon fort, der Waldrand drohte wie ein schwarzer Schlund, der See war wie mit grünlichen Salzkörnern bestreut, das Eis hielt nicht mehr.

Für die Alte verging der besagte Tag mit diesen und jenen Erledigungen in der Stadt. Auf dem Heimweg schnitt sie im Wald ein paar ihr nützliche Äste ab; ihr nun schon abgegriffenes Messer tat ihr dabei wieder gute Dienste.

Noch gab es keine Krähen in der Pappel, die schwarzen Lappen geglichen hätten, als die Alte auf den Hof schritt. Der Hund, noch voll Leben und sinnloser Bosheit, bellte sie an. Sollte er doch; so ein Hund gefiel ihr gerade.

Flink bereitete die Alte das Essen. Aber als sie den Brotlaib anschneiden musste – ein einfaches Brotmesser war hier nicht tauglich, weil das Brot zu hart geworden war –, vermisste die Alte ihr gutes Messer. Sie musste es verloren haben, als sie die Äste schnitt. Eile war geboten, und die Alte stürmte aus dem Haus, als ob sie ein verirrtes Kind hätte suchen wollen. Die Aufregung trieb sie voran. Das Messer war ein lieber Freund, einer, der nie enttäuschte. Ja, es lag noch auf dem Weg, auf einem schmutzigen Schneeflecken wie auf einem Teller mit abgeschlagenen Rändern. Und es versank sofort in ihrer tiefen Tasche, dort wurde es warm und taute auf wie die eisige Angst im Herzen der Alten.

Die Alte war immerhin achtzig Jahre. Aber sie kehrte glücklich zurück. Die Alte ist wieder auf ihrem Hof. An der Tür steht Paplauskienė und schaut die Alte fassungslos an – so rot ist ihr Gesicht. Paplauskienė geht zu ihr hinein, obwohl sie etwas Angst hat vor der Alten, sie hält sie ein wenig für eine weise Frau und Hexe. Die Alte brummt vor sich hin, die Nachbarin hätte sich doch keine Sorgen machen sollen, es sei gut, im Wald spazieren zu gehen. Dennoch lässt sie sich den Rücken mit Gänsefett einreiben, legt sich hin, und, auf die Ellenbogen gestützt, schaut sie mit ihren kleinen lebhaften Augen durchs Fenster, wie Paplauskienė den aufgeweichten Weg entlangstapft. Plötzlich stößt die Alte mit der Faust ins Kissen – sie hat die Handschuhe nicht zum Trocknen aufgehängt! Sie steht auf, kramt in den Taschen ihrer wattierten Jacke herum. Hier ist der eine. Und der andere ist nicht da; sie muss ihn verloren haben. Ganz rege wird die Alte wieder; sie zieht sich an.

Schicksal, was treibst du für Späße? Die Geschichte kann traurig enden!

Es ist noch hell. Die Alte schlurft durch den Schneebrei; der Handschuh muss von weitem leuchten wie ein Moosbeerstrauch, aber er ist nicht da, einen Kilometer und noch einen – immer tiefer in den Wald.

Die Alte seufzt, sie will den Handschuh nicht aufgeben, und in der Tat – es ist der letzte Handschuh ihres Lebens. Er leuchtet wie ein kleines aufgeschichtetes Feuer, wie ein Stück Fleisch im Dreck – es ist eine böse Wahrheit, dass sie wegen dieses Handschuhs im Schnee zusammenbrechen sollte.

Und schon flog die Alte über der Erde, und auf ihren schmutzstarren Rock fiel der Staub der Sterne. Stimmen erschallten überall, Rauschen, und die Alte begann auch laut zu sprechen. In der Luft stieß sie gegen einen sauber geschichteten Holzstapel und schrie auf, als sie ihn erkannte – sie hatte nämlich die Schwäche, in der Nachbarschaft gelegentlich ein Scheit mitgehen zu lassen.

»Eine Nichtigkeit«, sagte die Alte, »wenn es mir doch kalt war.«

Früher hatte sie auch einmal Schnaps gebrannt und dafür sogar einige Monate abgesessen.

»Das ist abgelitten... abgelitten...«

Sie wurde noch unruhiger; ihr Herz war immer kalt gewesen wie die Schneide des Messers, rau wie ihr letzter Handschuh.

Aber sie hatte gelebt... gelebt...gelebt...

Juozas Erlickas
Worte an die Wand

Das, was ich da schreibe, sind meine letzten Worte. In einigen Stunden, vielleicht auch nur Minuten, wird es mich nicht mehr geben. Aber im entscheidenden Augenblick – so hoffe ich zumindest – werde ich diese Zettel in einen Umschlag stecken und sie zum Fenster hinausflattern lassen. Und vielleicht wird diesen Umschlag ein guter Mensch aufheben. Guter Mensch! Wer du auch immer sein magst – Litauer, Pole oder Russe – vergiss mal für ein Stündchen die nationalen Vorbehalte, überlass meine Blätter nicht dem Wind, übergib sie dem Richtigen, vielleicht einer der seriöseren Redaktionen, vielleicht einem Pfarrer, oder vielleicht auch der amerikanischen Botschaft. Alle sollen es erfahren.

Was ist geschehen? Gar nichts Besonderes. Nur das, was immer wieder zu allen Zeiten und in allen Ländern passiert – denken wir nur an die alten Griechen, an die französische Revolution...

Es ist die Tragödie des kleinen Mannes in Zeiten großer Veränderungen.

Am Anfang war das Wort:

»Wenn du das Bügeleisen nicht reparierst – bringe ich dich um.«

Danach war Stille.

Ich zweifle nicht daran: Sie wird ihre Drohung wahr machen, und zwar mit Hilfe just dieses Bügeleisens.

Die Menschen sind nun grausamer geworden und bringen einander auf die brutalste Weise um – sogar aus ganz nichtigen Gründen. Aber wie soll ich es denn reparieren? Ich bin doch ein Seeleningenieur: Solch kleine Gerätschaften haben mich nie interessiert und werden mich auch nie interessieren, falls ich überhaupt am Leben bleiben sollte.

Das gab es ja auch zu Sowjetzeiten: Es brannte schon einmal eine Glühbirne durch. Aber niemand ist deshalb seinem Nächsten an die Kehle gesprungen. Das wäre ja noch schöner, wenn ein Künstler, ein Schriftsteller oder ein Komponist Glühbirnen einschrauben würde! Ach was! Die Menschen scherzten sogar darüber: Puškin wird die Glühbirne reinschrauben. Und das heißt doch, dass es allen klar war: Wie auch immer, aber Puškin wird sie nun wirklich nicht reinschrauben. So ein Gedanke war einfach lächerlich, absurd, war ein Sakrileg. Der Künstler – das war doch das Licht an sich.

So waren eben die Zeiten, die Sie nun geneigt sind, dunkel zu nennen. Diese Zeiten versanken im Dunst. Aber es stimmt, ich kenne eine Familie, in der alles beim Alten geblieben ist. Die Frau setzt ihren Mann, den Schriftsteller, neben den Gast und steckt ihm auch mal eine Leckerei zu. Das ist wohl Liebe. Ob sie wohl ein Bügeleisen besitzen?

Meine erste Idee, es in den Abfallcontainer zu werfen, habe ich verworfen. Was wäre damit gewonnen? Dann müsste man vieles wegwerfen, denn die Küche ist voll von gefährlichen Gerätschaften. Selbst die einfachste Kelle wird in ihrer Hand zum Tomahawk.

Ich schaue auf das Bügeleisen, das vor mir auf meinem Schreibtisch liegt, und kann eins überhaupt nicht verstehen: Warum bewundern nun so viele Menschen derart die Technik?

Manch einer verbringt sein halbes Leben vor der geöffneten Kühlerhaube am Vorderteil seines Autos, was zur Folge hat, dass er den Menschen sein Hinterteil entgegenstreckt. Er könnte ja auch ein Buch lesen oder sonst was machen.

Auch ich hatte den Boden des Bügeleisens geöffnet: Ich hatte die Schraube aufgedreht, das war nichts Besonderes! Allerdings lässt sich die Schraube nicht wieder zudrehen, außerdem war da etwas herausgefallen. Ich habe lange in das Innere dieses Bügeleisens geschaut. Natürlich stellten sich da allerlei Gedanken ein. Jede Beobachtung ist von Nutzen, und ein richtiger Künstler kann auch alte Dinge – es ist ein sowjetisches Bügeleisen – unter einem neuen Blickwinkel betrachten.

Eins kann ich heute so sicher wie noch nie verkünden: Wenn die Menschen öfter einander in die Augen schauen würden, dann wäre das Leben unvergleichlich viel schöner.

Aber leider schauen sie einander in die Hosentasche, auf die Zähne oder – später, später, wenn ich es noch schaffe. Da sagt sie nun, dass ich zu viel esse. Wie dem auch sei, derzeit sieht ein anständiger Mensch beim Essen anscheinend unanständig aus. Aber was soll man da machen? Wer wenig isst, wird nie etwas Gescheites schreiben, malen oder komponieren. Davon kann sich jeder überzeugen – er muss sich nur in den Bibliotheksregalen umschauen. Diejenigen, die seinerzeit gescheit gegessen haben, die haben auch was zu Stande gebracht, meist einige Meter!

Ein Bleistift ist leichter als ein Spaten, schwerer aber wiegt die Wahrheit. Ein von chronischem Abmagern bedrohter Schriftsteller wird mit ihr nicht fertig, denn mit der Zeit beginnt er, die Fetteren zu hassen. Mit anderen Worten: Er beginnt, gegen die Regierung zu maulen und die Wirklichkeit zu schwärzen. Die wichtigste Aufgabe eines Patrioten ist aber doch derzeit, am positiven Bild für die Weltöffentlichkeit mitzuwirken, die richtige Vision, die wahre Illusion von Litauen, unserer neuen Republik, zu schaffen.

Unser Vaterland? Ist es nicht so? Vielleicht irre ich mich aber auch, ich bin nervös und in Eile, entschuldigt...

Von noch größerer Bedeutung für den Künstler ist es, zweimal im Monat einen zu heben. Wenn ich das nicht gemacht hätte, was hätte ich schon gesehen? Die vier Wände und den Fernseher. Ich würde morgens ins Büro gehen und abends dieselbe schnurgerade Strecke wieder zurück. Ist das etwa Litauen? Wo bleiben da die Begegnungen mit interessanten Menschen? Wird man denn auch nur einen von ihnen im modrigen Büro antreffen? Und kann ein stocknüchterner Mensch überhaupt interessant sein?

Und die Frauen! Kann denn etwa ein gebildeter Mann über dreißig eine Frau kennen lernen, wenn er nüchtern ist? Auf gar keinen Fall. Es ist ja wirklich kein Geheimnis, dass viele nur deshalb heiraten, damit sie sich nicht mehr zu unterhalten brauchen.

Falls sie ihre Drohung wahr machten und es vor elf Uhr nicht mehr möglich wäre, Schnaps zu kaufen, würde die demographische Situation noch komplizierter werden.

Jeder Künstler braucht Eindrücke, Begegnungen und Erlebnisse wie die Luft zum Atmen. Was kann sich schon ereignen, wenn man nicht trinkt? Rein gar nichts. Es sei denn, man würde von einem betrunkenen LKW-Fahrer überfahren.

Mit anderen Worten: Das Gläschen ist für uns Künstler genauso ein Arbeitsgerät wie für andere ein Spaten, eine Axt oder ein Bügeleisen. Aber wenn ich gewagt hätte, ihr dies mal zu sagen – ich würde heute nicht mehr schreiben...

Ich kann das Bügeleisen nicht zur Reparatur bringen; denn ich bin eingeschlossen. Sie verlangt von mir, dass ich es selbst repariere. Natürlich nicht nur wegen der zusätzlichen Ausgaben – sie will mich einfach erniedrigen.

Davor fürchte ich mich nicht. Gerade wenn er getrieben und verachtet wird, kann der Künstler besonderes schaffen (nun sehen viele Zeitgenossen die Jahre der Unfreiheit schon als das Goldene Zeitalter an). Ich könnte einfach dasitzen und daran herumfummeln – soll sie nur lachen. Aber ich weiß: Spaßig wird die Geschichte nicht enden.

Sollte ich wohl weglaufen? Aber wie weit wird man überhaupt kommen? Heute kann man doch nicht mehr mit der ausgestreckten Hand an der Chaussee stehen. Selbst wenn jemand anhalten würde, er würde mich doch nicht weiter als bis zum nächsten Wäldchen mitnehmen. Und das gibt es nur in Filmen: Der Held entkommt seinen Verfolgern und begegnet im Handumdrehen dem wunderbarsten Wesen, das ihn versteckt und ihm alles andere besorgt. Aber im wirklichen Leben... Vielleicht wird man dich auch verstecken, aber danach wird dich niemand mehr jemals finden. Die Zeiten, dass man einfach an die Tür klopfen und um eine Tasse Milch bitten konnte, sind vorbei.

Sollte ich mich vielleicht an die Polizei wenden? Ein Polizist in der Küche, das wäre gut, aber was wird der womöglich alles essen? Andererseits wird dir die Polizei kaum ihre Aufmerksamkeit schenken, solange du am Leben bist.

Da gibt es allerdings noch einen Weg, eine weitere Möglichkeit, zu überleben und sogar sich gut einzurichten. Heute beschreiten die tapfersten Söhne und Töchter Litauens diesen Weg. Man sagt, es ist nur das erste Mal schwer...

Aber ich bin ein Intellektueller, deshalb würde es mir wohl kaum gelingen, sie beim Eintreten mit einem Schlag hinzustrecken. Ich würde sicher nervös werden, meine Hände würden zittern. Und womit denn auch? Meine Werkzeuge sind nun mal Löffel und Füller.

Es wird dunkel. Sie wird bald heimkommen; mich lähmt immer mehr die Angst: Hinter den Fenstern heult der Wind, beugt die Baumwipfel. Wegen irgendeines Bügeleisens ums Leben kommen, ist das eine Schande! Menschen kamen für Ideen um. Wann war das noch mal?

Ach ja damals, ich erinnere mich.

Ich erinnere mich, wie ich morgens um sechs aufwachte und sang. Die Nachbarn klopften an die Wand und schrieen: »Sei still, du Esel!«

Ich ging zur Polizeiwache und beschwerte mich: »Ich habe die litauische Hymne gesungen, die Nachbarn meinten aber, ich solle den Mund halten. Außerdem haben sie mich auch noch als Esel beschimpft.«

Die Polizisten befragten mich – sehr lange und sehr langweilig: Name, Beruf, Ausbildung und ob ich denn vorbestraft sei. Aber sie fanden nichts in meinem Sündenregister. Sie rieten mir, heimzugehen und die Nachbarn Nachbarn sein zu lassen.

»Das heißt, ich darf singen?«

Sie steckten die Köpfe zusammen und berieten sich. »Sing nur.«

Dennoch beschloss ich, dass es genug sei. Ich wollte niemandem zur Last fallen. Aber als ich um sechs Uhr erneut die Hymne im Radio hörte, erinnerte ich mich wieder an alles: An diese Tage und Nächte, wie wir morgens aufwachten und wie wir aufstanden, wie wir gingen und wie wir standen, an dieses Gefühl der Brüderlichkeit. Und ich dachte an die, die nicht mehr aufstanden und an die, die nun zwischen vier Wänden eingesperrt und mit Sandsäcken verbarrikadiert waren. Und dann konnte ich nicht anders: Ich musste singen.

Wieder dasselbe: »Hörst du wohl auf zu blöken?«

Wieder ging ich in das Kommissariat, beschwere mich.

»Sing einfach nicht mehr«, rieten sie mir.

»Das heißt, es ist verboten zu singen?«

»Verboten ist es nicht, aber...«

Sie sprachen vom friedlichen Zusammenleben, von Arbeit und Erholung und von den Problemen im zeitgenössischen Bau- und Isolierungswesen.

»Ich muss einfach singen«, sagte ich.

Dann rieten sie mir, mich an die Poliklinik zu wenden. Das tat ich denn auch. Dort quälten sie mich noch länger mit allerlei Fragen. »Stellen Sie sich manchmal vor, dass Sie ein Hahn sind?«

»Niemals!«, gab ich schroff zurück. »Ich bin ein Vaterlandsverteidiger.«

Sie erklärten mir, dass dies fast dasselbe sei. Dann maßen sie den Blutdruck und forderten mich auf, die Zunge rauszustrecken. Sie beendeten die Prozedur schließlich mit diesen ehrverletzenden Worten: »Trinken Sie auf ex?«

»Morgens um sechs – niemals!«, schoss ich zurück.

Dann forderten sie mich auf, die Hose auszuziehen. Ich war empört und wollte gehen, aber die Tür hatte keinen Griff.

Also! Sogar in diesen ruhmreichen Zeiten, an die ein halbwegs sensibler Mensch nicht denken kann, ohne dass ihm die Tränen kommen, sogar damals verstanden nicht alle etwas von geistigen Höhenflügen und Eingebungen. Änderte sich nicht damals schon die Wegrichtung, begann nicht damals schon dieser optimistische Marsch nach unten? Muss man sich da noch wundern, dass heute viele meinen, man müsse Bügeleisen und Türschlösser reparieren, nur nicht die Seele?

Ich brauche kein Bügeleisen. Ich kann auch in ungebügelten Kleidern herumlaufen und tue es auch. Auch bin ich überzeugt davon, dass die Augen leuchten sollten und nicht die Stiefel. Indes leuchten sie bei so manchem nur auf, wenn er etwas entdeckt hat, das nicht an seinem Platz ist: ein Stuhl, eine Fabrik, ein Stück Land.

Ich höre ihre Schritte im Treppenhaus und mir bleibt das Herz fast stehen. Sollte ich vielleicht aus dem Fenster springen? Es ist die dreizehnte Etage.

Na was denn. Ich werde ganz einfach am Tisch sitzen und ihr in die Augen schauen. Sie wird ja wohl nicht ihre Hand gegen einen wehrlosen und schwachen Menschen erheben wollen, der keinen Widerstand leistet?

Fürchte dich nicht, glaube nur! (Markus 5, 36)

Unsinn! Wen will ich denn da gerade betrügen? Ich weiß es doch nur allzu gut: Sie wird zuschlagen! Es wäre nicht das erste Mal. Ohne jegliche Vorwarnung passiert das, listig wie beim ärgsten Feind, aus dem Hinterhalt. Vor Ostern hat sie mir jedenfalls mit einem Buch derart den Schädel poliert, dass mir ganz schwarz vor Augen geworden ist. Übrigens mit einem Buch von mir. Klar war das Absicht. Ich sollte nicht nur körperlich leiden.

Das ist nicht weiter verwunderlich. Man ehrt das gedruckte Wort doch schon lange nicht mehr. Was soll man von schöner Literatur reden, wenn nicht einmal die Beschwerden gelesen werden! Übrigens sank die Ehrfurcht vor dem Buch gerade in dem Augenblick, als die Beschwerdebücher aus den Läden verschwanden.

Wenn nun ein Mensch noch liest, dann nur Bücher, in denen es um das eine geht.

Ich verdamme das nicht. Ich weiß: Die untere Abteilung des Menschen wurde, wie eine Menge anderer Dinge, unserer Gesellschaft vorenthalten. Da ist es ja verständlich, dass jetzt, da der Eiserne Vorhang gefallen ist... All das, was früher als Geheimnis gehandelt wurde, und so weiter und so weiter.

Obwohl ich den Verdacht habe, dass jeder auch schon vor dem elften März Bescheid wusste.

Ich selbst werde nie in Mode kommen und werde nie populär werden, aus dem einzigen Grund, dass für mich der Kopf eines Menschen ein schönerer Anblick ist als sein Hinterteil. Vielleicht ist dies eine Folge der sowjetischen Erziehung, vielleicht sind es Spätfolgen einer Grippe, aber vielleicht habe ich da auch nicht alles verstanden.

Aber so ist es.

In meinen Schriften habe ich den Menschen im Gehen und nicht im Liegen dargestellt. Nach dem Arbeitstag ging er ins Schlafzimmer, aber damit endete das Kapitel dann auch. Übrigens denke ich immer häufiger, dass damals Dinge verborgen gehalten wurden, die nicht unbedingt ans Tageslicht gehören, wenigstens nicht vor unseren Landsleuten. Anderswo sind die Menschen vielleicht souveräner, aber unsere Leutchen können mit diesen Errungenschaften einfach nicht umgehen.

Die Freiheit gehört auch zu diesen Dingen. Um so mehr, als nicht allen klar ist, was das ist. Frag doch den ersten Besten – er wird dies und jenes labern: Man kann fahren, wohin man will und reden, was man will...

»Und was noch?«

Schweigen.

Aber wohin denn fahren? Was reden? Als ob sich das für einen vernünftigen Menschen gehören würde? Und wer wird am Ende die Schweine füttern?

Weder fahre ich irgendwohin, noch rede ich. Wenn ich mein Leben so anschaue, finde ich nichts, was ich bereuen müsste.

Vielleicht bin ich deshalb ganz ruhig, obwohl ich schon höre, wie sie die Tür aufschließt.

Gleich wird sie hereinkommen.

Gehabt euch wohl, ihr teuren Menschen von Litauen. Freut euch des Lebens, strebt nach Vollkommenheit, Harmonie und Eintracht! Dankt der Regierung für alles, befolgt treulich ihre Anweisungen, meidet alles Schlechte. Vor allem aber hütet und versteckt voreinander die Freiheit und die Unabh...

Birutė Baltrušaitytė
Im Jahre 1666

Allmächtiger Gott, gib noch ein wenig Gesundheit; dann könnte ich die Arbeit, wie sich's gehört, zu Ende bringen. Die Bibelübersetzung ist es, lieber Herr, die mir keine Ruhe gibt. Und diese Kopfschmerzen! Als ob jemand den Kopf mit einer eisernen Zange zerdrücken wollte. Die Hände fassen den Kopf, dieselben Hände, die sieben Töchter und den einzigen Sohn liebkosten, dieselben Hände, die in der litauischen Kirche in Tilžė die Gemeinde segneten, ja, dieselben Hände, die damals auf bestem Papier mit dem Gänsekiel niederschrieben: *Meide die Hoffart in glücklichen Tagen, denn bald könnte alles zu Ende sein; in Nöten lass dich von Sorgen nicht plagen, denn stets folgt dem Regen der Sonnenschein.*

Vielleicht beruhigt sich bald das Wetter – vielleicht legt sich endlich der scharfe Wind, der an diesem späten Abend die ängstliche Kerzenflamme flackern lässt. Es ist Ende November, und der Nemunas verstärkt noch das Heulen der Windböen. Der Wind drückt gegen die kleinen Fenster der Kaufmannshäuser und gegen die Tür des Pfarrhauses, die jetzt klappern würde, wenn er sie nicht fest verschlossen hätte. Dort im anderen Ende des Hauses, in dem sich Anė mit den Kindern aufhält, ist das Windgeheule noch stärker. Die Fenster seines Arbeitszimmers sind zum Hof gewandt, deshalb ist es hier ruhiger.

Wie viele Predigten, Büchlein, Gebete und Lieder hat er für seine preußischen Litauer nicht geschrieben! Man müsste die stumpf gewordenen Gänsefedern, die Reste der abgebrannten Kerzen oder auch die mehr als zwanzig Jahre Tilžė auf einen Haufen werfen...

Nur Arbeit, Arbeit, Arbeit. Vielleicht schmerzt deshalb der Kopf so fürchterlich, als wäre er in einen Schraubstock gespannt. Keiner kann seine Schmerzen lindern: Weder Anė, seine noch recht junge zweite Frau, nicht seine sieben Töchter, noch sein einziger Sohn, der dem Beispiel des Vaters folgen und sich in der Alma Mater Albertina in Karaliaučius immatrikulieren will. Man wird dann eintragen: *Daniele Klein, Tilsensis Borussus minorennis.* – Ja. – *Borussus.* Vielleicht so, vielleicht aber auch anders, er kennt ja selbst seine Volkszugehörigkeit nicht. Hier wurde er geboren, hier ist er aufgewachsen, hier schloss er sein Studium ab und hier arbeitete er. Hier wird er auch sterben. Borussus oder vielleicht Lithuanus? Vielleicht ist er ein Deutscher? Lieber Gott, diesen Knoten zu durchschlagen ist zu viel für meinen Kopf; sollen doch die kommenden Generationen die Frage klären, wenn sie mögen, wenn jemand sich noch an seinen Namen erinnern sollte und an seine Schriften, die er schön aufgereiht im Schrank hinter der Glastür sieht. Er bräuchte nur aufzustehen, den Arm auszustrecken und die Hand könnte über die Buchrücken fahren – so vorsichtig wie über den Kopf eines gerade geborenen Säuglings. Er hat nicht nur acht Kinder groß gezogen, sondern auch die *Grammatica Litvanica* ✦ *primum in lucem edita* oder das *Lexicon Lithuanicum*.

Man braucht nur das Vorwort aufzuschlagen, gleich füllt sich das Arbeitszimmer mit erhabenen Worten:

Ich übergebe dir, lieber Leser, die Grammatik unserer litauischen Sprache, die in Ihrer Neuartigkeit wohl manch gegenteilige Meinung hervorruft. Ja, unserer litauischen Sprache... Warum habe ich *unserer* geschrieben? Lieber Gott, diese Sprache und diese Menschen, denen man in der Kirche oder in den engen Gassen von Tilžė begegnet, sind doch unsere, meine... Unsrige. *Unsere litauische Sprache...* Bin ich denn kein Borussus? Wenn der Kopf nicht so schmerzte von einer Schläfe zur anderen, würde er noch darüber nachdenken, würde sich und den Allmächtigen fragen, ob die Herkunft eines Menschen denn wichtig sei; vielleicht ist viel wichtiger, was in die Seele eines Menschen hineingelegt wurde, das Werk, das mit einer weißen Gänsefeder auf noch weißerem Papier niedergeschrieben wird.

Grammatica Litvanica... Das ist sein Kind, das im Jahre 1653 die Welt erblickt hatte. Ein dreizehnjähriges Kind, das bekanntlich durch *seine Neuartigkeit wohl manch gegenteilige Meinung* hervorgerufen hat. Ja, es ist nicht einfach, solche Kinder großzuziehen, wenn rings herum die Hunde bellen, die Eulen schreien und pausenlos die Raben krächzen, die litauische Sprache sei unrein und ohne Ordnung.

Es herrsche dort Verwirrung, ein Žemaitis könne sich nicht mit dem Bewohner des Großfürstentums unterhalten. Herz, Lunge und Leber seien dem Körper entnommen worden, und bei aller Anstrengung könne man sie nicht wieder an ihren Fleck bringen. O nein, ich habe doch alles zusammengefügt und der Körper lebt! Meine Feinde wettern aber in ihren Schriften und keifen lauthals: Unnötig sei diese Grammatik und ihre Wahrheiten. Man solle nicht aus den Büchern lernen, sondern aus der lebendigen Sprache.

Sollen die Menschen auf dem Markt doch ruhig reden, wie ihnen der Schnabel gewachsen ist, aber gehört sich denn das für einen Gelehrten? Man muss die Sprache reinigen, genauso wie man den Körper allmorgendlich reinigt – insbesondere an den Festtagen. Und wenn man sich wäscht, beginnt man mit den Augen, auf dass diese fürderhin alles genau beobachten mögen, und erst dann wäscht man das Kinn, den Hals und alles andere. Das ist die Wahrheit. So ist es auch mit der Sprache – man muss wissen, was man zuerst, was man später macht, das heißt, man braucht Regeln und Wahrheiten, die, dem Polarstern gleich, die weiteren Wege weisen.

Ich selbst bin nur ein Stäubchen des Allmächtigen, aber so verfuhr auch Aristoteles, und sein Beispiel kann auf mich, der ich an der Albertina nicht nur Theologie und Philosophie, sondern auch Griechisch und Hebräisch studiert habe, nicht ohne Einfluss bleiben.

Nein, er – Danielius Kleinas – vergleicht sich nicht mit dem großen Aristoteles. In seiner Jugend träumte er davon, Griechenland zu sehen, das blaue Ägäische Meer, das azurene Leuchten in der untergehenden, warmen südlichen Sonne. Dort gibt es sicher keine solchen Stürme wie an diesem Abend, und die Kerzenflamme braucht dort nicht vor ihnen zu zittern. Er sah Griechenland nicht, nichts sah er, nur Karaliaučius, das Städtchen Tilžė mit seinen Plätzen und Mauern, mit dem Hafen am Nemunas und den Wäldern auf dessen litauischer Seite; er sah auch die erschrockenen Augen von Anė bei der Geburt der Tochter. Lieber Gott, ich beklage mich nicht, denn mein Leben war Arbeit; wie ein Stier auf dem Acker habe ich mich abgemüht, und meinen Nachkommen will ich auch sagen: Arbeitet, nur bei der Arbeit erblüht die Seele des Menschen, und selbst wenn der Körper hinfällig wird und den Seinen zur Vogelscheuche gereicht, kann sich die Seele wie ein Vogel an einem Frühlingsmorgen erheben, ist sie doch von der Arbeit beflügelt.

Wie an einem Frühlingsmorgen... Wird für ihn noch die Frühlingssonne aufgehen? Der November ist schon zu Ende, kann man sagen – Dezember, Januar, Februar, März, April... fünf Monate zu dreißig Tagen. Lange dauert es noch, bis das Gras am Nemunasufer wieder sprießen wird, sich mühsam durch Steine und Kies den Weg bahnen und Gottes Welt mit grünen Augen anschauen wird... Bis das Gras wieder grünen wird, sind es noch viele Tage – und bis zum Sarg? Das weiß nur der Allmächtige, der Mensch darf das nicht wissen: Er würde weinen und jammern, würde seine Arbeit und seine Familie vernachlässigen. Aber Danielius, du hast doch dazu etwas geschrieben, in deinem Gebet, erinnerst du dich? Ja. Ich erinnere mich. An jede meiner Schriften erinnere ich mich und kann jede laut deklamieren, auch wenn die preußischen Litauer es nicht hören, nur die Kerze, der Wind und die Dunkelheit des späten Abends mir zuhören: *Unsere Tage sind gezählt* – ich bin siebenundfünfzig, meine Grammatik dreizehn

Jahre alt! – *und nicht weit ist unser Leben vom Tode.* Wie wird der Kopf von der Zange gepresst! *Die Sonne geht bald unter, und die dunkle Nacht bricht herein, wir müssen doch alle unter die Erde kriechen.* Der Friedhof liegt am Ufer des Nemunas, und wenn im Frühling das Eis geht, müssten die Toten erwachen. Allmächtiger, groß ist deine Macht! *Im Alter oder nach schwerer Krankheit gehen wir wie die Menschen im Winter, vor Kälte gebeugt und zusammengekauert, gealtert und ergraut:* Genau wie er mit seinem weißen Kopf, weiß wie die Gänsefeder, die an das Tintenfass gelehnt ist, gleich neben der Kerze. *Am Ende müssen wir wie der Schnee dahinschmelzen und wie das Wasser in der Erde versickern.* Ja, und wenn ich jetzt an das Fenster trete und den schweren Vorhang öffne, den Anė genäht und mit riesigen Quasten geschmückt hat, und in die Dunkelheit hinausspähe – oh, allmächtiger Gott! Es ist nicht nur der Sturm, auch Schnee fällt jetzt in schweren Batzen in den Hof und die Flocken stieben um die Fensterläden. Es ist Ende November. Du kannst es nicht abwenden, kleiner Mensch. Das Alter ereilt dich ebenso gewiss wie der Winter jetzt Einzug hält – oh.

Doch sein „Neues Liederbuch", in dem die schönen Verse Platz gefunden haben, erblickte endlich das Licht der Welt. Er schrieb die Lieder schon vor zwanzig Jahren, aber seine Feinde fielen über sie her wie böse Hunde; sie bellten, zerrten an ihnen herum und machten sie lächerlich. Sein Liederbuch sei zu neu, gut sei das alte von Sengstock! Aber das war es nicht!

Dort gab es weder Schönheit noch Melodie, noch Harmonie der Verse. Damals, als er selbst ein blühender junger Mann von dreißig Jahren war, dürstete es ihn danach, dass auch seine Lieder blühen mögen, und zwar nicht nur seine eigenen, sondern auch die Lieder von Merkelis Švobas, dem Pfarrer von Valtarkiemis, der vor drei Jahren diese Welt verlassen hatte. Obgleich er damals noch jung war, stand er schon mit einem Fuß im Grabe. Wenn ein alter Mensch stirbt, ist dies eine bittere Wahrheit des Lebens, aber wenn Merkelis stirbt, oder zum Beispiel sein Danielius sterben würde... Aber nein, sein Danielius wird leben. Ein junger Mensch muss leben und die Werke des Vaters vollenden. Aber wenn doch dem einzigen Sohn die Arbeit des Vaters fremd ist, gilt dies dann auch, Allmächtiger? Aber denke gut nach, Danielius, du hast dich doch selbst mit Sisyphus verglichen, der elend die Steine wälzt. Willst du denn wirklich, dass auch dein Sohn zum Sisyphus in dieser Gemeinde werden soll? Auch der ein Sisyphus? Aber eigentlich steckt doch in jedem Menschen ein Sisyphus – sei er Freund oder Feind.

In meinem Lied hatte ich damals geschrieben: *Im Elend stehe fest wie ein Löwe, und sei furchtlos...* Löwen sah ich nie, da hast du recht, Anė, auch die blaue Ägäis sah ich nie, nur die blauen Kleider der preußischen Litauerinnen und ihre weißen Tücher sah ich, wenn ich von der Kanzel in das blaue Menschenmeer hinunterschaute, wenn ich den Allmächtigen, unseren Herrn, bat, er möge den nahenden Frühling segnen, er möge dem Getreide ergiebigen Regen angedeihen lassen, damit die Früchte der Erde unsere Münder und die unserer Kinder reichlich laben mögen, so wie unsere Sprache unsere Münder labt. Die Feinde schrieen, die litauische Sprache sei barbarisch, aber man muss sie nur vom Schmutz befreien, *mit dem sie so lange verunreinigt war* – durch Fremde wie auch durch die eigenen Leute, hier gibt es nichts zu beschönigen – *und sie würde uns alle erfreuen mit ihrem Glanz.* Immer wieder reinigen, waschen und zum Glänzen bringen muss man die Sprache, so wie man ein Neugeborenes, das gerade aus dem Mutterleib gekommen ist, reinigt; aus dem Neugeborenen wird ja später auch ein schöner Jüngling. Oh, die eiserne Zange, die eiserne Zange – mir fehlt frische Luft! Ich muss Anė rufen, sie soll die Fensterläden öffnen und die gute Abendluft hereinlassen, sollen ruhig Schnee und Wind hereinwehen ... oh! *Ich spüre wohl, es geht zu Ende ... oh!*

Der massive Kerzenständer fiel polternd zu Boden, als ihn

die geschwächten Hände des Danielius Klein, des Pfarrers zu Tilžė und des Schriftgelehrten der Litauer, ergreifen wollten. Eine Flammenzunge leckte an der Quaste des schweren seidenen Vorhangs. Sie begann zu glimmen, dann flammte sie fröhlich auf, erhellte das schwarze Fenster und den Hof, einen alten mittelalterlichen Hof in Tilžė, erleuchtete die Schränke, voll mit Büchern und beschriebenen und unbeschriebenen Papieren. Das Feuer hatte es nicht eilig, vielleicht überlegte es, was es als nächstes ergreifen solle: die Bücher oder die weißen Haare des auf dem Fußboden liegenden Menschen, oder gar das gestärkte Hemd, das von beneidenswerter Sauberkeit war. Während das Feuer überlegte, kam Anė in das Zimmer gelaufen – früher Anne Cassenburg und nun die zweite Ehefrau von Danielius Klein – sie sprang zum Vorhang, zum Kerzenständer und zu dem Menschen am Boden.

Der Tod war still und unbemerkt eingetreten. Geboren wird der Mensch in der Welt der Laute, unter den Schreien der Mutter und des Neugeborenen, sterben können wir still...

Kristijonas Donelaitis

Die Jahreszeiten (Auszüge)

Zum Verständnis des ein wenig aus dem Rahmen dieser Anthologie fallenden Versepos', das wir in kurzen, charakteristischen Auszügen nachgebildet haben, auch zur Begründung, warum es überhaupt in die Sammlung Eingang gefunden hat, sei dem Leser die Lektüre des Kommentars im Anhang auf Seite 277 empfohlen.

① – Frühling – Vers 1
[Der Beginn der Dichtung]

Wiederum fuhr die Sonne empor und sie küsste die Welt wach,
Lauthals lachend die Werke des frostigen Winters zu schmelzen.
Alle Gebilde der Kälte, des tödlichen Eises, verschwanden,
Schnee wurde schäumendes Wasser, zerronnen im flüchtigen Rinnsal.
Liebliche Lüfte hauchten erfrischendes Leben ins Felde,
Weckten die Gräser und Halme aus düsteren Kammern des Todes.
Buschwerk und Heide erwachten, sich neu für das Leben zu rüsten,
Höhen und Senken der Landschaft verwarfen den schütteren Pelzrock.
Alles, was weinend im garstigen Herbst des Vorjahrs verdorben,
Alles, was Schutz suchend dämmerte unter der Eisschicht des Teiches,
Oder im Wurzelwerk mächtiger Bäume den Winter verschlafen,
Dies alles kroch jetzt in Scharen hervor, um den Frühling zu grüßen.

Ratten und Iltisse wagten sich aus ihren kalten Verstecken.
Manches Gefiederte – Krähen und Raben mit Elstern und Eulen,
Mäusefamilien, Maulwürfe – sie alle priesen die Wärme.
Stechmücken, Schnaken und Käfer, samt einer Unzahl von Flöhen,
Sitzen schon auf der Lauer, uns massenhaft tückisch zu pieksen,
Stechen den Herrn wie den Bauern: Sie saugen beiden das Blut ab!

Jetzt ist es Zeit für den Weisel, sein Arbeitervolk aufzuwecken
Und an die Arbeit zu schicken, damit es sich etwas verdiene;
Ganze Scharen von Immen krochen denn auch aus den Ritzen,
schwirrten empor und dudelten auf ihren Hirtenschalmeien.

Still in den Winkeln saßen die Spinnen und wirkten ihr Netzwerk,
Knüpften nach uraltem Plan ihr Gespinst, um Beute zu machen.
Bären und Wölfe sprangen im Übermut wild durcheinander,
Schlichen dann heimlich zum Waldrand, ein ahnungslos' Tier zu zerreißen.
Doch welch ein Wunder: Kein Einziger auch nur aus all diesen Scharen
Jammerte bei seiner Rückkehr; nein, alle begrüßten sich fröhlich,
Waren doch sämtliche Werke des Winters schon gründlich vernichtet,
Feierte endlich im Lande der Frühling nun fröhliche Urständ!
Unterdessen begann es in zahlreichen Winkeln zu wimmeln:
Rauschen erfüllte die Luft beim Vogelsang riesiger Schwärme,
Krächzte der eine wohl basso, der andre dafür umso höher –
Jubelnd empor flog die Schar und durchstieß schon ganz oben die Wolken,
Auch die am Boden Gebliebenen – sie alle priesen den Schöpfer.

★
★ ★

② – Frühling – Vers 210
[Während der Unterhaltung einiger Bauern hört man Geschrei]

Guck mal, ein vornehm gekleideter Herr – man schämt sich's zu sagen,
Höherer Adel, gewiss, der hat sich den Wanst vollgefressen,
Hat sich dazu ein paar Fläschchen vom Rheinwein, dem fremden, genehmigt,
Wand sich darauf auf dem Boden und brüllte, sich schrecklich verfluchend,
Dann berief der den Teufel und dessen höllische Sippschaft,
Lästerte Gott, den Allmächtigen, schrie in entsetzlichem Furor,
Dass darüber die Hölle sogar sich erschrak, hell erglühte,
Und ihre Pforte sich öffnete, bebend den Höllenpfuhl frei gab.

Wissen wir doch, wie die Herren gewöhnlich beim Fluchen herumschrei'n;
Allerdings lernen dies üble Benehmen auch schon die Bauern!
»Ach, armer Kerl, woran fehlt's denn?« fragte die Fledermaus harmlos –
Mitleid schwang in der Stimme – erkühnte sich dann ihn zu fragen:
»Ist es ein Magenkrampf, weil du vielleicht zu viel Kaviar verputzt hast,
Oder wollen die Braten, die halbverdauten, ans Lichte?
War nicht dein Onkel im vorvor'gen Jahre genauso verfressen,
Hat er nicht, mit seinen Vettern, wie du jetzt, an Bauchweh gelitten,
Bis sie dann platzten, worauf dann auf grässliche Weise der Tod kam?«

Als nun der Dickwanst das hörte und leise Kritik darin spürte,
Fing er erst recht an zu toben und wütete jetzt umso schlimmer,
Raufte sich büschelweis' Haare vom vollgedröhnten Schädel,
Um darauf glatt seinen Kinnbart zur Hälfte sich rauszureißen,
Schließlich: Mit schorfigen Nägeln zerkratzt' er die eigene Fresse!
Aber das ist noch nicht alles: Die eine Hand immer am Geldsack,
Strampelt' er so mit den Beinen, dass er dem Esstisch den Rest gab.
Umgestürzt lockte der jetzt alle Hunde aus sämtlichen Ecken,
Welche im Nu die Speisen und teuren Gerichte auffraßen.
Immer noch steigert er sich und schnappt sich ein blitzendes Messer,
Fährt mit der Hand an die Kehle und schlitzt sich querüber den Schlund auf.

*
*   *

③ – Sommer– Vers 278
[Pričkus (Fritz), der Diener des Amtmanns, schwärmt von besseren Tagen]

Manch ein heruntergekommener Herr, scheint's, verlacht unsre Bauern,
Macht sich – der Schwachkopf! – über die Arbeit der Landmänner lustig,
Kann doch die Hand in die Seite nur stemmen, weil andere schuften,
Mist für ihn fahren, den Großkotz, den vornehmen Kuchenverputzer!

Ach! Wo blieben die Herren, wenn's keine Bauern mehr gäbe,
Wenn so ein armsel'ger Tropf nicht ständig mit Jauche zur Hand ging?
Rümpft Ihr doch, Junker, empört eure Nase, wenn's kräftig nach Dung riecht,
Wenn ihr im Stall mit gequältem Gesichtsausdruck vornehm herumstakst.
Hat es wohl Angst, euer Näschen, vor Arbeit in würziger Landluft –
Lächelt so dünn, affektiert, und immer den Zinken nach oben?!
Aber, was glaubt ihr, wie schnell er sich deutlich nach unten würd' richten,
Wenn der Herr Rüben mal roh und die Grütze verbrannt müsst' goutieren –
So wie wir Armen tagtäglich den Wanst uns mit diesem Zeug stopfen –,
Und dann zusammen mit uns dürft' im köstlichen Frondienst malochen.

✯
✯   ✯

④ – Sommer – Vers 340
[Krizas lamentiert über das Schwinden litauischer Sitten]

Als ich noch jung und naiv als Knecht beim Bleberis diente,
Fand ich es stets recht beachtlich, wenn so ein begüterter Hausherr
Seinem Gesinde alljährlich zum Lohn einen Taler nur anbot;
Freudig erzählten die Knechte, wenn irgendein freundlicher Landwirt,
Gutherzig – wenn er's denn war! – einen Sechser noch freiwillig zugab.
Ließ er dann noch eine Hose und zwei Paar Bastschuhe springen,
Dann war die Dankbarkeit groß und man pries die erwiesene Ehre.
Als dann die Angeberei und das Protzen die Welt überkommen,
Und unsre Litauer anfingen, sich mit den Deutschen zu mischen,
Da war es aus mit der früheren Reinheit von Sitte und Anstand.
Keiner von unseren Burschen mag zünftige Bastschuh' mehr tragen,
Mädchen verschmähen den Webrock, die bunt gefärbte Marginne.
Bengel stolzieren herum wie die Herren in albernen Stiefeln,
Mädels entblöden sich nicht, die Klamotten der Deutschen zu tragen;
Schamlos geputzt wie die Fräuleinchen tun sie ganz etepetete.
Aus und vorbei! So verspielten die Litauer Ehre und Tugend.

Aber auch unsere Speisen, die litauisch-guten Rezepte,
Werden jetzt niedergemacht von so manch einem dümmlichen Schnösel.
Wenn unsre tüchtigen Väter den leckeren Haferschleim kochten,
Untergerührt mit Milch dem Gesinde zur Essenszeit reichten,
Machten sie so ihrem ganzen Haus eine himmlische Freude;
Und wenn sie manchmal ein sämiges Erbsengegrützel verkochten,
Gar noch ein Scheibchen vom Speck in die Schüssel als Zugabe legten,
Junge!, wie lobten dann satt und zufrieden die Knechte den Hausherrn.
Heute dagegen sperrt jeder den Rachen tagtäglich nach Fleisch auf,
Oft wie ein Hund entreißt er's dem Topf zur Verzweiflung des Hausherrn.

★
★ ★

⑤ – Sommer – Vers 483
[Paikžentis (zu deutsch: Dummschwiegersohn), ebenfalls bei Bleberis, dem Schwätzer, in Diensten, diskutiert mit Selmas]

»Ach«, meinte da der Paikžentis, der damals beim Bleberis Knecht war,
»Glaube nur ja nicht, mein Lieber, dass nur unsre halbstarken Jungherrn
Auf ihren Festen wie wild mit den Jungfraun im Arme herumtoll'n,
Sternhagelvoll dann den Bauern die übelste Schande bereiten;
Nein, ohne jegliches Schamgefühl tun es die Bauern jetzt selber!
Denken dabei, dass es ehrenhaft sei, weil's die Herren so treiben,
Glauben, die Klugscheißerei ihrer Herren sei Ausdruck von Weisheit.
Viele verluderte Herren gebrauchen die Arme ausschließlich,
Um sich den Wanst mit seltsamen Fröschen und Kaviar zu stopfen;
Sind sie dann vollgepumpt, satt und vom Rheinwein so richtig besoffen,
Spielen sie Karten und schummeln dabei, dass die Balken sich biegen.
Allerdings lernten die Bauern auch diese Errungenschaft schleunigst,
Lachen sich tot, wenn da irgendein Krizas den Kriz' übers Ohr haut.«
»Lass doch das dumme Gefasel«, erwiderte ich da energisch,
Wunderte mich über derlei Geschwätz und ich ging meiner Wege.

Sicher, man sagt in der Stadt, dass die Klugheit der Bauern begrenzt sei,
Dass ihre Arbeiten, Wohnungen, Heimstätten, ihre Gebäude –
Schlimm genug, dass man's erwähnen müsst –, fürchterlich aussähen;
Aber wer so was behauptet, verkennt uns're Bauern gewaltig. [stapft,
Glaubt mir nur, mancher, der schlicht und bescheiden in Bastschuhn daher-
Steckt so manchen der Herren in puncto Verstand in die Tasche,
Nur wagt der Biedere nicht, mit geschliffenen Worten zu fechten!«

★
★ ★

⑥ – Sommer – Vers 530
[Angesichts einiger derber Späße zwischen Knechten und Mägden
räsoniert Selmas]

»Ach!«, sagte Selmas, »so weit ist's in unseren Zeiten gekommen,
Zeiten, in denen Franzosen und Schweizer hier überhand nehmen!
Allerdings – auch bei uns Litauern gibt es so manch einen Saukerl,
Der zwar litauisch spricht und die Schweizer nach außen verachtet,
Nichtsdestotrotz sich benimmt wie ein Schweizer von Schrot und Korne.
Sicher, als vor unsren Zeiten die Litauer Heiden noch waren
Und ihre Götzen sich selbst aus kantigen Holzblöcken schnitzten,
Diese dann, in ihren Hainen mit Seilen befestigt, verehrten,
Kannten sie – anders als wir – noch nicht einen einzigen Herrgott,
Pflegten die übelsten Sitten und hatten die säuischsten Bräuche.
Aber auch jetzt, da wir Preußen und sittsame Christen geworden,
Schämen wir Litauer uns keineswegs, so abscheulich zu schlingen,
Dass auch die Deutschen, die Dumpfbacken, hierüber äußerst erstaunt sind.«

★
★ ★

⑦ – Sommer – Vers 569
[Der Kämmerer drängt angesichts des fortgeschrittenen Sommers zur Arbeit]

Aber ihr Frauen, seid ihr denn jetzt auch im Begriff zu verludern?
Warum bewegt ihr denn nicht euren Hintern, den Flachs jetzt zu riffeln?
Ist's euch nicht peinlich zu sehen, dass längst schon die Frauen der Deutschen
Fix und fertig geriffelten Flachs auf das Feld wieder tragen,
Um sich dann über euch Faulpelze herzhaft das Maul zu verreißen?
Frauen! Ihr Litauerinnen – so schämt ihr euch denn überhaupt nicht,
Ist's euch nicht unangenehm, dass die deutschen Frau'n auf ihrem Felde
Euch, wie ihr dasitzt, mit ihrer perfekten Arbeit beschämen?
Was wird wohl sein, wenn die Zeit zum Spinnen und Weben herannaht,
Und euer Flachs dann womöglich noch auf eurem Felde herumliegt?
Ach, wo seid ihr geblieben, ihr guten vergangenen Zeiten,
Als die Litauerinnen die Mode der Deutschen noch mieden
Und auch die deutsche Sprache noch überhaupt nicht verstanden!
Doch, als wär's nicht genug, dass sie deutsch aufgedonnert uns kommen,
Nein, sie müssen tatsächlich jetzt auch noch französisch parlieren!
Über dem eitlen Getue vergessen sie ganz ihre Arbeit.

*
* *

⑧ – Herbst – Vers 293
[Prickus berichtet von einem heimlich beobachteten Gastmahl der Herren]

»Hatte mich also versteckt an der Türe und lauerte stille,
Wollte doch selbst einmal sehen, wie unsere Herren dinieren.
Allerlei neue Gerichte hatten die Köche bereitet,
Und schon begann die ganze Domäne nach ihnen zu stinken.
Jetzt aber liefen die Diener der vornehmen Herrschaft zusammen

Und, nachdem sie die Tafel mit allem was nötig, gerüstet,
Machten sie sich auch schon dran, das Gebratene flott zu servieren.
Alles passierte so schnell, dass ich grad' noch die Hände jetzt falte
Und so das fromme Gebet dieser Tafelrunde erwarte.
Aber was seh' ich? Da nehmen doch wirklich die Herr'n ihren Platz ein,
Völlig den Himmel vergessend, schnappt sich ein jeder den Löffel
Um unter lautem Salbader den Schmaus in den Schlund sich zu stopfen.

Ich, der ich so einen Frevel mein Lebtag noch niemals gesehen,
Regte mich derart auf, dass ich beinahe losschreien musste.
Doch war mir klar, dass ich hier wohl unmöglich herumtönen durfte,
Deshalb – mit flüsternder Stimme und immer noch scheu in der Deckung –
Hab' ich sie derart beschimpft, dass die Hunde zu knurren begannen:
›Aufgeblasene Fettwänste, Speckbäuche, Schlemmer, Ihr Gottlosen!
Ist es euch neuerdings peinlich, die Hände christlich zu falten
Und eure Augen zum Himmel zu richten, weil's Essen so gut schmeckt?
Wir im Dreck vegetierende Bauern, wir Armen in Bastschuh'n,
Hierhin und dorthin geschubst und mit vielerlei Mühsal beladen,
Wir, die wir oft genug nur trockene Krusten bekommen
Und mit vergorenem Bier unser klägliches Leben erfrischen,
Wissen sehr wohl, uns auch dafür noch täglich bei Gott zu bedanken.
Ihr aber, feine Pinkel, ihr habt übers maßlose Prassen –
Immer die Hand am Weinglas, um rechtzeitig nachzuspülen –
Aufgehört, unserem Himmel und Gottes Gaben zu danken.
Habt ihr denn gar keine Angst, am Kaviar dereinst zu ersticken,
Reizt ihr nicht auch Perkūnas, euch Blitze auf's Wohnhaus zu schleudern?‹
Darüber dachte ich nach, und sobald den Bescheid ich erhalten,
Sprang ich, noch völlig verschreckt und im Kopf total durcheinander,
Schleunigst zur Türe hinaus, nahm mein Pferd und trollte mich heimwärts.«

⑨ – Winter– Vers 635
[Das Schlussgebet der Dichtung]

Ach wie nichtig seid ihr, ihr Freuden des wärmenden Sommers!
O Ihr lieblichen Blumen mitsamt eurer leuchtenden Schönheit!
Ihr auch, ihr Vögelein alle, mit euerem süßen Gezwitscher,
Und wer noch sonst bei uns seinen fröhlichen Sommer gefeiert,
Weil ihr als Gäste bei uns wart, brauchtet ihr euch nicht zu sorgen,
Wie ihr euch Nahrung beschaffen und Wohnstätten einrichten würdet;
Pflügen, säen und ernten, dies alles muss euch nicht bekümmern,
Seid ihr nach göttlichem Plan aller Arbeit und Mühsal doch ledig,
Gott hat euch vielmehr verheißen, euch sorglos und frei zu erhalten.
Wir dagegen, wir Armen, wir sündigen, elenden Waisen,
Können wohl niemals der Freiheit, die ihr genießt, uns erfreuen.
Von unsren ersten Tagen an quält uns bedrückendes Elend,
Und bis zum Tode begleitet die schreckliche Last unsre Seelen.
Also begannen wir auch im vergangenen Jahr, wie wir wissen,
Gleich nach Ostern zu schaffen, den jetzigen Winter im Auge,
Wer zählt die Schweißtropfen, die wir uns später, im Laufe des Sommers,
Von den erhitzten Gesichtern bei drückender Arbeit getrocknet,
Bis wir die kärgliche Ernte als Schatz in der Scheune gesammelt?

Da wir inzwischen dem Herbst Lebewohl mit Hochzeiten sagten
Und uns beim Feiern der Nachbarschaft freundlicher Menschen erfreuten,
Achten wir doch jetzt darauf, den verbliebenen Vorrat zu schonen.
Wenn wir uns leckeres Essen von diesem Vorrat bereiten,
Denken wir auch schon an morgen, an alle die anderen Tage:
Lange ist nämlich der Weg, bis wir wieder den Sommer erwartet
Und frisches Grün in den Töpfen den Speisen beigelegt haben.
Lasst uns nun scheiden, ihr Brüder, und lasst uns in Gottes Gnaden
Damit beginnen, das Ackergerät für die Arbeit zu richten.
Denn die liebliche Sonne beginnt schon, die Schneelast zu tilgen.
Überall sitzen und hüpfen und schnattern und tschirpen die Stare.
Sieh doch, er kehrt zurück, er naht schon, der liebliche Frühling,
Und er verheißt uns wiederum Gaben für unseren Vorrat!

Doch ohne dich, unser gütiger, liebender Vater im Himmel
Wird uns kein Gran von dem zuteil, was der Frühling uns feilhält.
Was nützt ein gut repariertes Gerät und was nützt all die Mühe,
Was hilft es uns, mit Saatkörben, teuer erstandenen Pflugscharen,
Loszuzieh'n und zu pflügen, die Saat auf den Acker zu bringen?
Alles wird nichtig sein, was wir auch tun und beginnen,
Wenn du mit segnender Hand uns nicht liebevoll beistehen wolltest.
Du hast im Lauf des vergangenen Jahres uns treulich erhalten,
Du wirst auch künftig für uns und die unsrigen sorgen.
Unfähig sind wir, zu ahnen, was für uns der Sommer bereithält,
Du aber hast schon geplant, was an Nöten und Freuden uns blühn wird.
Wir sind zu einfältig, deine gewaltige Ordnung zu schauen,
Deine Gedanken erscheinen uns bodenlos, Schwindel erregend,
Wenn wir bisweilen es wagen, in solche Tiefe zu schauen.
Also erflehn wir von dir, unserm himmlischen Vater, du mögest
Väterlich treu für uns sorgen, wenn wieder die Sonne emporsteigt,
Und wir dann neuerlich ackern, uns mühen, uns plagen, uns schinden.

Kommentar der Herausgeberin

Informationen zu den Texten von Dalia Grinkevičiūtė

Dalia Grinkevičiūtė wurde als vierzehnjähriges Mädchen zusammen mit ihrer Familie von der großen Deportationswelle im Juni 1941 erfasst.[1] Diese erfolgte in der letzten Woche vor dem Einmarsch Hitlerdeutschlands in die Sowjetunion, zu deren Interessen- und Machtbereich Litauen seit dem Hitler-Stalin-Pakt von 1939 gehörte. Dalia Grinkevičiūtė verbrachte ihre Jugend in verschiedenen Arbeitslagern Sibiriens – ständig um das eigene Überleben und das der todkranken Mutter kämpfend.

Im Februar 1949 gelang ihr die Flucht nach Litauen, wo sie, gedeckt von Verwandten und Freunden, ihre Mutter pflegen konnte, die im Frühling 1950 starb und von Dalia im Verließ ihres Hauses verscharrt wurde. Aus dieser Zeit stammt der in diesem Band in Auszügen vorgestellte und mit „Aus den Erinnerungen" überschriebene Text. Er wurde erst nach dem Tod von Dalia Grinkevičiūtė im Jahre 1991 beim Umgraben des Gartens der Familie in Kaunas gefunden und 1997 im Rahmen einer Veröffentlichung des Gesamtwerks von Dalia Grinkevičiūtė herausgegeben. Dalia Grinkevičiūtė hatte offenbar – die Gefahr ihrer erneuten Festnahme vor Augen – ein Versteck außerhalb des Hauses gewählt.

Im Herbst 1950 wurde Dalia Grinkevičiūtė vom Geheimdienst entdeckt und – nachdem sie das Angebot, in Litauen studieren zu dürfen, wenn sie bereit wäre, für den Geheimdienst tätig zu werden, abgelehnt hatte – wieder nach Sibirien deportiert. Nach Stalins Tod öffneten sich 1953 die Tore des Gefängnisses von Jakutsk für Dalia Grinkevičiūtė. Sie arbeitete zunächst, bekam dann die Erlaubnis, ab 1954 in Omsk Medizin zu studieren. 1956 durfte sie nach Litauen zurückkehren, wo sie 1960 ihr Medizinstudium in Kaunas abschloss; danach arbeitete sie als Ärztin in der litauischen Provinz. Wegen ihres unerschrockenen Auftretens wurde sie immer wieder von den Organen des Geheimdienstes besucht, vorgeladen und verhört; 1974 wurde sie aus politischen Gründen aus dem Dienst entlassen.

1976 schrieb Dalia Grinkevičiūtė den Bericht „Litauer an der Laptev-See" zunächst auf Russisch für die Publikation in der russischen Dissidentenzeitschrift „Pamiat'" (Erinnerung, Gedenken), in der er 1979 erschien. Die litauische Variante des Textes entstand mit geringfügigen Veränderungen etwas später und wurde erstmalig 1988 in der litauischen Zeitschrift „Pergalė" (Sieg) veröffentlicht. Im Jahre 1989 wurde der Text im gleichnamigen Band – zusammen mit Augenzeugenberichten anderer Deportierter – in Vilnius herausgegeben. Auch diesen Text werden wir in dem vorliegenden Band nur in Auszügen vorstellen. Als der spätere Bericht aus der Rückschau bietet er dem Leser eher eine Übersicht über die Ereignisse jener Zeit als die um 1950 verfassten „Erinnerungen"; deshalb haben wir ihn hier entgegen der chronologischen Abfolge den „Erinnerungen" vorangestellt. Diese weisen aufgrund ihrer noch relativ unmittelbaren Nähe zu den Ereignissen sicher mehr Authentizität auf, sie wären dem nicht eingeweihten Leser ohne die vorherige Lektüre des späteren Textes „Litauer an der Laptev-See" aus den achtziger Jahren aber kaum verständlich.

---

[1] Im Rahmen dieser Deportationswelle wurden aus Litauen 21.000 Personen verschleppt; vgl. Garleff, S. 167
Zum Ausmaß der Deportationen nach Sibirien insgesamt vgl. Glossar S. 287, Stichwort *Wäldler*.

Juden in Litauen:
Erst Zufluchtstätte, dann Massengrab

Wenngleich die nachfolgenden Ausführungen als Hintergrundinformationen zu den Texten von Markas Zingeris gedacht sind, die wir im Textteil mit Shoah überschrieben haben, erschien es uns wichtig, hier über diese Thematik hinaus, wenngleich in sehr vereinfachter Form, auch die Beziehungen der beiden Völker seit den Anfängen ihres Zusammenlebens aufzuzeigen, und vor allem den Leser, soweit es in diesem Rahmen möglich ist, mit der in Deutschland meist wenig bekannten reichen Kultur der litauischen Juden, der Litvaken, bekannt zu machen. Bei der Betrachtung der Shoah werden wir den Schwerpunkt auf die Darstellung des Umgangs mit diesem Thema im heutigen Litauen legen; denn der an der Shoah in Litauen selbst interessierte Leser kann inzwischen auf einige historische Arbeiten sowie mehrere Publikationen von Augenzeugenberichten zu diesem Thema zurückgreifen; die – teilweise nicht ganz einfachen – Bemühungen Litauens um die Aufarbeitung dieser schweren Hypothek sind in der deutschen Öffentlichkeit aber wahrscheinlich weniger bekannt.

Tolerantes Asylland

Im Königreich Polen und dem Großfürstentum Litauen existierte in der Mitte des 18. Jahrhunderts – vor den polnischen Teilungen, die 1795 das Ende dieser beiden Staaten zur Folge hatten –, die bedeutendste jüdische Gemeinde der Welt. Allein im Großfürstentum Litauen lebten zu dieser Zeit 157.000 Juden. Vilnius war zum ‚Jerusalem Litauens' geworden: Sein geistiger und wissenschaftlicher Glanz hatte mit dem Gaon Elijahu (1720-1797) eine Blütezeit erreicht.

Wie war es nun zu dieser Blüte des Judentums im östlichen Europa gekommen?

Als in der Mitte des 14. Jahrhunderts immer mehr Juden in Deutschland als Sündenböcke für die Pest herhalten mussten und vor den Pogromen in den Osten und Norden Europas flohen, war Litauen noch ein heidnisches Land. Großfürst Mindaugas hatte zwar 1251, wohl vor allem aus politischem Kalkül, den katholischen Glauben angenommen; dies blieb jedoch ohne Auswirkungen auf seine Untertanen. Noch fast zwei Jahrhunderte lang kämpfte Litauen danach gegen den deutschen Ritterorden, der mit Unterstützung der christlichen Welt, Litauen mit dem Schwert zu christianisieren suchte. Erst nach der Heirat des litauischen Großfürsten Jogaila (Jagiello) mit der polnischen Königstochter Jadwiga im Jahre 1386 wurde Litauen allmählich christianisiert. Hinzu kam, dass das Großfürstentum Litauen zu dieser Zeit ein Vielvölkerstaat war, zu dem auch Weißrussland und große Teile der Ukraine gehörten: Das ethnische Litauen machte nur ein Zehntel des Großfürstentums aus, das locker besiedelt und in ethnischer, kultureller und religiöser Hinsicht sehr vielfältig war. Die litauischen Großfürsten regierten dieses Land lediglich, sie unternahmen keine Kolonisierungs- oder Assimilierungsversuche. Unterschiede wurden als etwas Normales begriffen, und es herrschte ein – im damaligen Europa seltener – Geist der Toleranz dem Andersartigen gegenüber.

Die Privilegien

Bereits Großfürst Gediminas hatte in der ersten Hälfte des 14. Jahrhunderts ausländische Bauern, Handwerker und Händler nach Vilnius eingeladen mit dem Versprechen, sie von allen Steuern für zehn Jahre freizustellen. Es kamen Russen und Deutsche; möglicherweise waren unter ihnen auch bereits Juden. 1388 erließ Großfürst Vytautas der Große die erste Akte mit Privilegien für Juden im Großfürstentum Litauen, die zunächst die Juden in der größten damaligen jüdischen Gemeinde in Brest betraf; später wurden diese Privilegien auch auf andere Gemeinden ausgedehnt. Sie regelten die rechtlichen, wirtschaftlichen und sozialen Beziehungen zwischen dem Staat und den zwei Gruppen der Städter, den Christen und den Juden: Die Juden unterstanden der direkten Amtsgewalt und Jurisdiktion des Großfürsten; sie waren damit der wenig judenfreundlichen kirchlichen und städtischen Rechtsprechung entzogen. Beleidigungen von Juden und Angriffe auf ihre kultischen Stätten wurden kraft Gesetzes geahndet, schon ein Steinwurf gegen eine Synagoge oder in den jüdischen Friedhof war strafbar. Beschuldigungen von Juden durch Christen mussten von einem Juden bestätigt werden. Die Juden genossen Autonomie im Hinblick auf die Regelung der inneren, religiösen und rechtlichen Angelegenheiten. Die Gemeinden hatten eine allgemeine im Voraus bestimmte Abgabe an den Großfürsten zu zahlen. Entsprechend dem Magdeburger Recht genossen die Juden Berufs- und Handelsfreiheit. Im Handel wurden ihnen teilweise sogar mehr Rechte eingeräumt als den christlichen Kaufleuten; so durften sie auch zu Hause Alkohol verkaufen, was böses Blut bei den christlichen Kaufleuten schuf. Juden genossen Freizügigkeit im In- und Ausland, ihnen wurde Wegsicherheit garantiert. Alle diese Maßnahmen zielten darauf, die Juden vor der Macht der Bojaren zu schützen, die Stellung des Großfürsten zu stärken und die wirtschaftliche Prosperität des Landes zu fördern.

Das Goldene Zeitalter

Jüdische Historiker bezeichnen die Regierungszeit von Vytautas dem Großen als das „Goldene Zeitalter": Besonders nachdem Vytautas mit einem vereinigten polnisch-litauischen

Heer dem Deutschen Ritterorden 1410 eine vernichtende Niederlage zugefügt hatte und die Gefahr der deutschen Expansion gebannt war, konnten die Deutschland entflohenen Juden sich endlich sicher fühlen. Im nun offiziell christianisierten Litauen war christlicher Übereifer zunächst nicht zu erwarten, denn die fremdländischen, größtenteils polnischstämmigen Geistlichen hatten zunächst kaum Kontakt zur Bevölkerung, die vielfach weiterhin ihrem pantheistisch orientierten Kultus nachging. Diese Siedlungsbedingungen fanden die Juden der zweiten Einwanderungswelle vor, die im Zusammenhang mit ihrer Vertreibung aus Spanien im Zuge der Inquisition 1432 erfolgte, und ein wenig später die aus Frankfurt vertriebenen Juden.

Beschränkungen und Widersprüche

Die von Vytautas dem Großen den Juden verliehenen Rechte blieben in ihren Grundlagen auf dem Territorium des Großfürstentums Litauen vier Jahrhunderte in Kraft, wenn man von zeitweiligen Einschränkungen und Erweiterungen ihrer Rechte absieht: So unterschrieb Großfürst Aleksander 1495 – möglicherweise unter dem Einfluss seines früheren polnischen antisemitisch eingestellten Lehrers Jan Dlugosz und der Kirche – ein Dekret über die Vertreibung der Juden, das er allerdings 1503 wieder zurücknahm und dabei sich die den Juden wieder eingeräumten Rechte bezahlen ließ. In ähnlicher Weise ließ sich Žygimantas (Sigismund I.), der Alte, 1527 in Vilnius von den Städtern dazu drängen, die Akte „De non tolerandis Judaeis" zu unterzeichnen, die den Juden das Leben und den Handel in Vilnius verbot und offiziell erst 1598 zurückgenommen wurde, obwohl den Juden dort zwischenzeitlich weitgehende andere Rechte eingeräumt worden waren und 1573 die erste Synagoge in Vilnius gebaut worden war. Zuweilen wurden die Juden gezwungen, sich auf die Berufe zu beschränken, die auszuüben die Christen nicht in der Lage waren. Die Juden durften z. B. nur als Goldschmiede, Juweliere und Glaser arbeiten. Auch die Freizügigkeit wurde gelegentlich eingeengt. Das Recht, Münzen zu prägen, wurde mehrfach verliehen und wieder entzogen. Auch die Waren für den Handel wurden teilweise beschränkt; mit bestimmten Waren durfte zuweilen nur innerhalb der Gemeinde gehandelt werden. Dennoch hielten die Juden den Handel weitgehend in ihrer Hand und wurden auf diese Weise zu einer Art Mittler zwischen Stadt und Land, da die bäuerliche Landbevölkerung Litauens nach wie vor keinen Drang in die Städte verspürte.

Die innere Autonomie

Entscheidend für die Entwicklung der Gemeinden und des Judentums in diesem Gebiet war aber sicher die eingeräumte innere Autonomie: Über alle wichtigen Angelegenheiten der Gemeinde entschied der ‚Kahal', ein Rat aus mindestens drei Mitgliedern, der sich aus den Rabbinern und in indirekter Wahl von der Gemeinde gewählten Vertretern zusammensetzte. Den Vorsitz des Kahal übten seine Mitglieder monatlich rotierend aus. Er war für die Eintreibung der vom Großfürsten festgesetzten Steuersumme verantwortlich; die Kopfsteuer wurde erst 1764 eingeführt. Im Inneren regelte er über bestimmte Kommissionen alle Lebensbereiche der Gemeinde: die religiösen Dinge, den Unterricht, die Gesundheits- und Altenpflege; er bot nötigenfalls soziale Hilfe an und überwachte die Tätigkeit der Heiratsmakler. Der Kahal überwachte auch die öffentliche Ordnung in der Gemeinde. Es gab ein eigenes Gericht – ‚Bet din', ein eigenes Gefängnis und einen Schandpfahl. Die höchste Strafe war ‚cherem', der Ausschluss aus der Gemeinde. Sie wurde mitunter als Todesstrafe empfunden, denn sicher fühlte sich das Individuum zu dieser Zeit nur in der Gemeinde. Der ‚Bet din' hatte auch eine ökonomische Funktion: Er kontrollierte die Maße und Gewichte, vergab Patentrechte, schloss Verträge und regulierte so die wirtschaftliche Tätigkeit der Gemeinde; schließlich verteidigte er die Mitglieder vor den christlichen Zünften. Um ihre erworbenen Rechte besser vor der polnischen Regierung vertreten zu können, bildeten die Gemeinden des Großfürstentums Litauen 1623 gemeinsam den ‚Rat Litauens' – Vaad ha medina de Lita –, dem sich 1652 auch Vilnius anschloss. Der Rat Litauens wirkte bis 1764.

Erstarken des Katholizismus – Schwinden der Toleranz

Die Lage der Juden im Großfürstentum Litauen hatte sich nach der Lubliner Union 1569 verschlechtert, da sie nun zumindest theoretisch der gemeinsamen polnisch-litauischen Jurisdiktion unterstellt waren. Ferner war der nun im Zuge des Wahlkönigtums von den Bojaren abhängige Herrscher nicht mehr in der Lage, eine judenfreundliche Politik ohne Rücksicht auf die Interessen des polonisierten Adels und der katholischen Kirche zu betreiben. Nach der Gegenreformation schwand gegen Ende des 16. Jahrhunderts zudem die frühere religiöse Toleranz, und der Katholizismus wurde zur dominierenden Religion, welche die Anhänger anderer Religionen zu kontrollieren suchte. So mehrten sich die Ausschreitungen gegen Juden; 1635 kam es zum Beispiel zur Schändung der Synagoge von Vilnius, an der sich auch Studenten der 1579 von den Jesuiten gegründeten Universität sowie Studenten des theologischen Seminars beteiligten. Mitte des 17. Jahrhunderts gab es im Zuge des Aufstands der Kosaken und der ukrainischen Bauern unter Bogdan Chmelnickij, der sich zunächst gegen die Ausbeutung durch die polnischen Adligen richtete, auch schreckliche Pogrome gegen die Juden – das jüdische Viertel in Vilnius brannte 17 Tage lang. Die Aufständischen hielten die Juden für Handlanger der Bojaren. Im Zusammenhang mit dieser Vernichtung vieler jüdischer Gemeinden wandte sich der Strom der Migration zum ersten Mal wieder gegen Westen.

Vilnius – das Litauische Jerusalem

Allen Anfeindungen zum Trotz lebte schließlich im polnisch-litauischen Staat der größte Teil aller europäischen Juden. Zu dieser großen Konzentration kam es auch dadurch, dass nach den polnischen Teilungen 1795 Katharina II. den Juden verbot, im Inneren Russlands zu siedeln, und ihr Siedlungsgebiet vor allem auf das Terrain des ehemaligen Großfürstentums Litauen beschränkte. So entstand ein großes Gebiet mit einem dichten Netz von jiddisch sprechenden Gemeinden, weshalb es später auch als Jiddischland bezeichnet wurde. Es umfasste etwa das Gebiet der heutigen Länder Litauen, Weißrussland und Ukraine sowie Teile von Polen.

Zum geistigen Zentrum dieses Gebiets wurde Vilnius, das den Beinamen das ‚Litauische Jerusalem' erhielt. Über die Landesgrenzen hinaus bekannt wurde zunächst der Talmudgelehrte Elijahu Gaon (eigentlich: Elijah ben Salomon Salman, 1720-1797). Gaon Elijahu entstammte einer gelehrten Rabbinerfamilie und hielt der Überlieferung nach schon mit sechs Jahren eine Predigt in der Vilniuser Synagoge, wobei er auf alle anschließenden Fragen des Rabbiners umfassende Antworten fand. Mit dreizehn Jahren war er bereits ein Gaon, ein Weiser. In seiner Jugend bereiste er Deutschland und Polen, vermutlich um andere Weise kennen zu lernen. Er machte die Bibel und den Jerusalemer Talmud zur Grundlage seiner Forschungen; vorher hatte man sich auf den babylonischen Talmud gestützt. Einerseits hielt er das Studium der Wissenschaften und der Kunst für eine Voraussetzung für das richtige Verständnis der Thora, so ließ er sich zum Beispiel Euklid in das Hebräische übersetzen, um ihn studieren zu können. Er selbst kannte nur die hebräische, aramäische und jiddische Sprache. Andererseits war er um Vereinheitlichung und Vereinfachung bemüht, im Bestreben, die Schriften allen zugänglich zu machen. Er führte einen erbitterten Kampf gegen die ‚Haskala' (bedeutet: Bildung, Kultur), die von Deutschland ausgegangen war und mit Moses Mendelssohn (1728-1786) an der Spitze für die Emanzipation der Juden und die Aufgabe des Jiddischen zugunsten der Landessprachen eintrat; Moses Mendelssohn hatte das Jiddische als ein Kauderwelsch bezeichnet.[1] Noch erbitterter bekämpfte Gaon Elijahu den Chassidismus, der zu Beginn des 18. Jahrhunderts vor allem in den südlichen Teilen des Jiddischlandes entstanden war. Der Chassidismus war volksnah, mystisch und wundergläubig, Gaon Elijahu warf ihm vor allem pantheistische Tendenzen vor. Als 1793 das chassidische Werk „Testament des Rabbiners Israel Baal Šem Tov" erschien (Baal Šem Tov war der Begründer des Chassidismus, das Werk stammte von einem seiner Schüler), befahl Gaon Elijahu, das Buch öffentlich zu verbrennen, sobald es Vilnius erreichen würde. Der Chassidismus war im Norden des Jiddischlandes 1772 exkommuniziert worden, dennoch gab es wohl noch bis zum Ende des Jahrhunderts in Vilnius Chassiden, die sich heimlich trafen. Ihnen gehörten bedeutende Familien der Stadt an. Offiziell zählte unter den Vilniuser Juden (den Litvaken) aber nur ein kritischer Rationalismus sowie der Satz „Amicus Plato, amicus Socrates, sed magis amica veritas"[2] – und auf der Suche nach der Wahrheit waren die Juden beim Studium des Talmuds unentwegt.

Dies alles war nicht ohne Auswirkungen auf die Entwicklung der jiddischen Sprache im östlichen Europa geblieben. Salcia Landmann schreibt dazu: „Die Bibelkommentare und die sich auf ihnen aufbauenden Debatten ... wurden in neuen lebendigen Fragen und Debatten weitergeführt. Und diese

Debatten der Jünglinge und Männer im Bet-Hamidrasch, dem Lernhaus, das an jede Synagoge angeschlossen war, oder in der Jeschiwa, der Talmudschule, wurden ja nicht in Hebräisch, sondern in Jiddisch geführt. Ein solcher Jahrhunderte langer Gebrauch schleift eine Sprache allmählich zu einem fast überscharfen Instrument für das geistige Duell. Alle Begriffe des familiären, rechtlichen, religiösen und Gemeinschaftslebens wurden dem semitischen Schrifttum entnommen. Die gesamte jiddische Sprache bekam von dorther ein ganz neues Profil. Dieses eigentümliche, zugleich geistig überscharf zugeschliffene und doch von naiver, volkstümlicher Kraft und Farbe überquellende Jiddisch war also die Sprache, welche die ‚Jidden' im Osten im siebzehnten Jahrhundert bereits sprachen."[3] Und das Jiddisch der Litvaken im Norden war für seinen besonders klaren, reinen und bissigen Stil bekannt. Deshalb sah man hier wohl auch keine Veranlassung, diese hoch entwickelte Sprache aufzugeben.

Das Judentum und die Nationalstaaten

Während des zaristischen Regimes, welches seit der letzten polnischen Teilung 1795 in Polen-Litauen herrschte, formierten sich die nationalen Bewegungen. An den polnisch-litauischen Aufständen von 1830/31 und 1863/64 gegen das Zarenregime beteiligten sich die Juden allerdings kaum, da sie sich in dieser Zeit eher als Angehörige einer grenzüberschreitenden Zivilisation fühlten. Yves Plasseraud schreibt hierzu: „Die Juden hatten allmählich eine eigene Zivilisation geschaffen, die geschlossen, aber gleichzeitig an keine konkrete Region gebunden war; sie war universell und grenzüberschreitend. Von Kišinev in Bessarabien bis Kovno (Kaunas) in Litauen, von Černovci in der Bukovina, von Lemberg (Lvov) in Ostgalizien bis Minsk in Weißrussland hatte sich ein durchgehender Kulturraum gebildet, in dem die jiddische Sprache gedieh und eine wundervolle Literatur sich entwickelt hatte, wo solche Autoren wie Solem Alejchem oder Bashevis Singer wirkten. Der Name Litvakija wird für immer ein Symbol für diese Zivilisation bleiben."[4]

Salcia Landmann schreibt von einem anderen jiddischen Autor, Mendele Moicher Ssforim (Abramovič 1836-1917), der aus dem ethnischen Litauen stammte, nach dem Studium an den Talmudhochschulen in Vilnius und Minsk südwärts reiste und bis nach Odessa kam: „Es gelang ihm als Erstem, das zauberhafte, aus altertümlichem Deutsch und talmudischem Hebräisch, aus Intellekt und Gemüt, aus Schärfe und Melodik komponierte Idiom in seinen vollen Klängen und Nuancen einzufangen... Erst bei ihm band sich das knappe, lakonische, logische Jiddisch Litauens mit dem breit fließenden, melodischen, getragenen Dialekt Südrusslands zu einem volltönenden Akkord. Und in dieser dem Volk aus Süd und Nord abgelauschten Sprache schuf Mendele ein bezauberndes Bilderbuch des Ostjudentums."[5]

Im Gefolge der Haskala gab es aber auch im Osten die Aufklärer, die Maskilim, die das Jiddische in der Tradition Mendelssohns verachteten – dies waren vor allem die rationalen litauischen Juden, die Litvaken. Sie postulierten das Hebräische für wissenschaftliche und religiöse Publikationen, darüber hinaus sollte die Jugend die Landessprachen, im 19. Jahrhundert vor allem russisch, lernen. Der Hass auf das Jiddische reichte so weit, dass eine Gruppe maskilischer Rabbiner beim zaristischen Kultusminister ein Gesuch einreichte, er möge doch den Juden jiddische Publikationen auch für intern-jüdische Zwecke verbieten; der Minister – sonst zu Schikanen gegenüber den Juden durchaus bereit – lehnte aber das Gesuch ab, mit der Begründung, durch das Erlassen eines solchen Ukas würden die Juden ja nicht von heute auf morgen Russisch lernen. Um vom Volk verstanden zu werden, mussten deshalb auch die Maskilim jiddisch schreiben, sozusagen wider Willen.[6]

Die mit den nationalen Bewegungen verbundenen sozialen und kulturellen Veränderungen in Polen und Litauen konnten jedoch nicht ohne Auswirkungen auf die bis dahin weitgehend geschlossene jüdische Welt bleiben. Waren die Beziehungen zwischen den Ethnien bis dahin meist nur ökonomischer Natur gewesen, stellte sich nun auch für die Juden die Frage nach dem Umgang mit den „anderen", mit den Angehörigen der sich nun neu formierenden Nationen, vor allem mit dem in der zweiten Hälfte des 19. Jahrhunderts erwachenden litauischen Nationalbewusstsein. Es war schwierig, eine gemeinsame Antwort darauf zu finden. Deshalb gab es Ende des 19. und Anfang des 20. Jahrhunderts zuweilen einen erbarmungslosen Kampf zwischen den einzelnen Gruppierungen: den Sozialisten, welche die Assimilation propagierten, den Jiddischisten, die für die kulturelle Autonomie eintraten, den Zionisten, welche die Gründung eines unabhängigen Staates Israel in Palästina befürworteten, ganz zu schweigen von den Vertretern der religiösen Orthodoxie und des Chassidismus, für die all diese „weltlichen" Projekte gleichsam eine Gotteslästerung darstellten.[7]

Nach der zaristischen Volkszählung von 1897 gab es in dem Gebiet des ehemaligen Großfürstentums Litauen anderthalb Millionen Juden, von denen fast ein Viertel im Gebiet des heutigen Litauen lebten. Auf das Letztere wollen wir uns in den nachfolgenden Betrachtungen der Einstellung des litauischen Nationalstaates zum Judentum konzentrieren; denn sowohl der im Entstehen begriffene als auch der später existierende litauische Staat musste sich natürlich seinerseits um diese größte Minderheit im Lande Gedanken machen. Dabei ist deutlich zu unterscheiden zwischen den staatlichen Vorgaben und der Einstellung der gesellschaftlichen Kräfte, vor allem der katholischen Kirche, sowie der Bevölkerung.

So wurde auf dem „Großen Litauischen Landtag" 1905 in Vilnius, auf dem vom zaristischen Russland unter anderem Autonomie für Litauen und Litauisch als Amtssprache gefordert wurden, die Gleichheit der Nationen im Lande und ihre kulturelle Autonomie anerkannt. Auch zu Beginn des selbstständigen litauischen Staates nach dem Ersten Weltkrieg wurden die bürgerlichen Rechte der jüdischen Minderheit garantiert sowie kulturelle und administrative Autonomie eingeräumt. Bis 1924 gab es im litauischen Kabinett einen Minister für jüdische Angelegenheiten. Unter litauischen Juden gelten die ersten fünf Jahre im unabhängigen Litauen als ein weiteres „Goldenes Zeitalter", das leider nicht lange andauerte. National und klerikal eingestellte Strömungen kritisierten die ihrer Meinung nach zu weit gehenden Rechte der Juden als eine gefährliche Entwicklung eines „Staats im Staate". Es kam zu Ausschreitungen, im Rahmen derer die auf Jiddisch verfassten Schilder jüdischer Läden mit Teer beschmiert wurden. Dennoch blieb den Juden während der gesamten Periode des unabhängigen litauischen Staates die Glaubens-, Bildungs- und Kulturautonomie erhalten. Die Rabbiner erhielten wie die Kleriker anderer Glaubensrichtungen eine staatliche Unterstützung. Der Staat unterstützte auch finanziell die jüdische Kulturpflege. Selbst der Staatspräsident Smetona, der die demokratischen Rechte in Litauen seit 1926 stark eingeschränkt hatte, akzeptierte die jüdische Autonomie in diesem Rahmen, und sowohl er als auch sein Innenminister traten bis zum Ende ihrer Regierungszeit für die Rechte der Juden ein. Er verlangte allerdings, dass die Juden unter sich zwar die jiddische und hebräische Sprache gebrauchten, in staatlichen Angelegenheiten und im Umgang mit Bürgern anderer Nationen aber das litauische Idiom benutzten. Diese Forderungen richteten sich vor allem auch gegen die noch aus der zaristischen Zeit stammende Orientierung vieler Juden zum Russischen hin; denn soweit jüdische Assimilation in dieser Region vor sich gegangen war, war sie in der Regel zur russischen Kultur hin erfolgt. Auf diese Ausrichtung reagierten viele Litauer eingedenk der noch sehr jungen Errungenschaft des Litauischen als Staatssprache empfindlich: Das zaristische Verbot, Bücher in lateinischen Buchstaben zu drucken, war erst 1904 aufgehoben worden, von der polnischen Orientierung der Oberschicht und der Geistlichkeit hatte man sich ebenfalls erst in der zweiten Hälfte des 19. Jahrhunderts emanzipiert. Diesen Empfindsamkeiten trugen jüdische Organisationen denn auch durch einen öffentlichen Aufruf Rechnung, das Russische in der Öffentlichkeit nicht zu gebrauchen. Mit der Zeit beteiligten sich immer mehr Juden am öffentlichen und kulturellen Leben in Litauen.

Antisemitismus in der litauischen Gesellschaft

Neben den staatlichen Vorgaben gab es allerdings in der litauischen Gesellschaft einige Faktoren, die der zuvor geschilderten Entwicklung abträglich waren.

Im Zuge der Entwicklung des Nationalbewusstseins der Litauer verschärfte sich der christlich motivierte Antisemitismus. Die traditionell negative Einstellung der katholischen Kirche gegenüber den Juden hatte Einstellungen und Stereotypen bewirkt wie diese: Juden seien Gottesmörder, sie begingen Ritualmorde an Christen, sie hätten eine Strafe dafür verdient, dass sie nicht der Lehre Christi folgten. Die katholische Geistlichkeit „warnte" ihre Katholiken oft vor den Versuchen der Juden, ihnen zu schaden. Mit religiösen, ökonomischen und moralischen Argumenten wirkte gegen die Juden in seinen Publikationen zum Beispiel auch der Bischof Motiejus Valančius (1801-1875). Er war ein wichtiger Vertreter der nationalen Bewegung, der als einer der ersten die litauische Sprache benutzte und propagierte: Im Priesterseminar in Varniai hatte er die litauische Sprache eingeführt und verblüffte seine Zeitgenossen 1848 mit der Veröffentlichung seines historischen Werks über die Bischöfe in Žemaiten in litauischer Sprache – Wissenschaftliches schrieb man bis dahin in Polnisch oder Russisch. Er schrieb viele Broschüren auf Litauisch, ließ diese heimlich in Kleinlitauen in Preußen drucken und nach Litauen schmuggeln, bemühte sich um Bildung auf dem Land. Da sich viele seiner Schriften auch an den litauischen Bauern richteten, fand der christlich motivierte Antisemitismus nun größere Verbreitung. In ökonomischer Hinsicht geriet Valančius mit dem Judentum vor allem durch seine Aktion gegen den Alkohol in Kollision: Die Juden hatten den Alkoholhandel inne. Auch die sehr national und klerikal eingestellten Zeitschriften der nationalen Erweckung „Aušra" (Die Morgendämmerung) und „Varpas" (Die Glocke) förderten den Antisemitismus. Es muss jedoch ebenso festgehalten werden, dass es auch viele litauische katholische Geistliche gab, die im jungen litauischen Staat für die Rechte der Juden eintraten, zum Beispiel der Erzbischof Jurgis Matulaitis und andere; dennoch wirkten die alten Einstellungen sicherlich vor allem bei der ländlichen Bevölkerung nach.

Ein weiteres großes Problem, das die Beziehungen zwischen Litauern und Juden in dem jungen Staat schwer belastete, war die wachsende Konkurrenz zwischen Litauern und Juden in Handel, Industrie und Beruf: Die litauischen Städte waren Jahrhunderte lang Bastionen der wirtschaftlichen und kulturellen Tätigkeit von Juden, Deutschen und Polen gewesen. Nun wurden auch die Städte vor allem durch Zuzug vom Land immer litauischer, und schon nach den ersten Jahren der Unabhängigkeit waren die litauischen Einwohner in allen litauischen Städten – außer in Vilnius und in Klaipėda – in der Mehrheit.

Die Litauer waren nach Jahrhunderten zur dominierenden oder zumindest bedeutenden Kraft in den politischen, wirtschaftlichen und kulturellen Institutionen geworden. Von 1923 bis 1936 war die Anzahl der litauischen Betriebe um 300% gewachsen, die der jüdischen hingegen um 9% gesunken. Von 1923 bis 1936 war der Anteil litauischer Betriebe an der Gesamtzahl der Betriebe von 13 % auf 43 % angewachsen. Es gab immer mehr litauische Läden, dennoch betrug der Anteil der jüdischen Läden 1936 noch 54 %. Bis 1930 machte der Anteil der jüdischen Studenten, die das Studium der Medizin und der Rechtswissenschaften aufnahmen, 35-40 % aus. Nachdem die Smetonaregierung eine Aufnahmeprüfung in litauischer Sprache beim Hochschulzugang eingeführt hatte, sank der Anteil der jüdischen Studenten deutlich; er war aber, gemessen an den Anteilen der beiden Bevölkerungsgruppen, immer noch zweimal größer als der Anteil der litauischen Studenten. Diese Entwicklung der allmählichen Verschiebung der Gewichte zugunsten der Litauer ging manchen Strömungen in der litauischen Gesellschaft aber zu langsam vor sich. So wurden in den dreißiger Jahren Losungen wie „Litauen den Litauern" immer lauter.

Die Juden Litauens wurden jetzt häufiger in Anlehnung an den westlichen Antisemitismus als ein dem Land schädlicher Fremdkörper apostrophiert, der rücksichtslos auf seinen Nutzen bedacht sei und seinem Wesen nach die Weltherrschaft anstrebe. Derartige Äußerungen waren zum Beispiel in den Wochenzeitungen „Verslas" (Handwerk) und „Tėvų žemė" (Das Land der Väter) zu lesen. Jüdische Zeitungen wie die „Jidiše Štime" oder die in Litauisch erscheinende „Apžvalga" (Überblick) antworteten zuweilen darauf in scharfen, diese antisemitischen Einstellungen ins Lächerliche ziehenden Repliken. Wenngleich Vertreter der Regierung einschließlich des Staatspräsidenten Smetona die rassistischen Tendenzen öffentlich kritisierten, der unter litauischen Wirtschaftsvertretern verbreiteten Ansicht, die Juden diskriminierten die Litauer in wirtschaftlicher Hinsicht, entgegentraten und zu einer „moralischen Konkurrenz" aufriefen, wurde die Forderung, „die jüdische Frage zu ordnen", immer lauter. Es gab in der zweiten Hälfte der dreißiger Jahre auch zunehmend mehr Fälle von Verbreitung antijüdischer Propaganda auf Flugblättern und antijüdischem Vandalismus.

Die Lösung der „jüdischen Frage" wurde zunächst schon Ende der zwanziger Jahre von der ultrarechten paramilitärischen Organisation „Geležinis Vilkas" (Eiserner Wolf), in der sich die Anhänger des von Smetona Ende der zwanziger Jahre entmachteten Ministerpräsidenten Augustinas Voldemaras sammelten, gefordert. Im Programm dieser Organisation hieß es unter anderem: „Schließlich dürfen die Wölfe den Kampf für die Befreiung aus der ökonomischen jüdischen Sklaverei nicht vergessen. Im Jahr 1929 muss eine breitere antisemitische Bewegung begonnen werden."[8] Auch die antismetonische Opposition, die sich in der LAF (zu deutsch: Front der Aktivisten Litauens) zusammengeschlossen hatte, scheute sich nicht, nationalen und rassistischen Hass zu verbreiten, und empfahl, Litauen möge sich an die Achsenstaaten anlehnen. Es liegt hier ein Paradoxon der damaligen Geschichte vor, das Sužiedėlis wie folgt beschreibt: „Die Ideen der nationalen Toleranz propagierte die diktatorische Clique des ‚Führers der Nation', während die Opposition, einschließlich des katholischen und demokratischen Flügels, immer mehr von der Strömung des engen Nationalismus und ethnisch begründeten Hasses erfasst wurde."[9]

Das Gespenst des „jüdischen Bolschewismus"

Nach der Besetzung Litauens durch die Sowjetunion entsprechend den geheimen Zusatzprotokollen des Hitler-Stalin-Paktes verschärften sich die Beziehungen zwischen Litauern und Juden zusehends. Angesichts der Bedrohung durch das Dritte Reich im Westen sympathisierten manche Juden, vor allem Teile der jüdischen Jugend, mit der Sowjetunion. Sie sahen in der Eingliederung Litauens in die Sowjetunion die Rettung vor den Nazis. Dies führte dazu, dass viele Litauer die Sowjetregierung mit den Juden identifizierten. So gab es zum Beispiel bei den von der Sowjetunion inszenierten „Wahlen" vom Juli 1940 unter den aus Protest ungültig gemachten Stimmen in den Urnen sehr viele, die eindeutig gegen die Juden gerichtet waren und Aufschriften wie diese enthielten: „Fort mit der jüdischen Regierung", „Schlagt die Juden, rettet Litauen" oder „Juden marsch nach Palästina!".[10] Es trifft wohl zu, dass der Anteil von Juden bei den Kommunisten und Komsomolzen in den ersten Monaten der Besetzung im Jahre 1939 etwa 10 % bis ein Drittel der Mitglieder der litauischen KP ausmachte – hierzu gibt es unterschiedliche Angaben. Vor allem in Kaunas war der Anteil jüdischer Parteimitglieder sehr groß. Ende 1940 gab es unter den 376 Mitgliedern der Kaunaer KP 180 Juden und 158 Litauer.

Die damals vielfach verbreitete Ansicht – die zuweilen auch heute noch anzutreffen ist –, dass es sich um eine jüdische Regierung gehandelt habe, entbehrt aber jeder Grundlage. Die Mehrheit der Institutionen und des Apparats des neuen litauischen Sowjetstaates bildeten nach Sužiedėlis Litauer, wobei zu berücksichtigen ist, dass sowohl bei den Juden als auch bei den Litauern die Kommunisten, gemessen an der Gesamtzahl des jeweiligen Bevölkerungsanteils, eine sehr kleine Minderheit darstellten, die kaum ein Prozent ausmachte.[11]

Das Sowjetregime verfolgte und zerstörte im Gegenteil die religiösen, kulturellen, ökonomischen und nationalen Institutionen der Juden: Es schloss jüdische Synagogen, Schulen und kulturelle Organisationen, enteignete die jüdischen Banken und die Gemeinden. Die Anzahl der Juden, die deportiert oder inhaftiert wurden und anderweitig unter dem Sowjetregime gelitten haben, war um ein vielfaches größer als die Anzahl der jüdischen Kommunisten.[12]

Das damalige Zeichnen des Gespensts vom „jüdischen Bolschewismus" ist deshalb aus heutiger Sicht nach Sužiedėlis in keiner Weise berechtigt: Es könne nur dann Gestalt gewinnen, wenn man sich auf Erinnerungen und sonstige einseitige tendenziöse ‚Eindrücke' von damaligen Zeitgenossen stütze, ohne das zahlreiche Fakten- und Archivmaterial zu beachten. Dennoch hielt sich das Gespenst des „jüdischen Bolschewismus" in der litauischen antisowjetischen Öffentlichkeit der Vorkriegszeit sehr hartnäckig. Sie sah spätestens seit der großen, von den Sowjets eingeleiteten Deportationswelle nach Sibirien im Juni 1941, eine Woche vor Ausbruch des Zweiten Weltkrieges, vielfach die einzige Rettung vor dem Stalinismus im Einmarsch Nazideutschlands in ihre Heimat.

Jiddische Kultur am Vorabend des Zweiten Weltkrieges

Bevor wir die verhängnisvollen Folgen dieser Konstellation für die Beziehungen zwischen Juden und Litauern betrachten, wollen wir wenigstens kurz die jiddische Kultur streifen, wie sie sich am Vorabend des Zweiten Weltkriegs im Gebiet des heutigen Litauen darbot. Wegen des Streits zwischen Litauen und Polen um Vilnius, das die meiste Zeit zwischen den Weltkriegen zu Polen gehörte, unterhielt die Republik Litauen keine diplomatischen Beziehungen zu Polen. Dies erschwerte die Kommunikation zwischen den beiden Metropolen Kaunas und Vilnius; es gab sie aber, deshalb werden wir Vilnius hier in die Betrachtung mit einbeziehen. Die Situation im Kaunas dieser Zeit beschreibt Rachel Ertel wie folgt: „In Kaunas, der Hauptstadt der Republik Litauen sowie der ganzen von Polen isolierten Region einschließlich des damals polnischen Vilnius, wurden die vielseitigen kulturellen Aktivitäten auf Hebräisch und Jiddisch in keiner Weise schwächer. Ihr Netz verbreitete sich sogar, die verschiedenen Formen der Selbstdarstellung nahmen zu [...] Die Grundschulen erhielten eine Unterstützung von der Regierung; dreizehn höhere Schulen in verschiedenen Landesteilen erteilten Diplome, die zum Hochschulstudium berechtigten; es entstanden neue Bibliotheken, Chöre, Theatergruppen."[13] Die Kulturschaffenden in Vilnius und Kaunas kannten einander aber vielfach persönlich nicht; dennoch gab es – manchmal durch Vermittlung ausländischer Autoren – kulturelle Verbindungen. So wurden zum Beispiel in den jiddischen Kaunaer Zeitschriften die Werke der jiddisch schreibenden Gruppe „Jung Vilne" vorgestellt. Im Sommer 1939 wurde sogar eine gemeinsame Zeitschrift „Naje Bleter" herausgegeben. Die letzte Nummer der „Naje Bleter" erschien 1940 noch nach der Besetzung Litauens durch die Rote Armee, während vom Westen Europas her bereits das Damoklesschwert der Vernichtung über der jüdischen Bevölkerung schwebte.[14]

Das herausragende Ereignis für das jiddische Kulturleben dieser Zeit dürfen wir in der Gründung des YIVO in Vilnius im Jahre 1925 durch den Linguisten Max Weinreich sehen – des „Yidischer Visnshaftlekher Institut". Dieses Institut hatte sich die Erforschung und Systematisierung der jiddischen Sprache und Kultur in Osteuropa zum Ziel gesetzt.

Nach außen wurde die neue Forschungsstätte durch ein Ehrenkuratorium repräsentiert, dem unter anderem auch Albert Einstein und Sigmund Freud angehörten. Es gab verschiedene Sektionen:

Die YIVO-Philologie wollte einen umfassenden Wortschatz und eine standardisierte Grammatik erstellen.

Die Ethnographie fragte nach Wundergeschichten und lokalen Festtagsbräuchen.

Die historische und ökonomische Sektion erforschten den jüdischen Sozialismus oder die Wirtschaftsstrukturen im ‚Schtetl'.

Es wurde eine Buchreihe herausgegeben, die Bücher von Weltrang auf Jiddisch verfügbar machte.

Gut 40.000 Bände und Manuskripte sammelte das Institut; in der Bibliographischen Zentralstelle waren über 250.000 jiddische Schriften aus aller Welt erfasst.

Eng mit dem YIVO ist das Leben Abraham Sutzkevers und seines Freundes Szmerke Kaczerginski verbunden. Sutzkever wurde 1911 in der Nähe von Vilnius geboren. Am YIVO-Institut studierte er Jiddische Sprache, Literaturtheorie und -kritik. Er gehörte der Gruppe Jiddisch schreibender Autoren „Jung Vilne" an.

Später war Sutzkever maßgeblich im Ghetto in Vilnius an der Organisation des jüdischen kulturellen Lebens beteiligt, barg unter Lebensgefahr zusammen mit Kaczerginski Handschriften, Bücher und andere Kulturschätze aus dem YIVO und aus der Stadt im Ghetto (er musste für die Nazis im YIVO die Bestände sortieren).

Zehn Tage vor der Liquidierung der Ghettos gelang Sutzkever die Flucht. Er schloss sich einer jüdischen Partisanengruppe in den Sümpfen bei Vilnius an. Nach Ende des Krieges wurden die geborgenen Materialien wieder unter größten persönlichen Risiken zum ‚YIVO Institute for Jewish Research' nach New York geschmuggelt, wo sie als Sutzkever-Kaczerginski-Collection aufbewahrt werden. Ein anderer Teil der YIVO-Bestände hat übrigens die sowjetische Zeit in einer Barockkirche in Vilnius überdauert – er wurde unter Mithilfe des Tübinger Judaisten Stefan Schreiner und seiner Studenten in den neunziger Jahren katalogisiert.[15]

Der Judenmord in Litauen

Mit dem Einmarsch der Deutschen in Litauen begann die systematische Vernichtung der Juden in diesem Land. Dabei wurden 170.000 bis 200.000 Menschen ermordet; die Zahlen werden unterschiedlich angegeben. Die bereits beschriebenen antisemitischen Einstellungen entluden sich zunächst in spontanen Ausschreitungen, denen bereits in den ersten Kriegstagen bis Ende Juni allein in Kaunas den meisten Darstellungen zufolge etwa 3.800 Menschen zum Opfer fielen.

Inwieweit diese Aktionen rein spontaner Natur und inwieweit sie von Anfang an von den Deutschen inspiriert oder zumindest kontrolliert waren, ist in der Forschung im Einzelnen noch nicht eindeutig geklärt.[16] Fest steht aber wohl, dass die teilweise untereinander rivalisierenden, antikommunistisch und weitgehend auch antisemitisch eingestellten Anhänger des „Eisernen Wolf" und der LAF, ehemalige Mitglieder der Smetonatruppen sowie teilweise auch Leute, die eigene Rechnungen meinten begleichen zu müssen oder sich bereichern wollten, bei Abzug der Sowjetarmee nach Kriegsausbruch mit der Sowjetunion zunächst als „Aufständische" vor allem gegen Kommunisten, aber auch gegen die mit diesen identifizierten Juden gewirkt und unter anderem die mit der Sowjetarmee flüchtenden Juden terrorisiert haben. Ende Juni 1941 ließen sie sich (nach dem Befehl der Nazis zur Entwaffnung der „Aufständischen") vielfach in der trügerischen Hoffnung auf die Wiedererrichtung eines eigenen litauischen Staates unter deutschem Schutz in die „Polizeihilfsbataillone"[17] und „Schutzmannschaften"[18] eingliedern; diese aber wurden für die Vorbereitung und Durchführung der Exekutionen an Juden im Dienste der Nazis eingesetzt.[19]

Der am 23. Juni von der LAF ausgerufenen litauischen Vorläufigen Regierung, die in der litauischen Historiographie des Exils teilweise als Leiterin des heldenhaften Aufstands des litauischen Volkes gegen die sowjetischen Okkupanten gesehen wurde[20], war nur eine kurze, halbherzige Duldung durch die Deutschen beschieden. Im Vorspann zum Interview mit dem amerikanischen Historiker Sužiedėlis „Die weißen Flächen des Aufstands von 1941" schreibt Eidintas dazu: „Bei uns wird der Aufstand von 1941 gewöhnlich in hellen Farben geschildert. Aber es gibt auch seine dunklen Seiten: In der Vorbereitung des Aufstands und seiner Leitung offenbarten sich politische Naivität; an das Nazireich wurden unberechtigte Hoffnungen geknüpft; während des Aufstands kamen Aktionen von Vergeltung und unkontrollierten Ausschreitungen auf und es begann der Mord an einem Teil der Bürger Litauens; nach der Einnahme Litauens durch die Deutschen gab es den nur kurz währenden Flirt mancher Aktivisten der LAF mit den Nationalsozialisten."[21]

Schon in den Direktiven der LAF vom 24. März 1941 für den Fall der erwarteten deutschen Invasion in Litauen heißt es:

„Für die ideologische Reifwerdung der litauischen Nation ist es wesentlich, daß antikommunistische und antijüdische Aktionen verstärkt werden. Vor allem jedoch muß der Gedanke verbreitet werden, daß es mit Sicherheit zu einem bewaffneten deutsch-russischen Konflikt kommen wird, bei dem die Rote Armee schnell aus Litauen vertrieben werden wird. Litauen wird wieder zu einem freien und unabhängigen Staat werden. Es ist von großer Wichtigkeit, daß dabei die Möglichkeit genutzt wird, sich aller Juden zu entledigen. Wir müssen eine Atmosphäre schaffen, die für Juden so drückend ist, dass kein einziger Jude denkt, er habe das geringste Recht oder die Möglichkeit, im neuen Litauen zu leben. Es ist unser Ziel, die Juden gemeinsam mit den roten Russen zu vertreiben. Je mehr von ihnen bereits jetzt das Land verlassen, um so einfacher wird es, später den Rest loszuwerden. Die Gastfreundschaft, die den Juden durch Vytautas den Großen gewährt worden ist, ist hiermit für alle Zeiten widerrufen, wegen ihres wiederholten Verrates der litauischen Nation an ihre Unterdrücker."[22]

Man darf diese Erklärung in ihrer Wirkung aber wohl nicht überbewerten. Der litauische Historiker Brandišauskas führt hierzu aus: „Obwohl die Rhetorik sehr aggressiv war, war das Verhalten eher gemäßigt. Die antisemitischen Äußerungen haben auf das Bewusstsein der litauischen Massen kaum eingewirkt. Obwohl es nach Kriegsbeginn antisemitische Tendenzen gab, waren diese eher durch lokale Gegebenheiten bestimmt und nicht durch die antisemitische Rhetorik der LAF."[23] Der antisemitische Geist der Erklärung in all seiner Schärfe darf wohl nach Darstellung auch der neueren litauischen Historiker wie Brandišauskas nicht pauschal allen Mitgliedern der Vorläufigen Regierung unterstellt werden. Brandišauskas zieht sie aber dennoch zu Recht zur Verantwortung für das Geschehen in Litauen, nämlich für die von ihr erlassenen antisemitischen Gesetze, wenn diese seiner Auffassung nach angesichts der tatsächlichen Machtverhältnisse auch weitgehend nur wirkungslose Deklarationen blieben: „Dies entbindet sie aber nicht von der Verantwortung für den diskriminierenden Charakter der von ihr angenommenen Gesetze, für die Gleichsetzung der Juden mit der Ideologie und den Menschen [i.e. den Kommunisten], die den Litauischen Staat vernichtet haben."[24]

Allein dem Ende Juni 1941 gebildeten „Rollkommando" des SS-Leutnants Joachim Hamann, dessen Kern ein Teil der im „Eisernen Wolf" organisierten Voldemaras-Anhänger bildete, fielen von Mitte Juli bis Anfang Oktober 1941 etwa 60.000 bis 77.000 Menschen in ganz Litauen zum Opfer; die Ermordeten waren größtenteils Juden.[25]

Sužiedėlis verweist darauf, dass über die direkte Beteiligung an den Erschießungen hinaus die lokalen Verwaltungen in Litauen indirekt an den Aktionen beteiligt waren, und zwar durch Segregation der Juden, deren Enteignung und andere Repressionen. Obwohl spätestens seit Anfang August 1941 jedem Beamten hätte klar sein müssen, was geschehen würde, wenn aus Kaunas per Telegramm oder Telefon die Anweisung kam, die Juden der Region zu „sammeln", kamen die meisten Angehörigen des litauischen Verwaltungsapparats dieser „Verpflichtung" nach, wenn auch manchmal unwillig. Hierin sieht Sužiedėlis eine der „traurigsten Seiten" der Geschichte Litauens sowie anderer von den Deutschen besetzter europäischer Länder.[26]

Die Hoffnung der Kollaborateure seit dem 24. Juli 1941 unter der Führung der Voldemaras-Anhänger auf einen eigenen Staat und eine eigene Armee schien später in gewisser

Weise in Erfüllung zu gehen. Knut Stang führt dazu aus: „Der Truppenbedarf der Ostfront und der rückwärtigen Heeresgebiete zwang die deutsche Führung ab Anfang 1942, auch auf litauische Hilfspolizisten als Hilfstruppen im paramilitärischen Einsatz zurückzugreifen – zunächst vor allem im Partisanenkrieg, später auch zum Fronteinsatz. Die damit verbundenen Zugeständnisse an die [litauischen] Nationalisten folgten jedoch nur sehr zögerlich: Der 1943 einberufene Nationalrat blieb ohne Einfluss, und die schlecht ausgerüstete Nationalarmee wurde im Mai 1944 wieder aufgelöst, nachdem sie sich geweigert hatte, den Eid auf Hitler zu leisten und sich der SS zu unterstellen."[27]

Zu diesem Zeitpunkt gab es in Litauen aber höchstens noch 2.000 Juden, denen es gelungen war, den Ghettos zu entkommen und sich zu verstecken, oder die den Krieg von Anfang an im Untergrund zu überstehen suchten. Allein bis Ende 1941 waren drei Viertel der litauischen Juden vernichtet worden. Die anderen vegetierten in den Ghettos und fielen den immer wieder durchgeführten Exekutionen zum Opfer, die vor allem die nicht mehr arbeitsfähigen Menschen trafen. 1943/1944 wurden die Ghettos liquidiert, was wieder mit Massenerschießungen verbunden war, denn nur die Erwachsenen und Arbeitsfähigen wurden in die Konzentrationslager Stutthof und Dachau transportiert. Etwa 25.000 Juden befanden sich hinter den Frontlinien in der Sowjetunion: Sie hatten es entweder bei Kriegsbeginn geschafft zu fliehen oder waren deportiert worden.[28]

Es soll hier aber auch nicht unerwähnt bleiben, dass es gleichzeitig viele Litauer gab, die versucht haben, Juden zu helfen und ihnen Unterschlupf zu gewähren, ungeachtet der hohen Strafen, die sie im Falle der Aufdeckung erwarteten. Eidintas schreibt in seinem Aufsatz zu diesem Thema: „ Es gab aber auch das andere Litauen als das, welches sich den Juden während der Mordaktionen und Repressionen darbot. Es gab auch das Litauen, das Mitleid mit ihnen hatte und sich um sie sorgte, ihre Nachbarn, Freunde, Sympathisanten oder einfach Menschen, die mit den Juden in ihrem Unglück mitfühlten, von denen sie nun der Abgrund des faschistischen Regimes trennte."[29] Er verweist auf eine ganze Reihe von Litauern, die für das Verstecken von Juden von der Gestapo festgenommen und erschossen wurden, und auf 50 Menschen, die aus demselben Grund im Gefängnis einsaßen.[30] Das Jüdische Museum in Vilnius hat zu diesem Thema Materialien veröffentlicht.[31]

Näher soll hier auf die tragischen Ereignisse jener Zeit nicht eingegangen werden. Die Erinnerungen und Aufzeichnungen von Mascha Rollnikaitė, Grigorij Schur, Schoschana Rabinovici und Helene Holzmann legen von ihnen Zeugnis ab und sind jedem interessierten Leser auf Deutsch zugänglich und zu empfehlen. Auch einige historische Arbeiten zum Thema liegen inzwischen auf Deutsch vor.

Der Umgang mit dem Holocaust im heutigen Litauen

In der Bevölkerung des Nachkriegslitauen wurden die Ereignisse des Zweiten Weltkriegs weitgehend tabuisiert; in der sowjetischen Historiographie und erst recht in den Schulbüchern war in diesem Zusammenhang in der Hauptsache nur von der Vernichtung friedlicher „sowjetischer Bürger" durch die „bourgeoisen Nationalisten" die Rede, wobei das besondere Schicksal der Juden weitgehend unberücksichtigt blieb. So stellt sich für einen großen Teil der Litauer das Problem der Shoah und die Frage der Beteiligung ihres Volkes daran erst seit 1990. Der litauische Historiker Alfonsas Eidintas untersucht den Umgang Litauens mit dieser Frage in seiner Arbeit „Žydai, holokaustas ir dabartinė Lietuva" (Juden, Holocaust und das heutige Litauen) im Rahmen seines umfassenden Werks „Lietuvos žydų žudynių byla" (Die Akte der Morde an den Juden Litauens), in dem auch viele Arbeiten in- und ausländischer Wissenschaftler und Publizisten veröffentlicht sind. Da diese Arbeit unseren nachfolgenden Ausführungen zugrunde liegt, wird nachfolgend in Anlehnung an Eidintas der Begriff „Holocaust" anstelle von Shoah verwendet.

Zu der Frage des Umgangs mit dem Holocaust betont Eidintas unter anderem: „Für die Litauer war der Holocaust und die Beteiligung der Litauer an den Mordaktionen gegen die Juden eine völlig neue Frage. Ein litauischer Diplomat von hohem Rang vertraute mir einmal an: ‚In den ersten Regierungsjahren des Präsidenten A. Brazauskas berieten wir oft über jüdische Fragen zur Geschichte, Kultur und Politik. Keiner von uns wusste damals etwas Näheres darüber. Jede die Dinge der Juden betreffende Frage behandelten wir wie eine heiße Kartoffel.'"[32]

Präsident Brazauskas hat sich 1995 vor der Knesset in Israel für das im Zweiten Weltkrieg Geschehene mit den Worten entschuldigt: „Von dieser Tribüne, auf der schon viele Staatsmänner der Welt gestanden haben, in dem Herzen Ihres Staates selbst, beuge ich, der Präsident der Republik Litauen, den Kopf in Erinnerung an die mehr als 200.000 ermordeten litauischen Juden. Ich bitte um Ihre Vergebung für die Litauer, die erbarmungslos Juden mordeten, sie erschossen, deportierten und beraubten."[33][34]

Zu Hause wurde A. Brazauskas aber wegen dieser Entschuldigung mit schlechter Presse und massiven Vorwürfen empfangen; die Erklärung sei zu früh erfolgt, die litauische Öffentlichkeit sei darauf noch nicht vorbereitet.

Hinsichtlich der Ahnungslosigkeit der Litauer über den Holocaust bekennt auch Eidintas selbst, dass er bei seinem ersten Besuch des Holocaustmuseums in den USA Anfang 1994 nicht nur von der Größe des Museums überwältigt war, sondern auch von dem Material, das sich ihm dort über den Judenmord in Litauen darbot. Er habe damals beschlossen, sein Augenmerk verstärkt auf die Zusammenarbeit mit diesem Museum und mit den jüdischen Organisationen in den USA zu richten (Eidintas war Ende 1993 Botschafter der Republik Litauen in den USA geworden).

Erste Kontakte zwischen litauischen und amerikanischen Historikern wurden aber schon 1990 geknüpft, so mit dem Kulturinstitut YIVO in New York. Ein internationaler Kongress fand 1991 in New York statt, 1993 fand anlässlich der Gedenkfeier zum 50. Jahrestag der Vernichtung des Ghettos in Vilnius der zweite Kongress mit Wissenschaftlern aus Frankreich, den USA, Israel und Litauen in Vilnius statt. Eidintas beschreibt diesen Kongress als sehr anregend; er habe die litauischen Historiker mit den verschiedenen Forschungsmethoden bekannt gemacht und Litauens historisches Bewusstsein geweckt.

Die wissenschaftliche Akademie der litauischen Katholiken veranstaltete im Oktober 1998 einen ähnlichen Kongress in Nida. Aber selbst 1998 meinten ausländische Teilnehmer und Beobachter noch feststellen zu müssen, dass die Forschungen der litauischen Historiker nach wie vor durch die Theorie des „zweifachen Genozids" blockiert würden, i.e. durch die Gleichsetzung des Unrechts der Deportationen von Litauern durch die Sowjets mit der Ermordung der Juden, oft verbunden mit dem Vorwurf, die Juden seien maßgeblich an den Deportationen der Litauer nach Sibirien beteiligt gewesen. Dies alles habe das Gespräch über das Schicksal der Juden in Litauen erschwert.

Das Bewusstsein des eigenen Martyriums bringt Eidintas auch mit der langjährigen Verschleppung des Prozesses im Fall Lileikis in Zusammenhang, die den Litauern international, vor allem aber von den USA vorgeworfen wurde. Lileikis wurden Verbrechen gegen litauische Juden in Vilnius vorgeworfen; der Prozess schleppte sich jedoch unter Hinweisen auf den schlechten Gesundheitszustand des Angeklagten über Jahre hin. Eidintas hält hierzu fest:

„Die Rückkehr zu alten tragischen Ereignissen ist ein schmerzhafter Prozess, denn in Litauen sind die Vergehen der Kommunisten nicht vergessen und nicht weniger schmerzhaft. Manche der Opfer des Holocaust waren vor den von den Nazis organisierten Mordtaten Ausführende oder Beobachter der kommunistischen Vergehen ... Da niemand bei denen, die unter den Sowjets gelitten haben, sich entschuldigt hat, niemand den geraubten Besitz ihnen wiedergegeben hat, ihre Leiden durch keine eindrucksvollen Denkmäler verewigt wurden, erhebt sich bis heute für große Teile der litauischen Gesellschaft die Frage: ‚Und wer fühlt mit uns, wer denkt an unsere Qualen in Sibirien, wer wird für den materiellen Schaden aufkommen, wer wird sich bei uns entschuldigen, wer wird uns verstehen?' So bemühten sich die Litauer, wie auch die Polen und Letten zunächst, eine Martyrologie der eigenen Nation zu schaffen."[35]

In diesem Kontext werden die Opfer des Holocaust nicht selten vergessen.

Es erscheint uns auch dies natürlich, dass das Rechtswesen, die Staatsanwälte und die Richter sich der Holocaustprobleme nur unwillig annehmen, wenn daneben noch schmerzhaft die von den Sowjets zugefügten Wunden bluten. Die Lösung solcher Fragen ist in der Gesellschaft nicht populär, die gerade erst zu sich kommt nach einem halben Jahrhundert kommunistischer Herrschaft ... Aber die Juristen Litauens stoßen auch auf ein objektives Problem; denn in vielen Fällen kann man keine lebenden Zeugen mehr finden, es fehlt an den besonders wichtigen direkten Beweisen über die Teilnahme am Holocaust."[36]

Bei solch einer Pflege des nationalen Martyriums und dem heroischen Verständnis der nationalen Geschichte war es nach Eidintas nicht einfach, auch die Geschichte der Untaten der eigenen Nation ausfindig zu machen. Hier könnte die 1998 geschaffene Internationale Kommission für die Bewertung der Vergehen der Besatzungsregime der Nationalsozialisten und der Sowjets Abhilfe schaffen. Vorsitzender der Kommission ist Emanuelis Zingeris, der Bruder des in dieser Anthologie publizierten Markas Zingeris; ihr gehören Wissenschaftler aus den USA, Russland, Großbritannien und Deutschland an, eingeladen sind auch die Israelis.[37]

Große Aufmerksamkeit wird in Litauen inzwischen der Darstellung des Holocaust in den Schulbüchern und in der Lehrerbildung gewidmet, teilweise in enger Zusammenarbeit mit jüdischen Organisationen in den USA. Die dafür verantwortliche Expertenkommission ist der Auffassung, dass die Schüler die schmerzliche Vergangenheit kennen sollten. Diese Fortschritte werden auch von Juden aus dem Ausland und westlichen Diplomaten anerkannt.[38] Schulen beteiligen sich auch an der Pflege jüdischer Friedhöfe und Gedenkstätten. Von großer Bedeutung für die öffentliche Meinung in Litauen war die Erklärung der katholischen Kirche Litauens zu diesem Thema; denn über 90 % der Litauer sind Katholiken. Im Brief der Bischöfe Litauens vom 14. April 2000 heißt es: Wir bedauern, „dass einem Teil der Kinder unserer Kirche es an Nächstenliebe den verfolgten Juden gegenüber fehlte, dass sie nicht alle möglichen Wege, die Juden zu schützen, ausgeschöpft haben, dass es ihnen an Entschlusskraft fehlte, auf jene einzuwirken, die Hilfsdienste für die Nazis erbrachten. Alle Erscheinungsformen des Antisemitismus der Vergangenheit bedrücken die Erinnerung der Kirche; leider suchen verantwortungslose und der christlichen Nächstenliebe ledige Menschen sie auch in unseren Tagen zu schüren."[39]

Markas Zingeris, Autor in unserer Anthologie, äußerte sich in seinem Zeitungsartikel „Das Wort der Kirche – ein Licht im dunklen Gewissen" in „Lietuvos rytas" (Der Morgen Litauens) anerkennend über diese Erklärung. Er verwies aber auch auf die immer noch mangelnde diesbezügliche Aufklärung und fragte unter anderem: „Die Kirche weiß, wofür sie sich entschuldigt hat, aber wissen dies auch die Gemeindemitglieder?"[40]

In seiner Schlussbemerkung, die in gewisser Weise auch die unsrige werden soll, bemerkt Eidintas:

„Auf die eine oder andere Weise nimmt Litauen nun die letzte Herausforderung an, die ihr die Folgen des Holocaust aufgetragen haben; Litauen unternimmt dies natürlich wegen der historischen Entwicklung ziemlich spät, zu einem Zeitpunkt, da andere Nationen diese Fragen schon vor Jahrzehnten beantwortet haben. Um der Wahrhaftigkeit willen ist es für uns jedoch entscheidend, wichtiger vielleicht noch als für die Juden, ob es dem Staat und der Öffentlichkeit gelingt, Antworten auf die Fragen zu finden, die sich schon lange stellen und die nach einer Antwort verlangen: Sind wir bereit, die Fehler unserer Eltern und Großeltern, das Unrecht und die Verbrechen gegen das jüdische Volk als solche anzuerkennen und zu bereuen? Begreifen wir die Forderung, den Besitz an die zurückzugeben, denen alles geraubt wurde, als natürlich und berechtigt? Haben wir die Kraft, die Vergehen von einigen Tausend Mördern als solche anzuerkennen, indem wir sie erbarmungslos verurteilen? Bringen wir den Opfern der Morde und der Erinnerung an sie genügend Hochachtung entgegen? Sind wir in der Lage, ihre Verdienste um Litauen zu begreifen und zu schätzen? Und schließlich: Sind wir wirklich selbst im 21. Jahrhundert immer noch Gefangene der alten Stereotypen und Mythen, nach denen die Juden uns angeblich ewig Schaden zugefügt haben?"[41]

Wir wünschen den Litauern viel Kraft und eine glückliche Hand, um auf all diese Fragen bald in aller Aufrichtigkeit positive Antworten geben zu können und den Litvaken in Litauen und in aller Welt offene Augen und Ohren für diese Antworten.

[1] Landmann, S. 106
[2] Vulgärlatein für »Amicus Plato, amicus Socrates, sed majora amica veritas [est]« – Plato ist mein Freund, Sokrates ist mein Freund, doch meine beste Freundin ist die Wahrheit.

[3] Landmann, S. 51
[4] Von der Herausgeberin übersetzt aus: Plasseraud, S. 64
[5] Landmann, S. 121 f
[6] Landmann, S. 54 f
[7] Vgl. Sužiedėlis, S. VIII
[8] Von der Herausgeberin übersetzt aus: Sužiedėlis, S. XVI
[9] Von der Herausgeberin übersetzt aus: Sužiedėlis, S. XXI
[10] Von der Herausgeberin übersetzt aus: Sužiedėlis, S. XXII
[11] Vgl. Sužiedėlis, S. XXIII
[12] Unter den Deportierten waren fast 9 % Juden. Bei einem Bevölkerungsanteil von 7-8 % waren sie demnach geringfügig überproportional betroffen.
[13] Von der Herausgeberin übersetzt aus: Ertel, S. 249
[14] Vgl. Ertel, S. 249 ff
[15] Kirn-Frank, S 46
[16] Vgl. Sužiedėlis, S. XXVII
[17] Litauische Bezeichnung: TDA – Tautinės Darbo Apsaugos Batalionas; übersetzt: Bataillon zum Schutz der nationalen Arbeit
[18] litauisch: Saugumas - Schutzpolizei
[19] Zur Bildung und Wirkung der aus den Mitgliedern des „Eisernen Wolf" rekrutierten „Schutzpolizei" vgl. Macqueen S. 31 ff; zum Wirken der „Polizeihilfsbataillone" vgl. Stang, S. 86 ff; Eidintas, S.131 ff
[20] Juozas Brazaitis spricht zum Beipiel in seinem 1985 in Chicago und 1990 in Faksimile in Vilnius erschienenen Werk „Vienų Vieni" vom „passiven Widerstand" der Vorläufigen Regierung gegen die Hitlerokkupation und davon, dass die Vorläufige Regierung sich im Rahmen des möglichen für die Juden eingesetzt habe. Dass diese Sicht der Dinge in Litauen noch weit verbreitet ist, mag man daran ermessen, dass das Litauische Parlament noch im September 2000 eine besondere Erklärung annahm, nach der die Unabhängigkeitsdeklaration der Vorläufigen Regierung vom 23. Juni 1941 als rechtmäßig anerkannt wurde. Nach einer großen Empörungswelle in der Presse, der sozialdemokratischen Opposition und auch in breiten Kreisen der Öffentlichkeit wurde das Gesetz zurückgezogen. Eidintas kommentiert diesen Vor-

fall wie folgt: „Beim Abstimmen hatten die Parlamentarier die Arbeitsergebnisse der Spezialisten nicht beachtet – sie hatten keine Rücksicht genommen auf die Arbeitsergebnisse des Zentrums zur Erforschung des Genozids und des Widerstands in Litauen und die des Instituts für litauische Geschichte, die empfohlen hatten, die Akte der Vorläufigen Regierung nicht zur Staatsakte zu erheben." Eidintas, S. 266

[21] Von der Herausgeberin übersetzt aus: Eidintas, S. 460
[22] Lietuvai Išlaisvinti Nurodymai (Direktiven für die Befreiung Litauens), zitiert nach Macqueen, S. 23
[23] Von der Herausgeberin übersetzt aus: Brandišauskas, S. 633 und S. 690. Liudas Truska führt allerdings aus, dass die Erklärungen der LAF aus Berlin 1941 vor dem Ausbruch des Zweiten Weltkriegs mit der Sowjetunion über die deutsch-litauische Grenze in das von den Sowjets besetzte Litauen geschafft und verbreitet wurden, vgl. Truska, S. 668. Truska verweist in seinem Artikel auch auf die große Bedeutung der litauischen Presse für die Entstehung der „antisemitischen Psychose" im Jahre 1941 in Litauen. Diese Presse unterstand zunächst der LAF, ab Ende Juli 1941 der LNP (Litauische Nationalistische Partei), Vgl. Truska, S. 671. Natürlich musste diese Presse die Zensur der Nazis passieren, dennoch wären ihre antisemitischen Auswüchse ja nicht unbedingt zwingend gewesen. Truska sieht ähnlich wie Eidintas als eine der wichtigsten Ursachen dafür, dass das „jüdische Thema" in der litauischen Öffentlichkeit immer noch so wenig populär ist, darin, dass in Litauen ein „heroisch-masochistisches Verständnis der Geschichte Litauens" immer noch sehr verbreitet ist; vgl. Truska, S. 680
[24] Von der Herausgeberin übersetzt aus: Brandišauskas, S. 647
[25] Vgl. Sužiedėlis, S. XXIX; Stang, S. 74 ff
[26] Vg. Sužiedėlis, S. XXXIII f
[27] Stang, S. 79
[28] Vg. Sužiedėlis, S. XXXI
[29] Von der Herausgeberin übersetzt aus: Eidintas, S. 169ff
[30] Vgl. Eidintas, S. 177
[31] Die Veröffentlichungen erfolgten unter dem Titel „Gyvybę ir duoną nešančios rankos" (Leben und Brot bringende Hände). Das erste Heft erschien 1997, das zweite 1999.

[32] Von der Herausgeberin übersetzt aus: Eidintas, S. 223
[33] Von der Herausgeberin übersetzt aus: Eidintas, S. 254
[34] Der „Association of the Lithuanian Jews in Israel" war diese Erklärung nicht weitgehend genug. Die Beziehungen Litauens zu dieser Organisation gestalten sich insgesamt schwierig. Zum Staat Israel unterhält Litauen seit Anfang 1992 diplomatische Beziehungen.
[35] Der im deutschen Kulturraum angesiedelte Leser mag in manchen der in diesem Band vorgestellten Erzählungen ein wenig von diesem in Litauen noch allgegenwärtigen Martyrium spüren, wenn er gelegentlich auf Textstellen stößt, in denen die Autoren mit einer für den Leser irritierenden Emphase das individuelle oder das kollektive Schicksal reflektieren.
[36] Von der Herausgeberin übersetzt aus: Eidintas, S. 231
[37] Vgl. Eidintas, S.235
[38] Vgl. Eidintas, S. 246 ff
[39] Von der Herausgeberin übersetzt aus: Eidintas, S. 251
[40] Von der Herausgeberin übersetzt: Zingeris wird hier zitiert nach Eidintas, S. 251
[41] Von der Herausgeberin übersetzt aus: Eidintas, S. 276 f

Kleinlitauen – Wiege des litauischen Schrifttums

Bei der Lektüre des Textes „Im Jahre 1666" von Birutė Baltrušaitytė wird sich sicher manch ein unbefangener Leser fragen: »Was sind preußische Litauer, warum schreibt ihnen ein evangelischer Pfarrer mit dem Namen Danielius Kleinas eine litauische Grammatik und litauische Gesangbücher, und was hat ein derartiger Text überhaupt in einer Anthologie litauischer Literatur zu suchen?« Um diese Fragen im Zusammenhang beantworten zu können, wollen wir nachfolgend die Entwicklung der litauischen Schriftsprache in Preußisch-Litauen, das im Litauischen als Kleinlitauen (lit.: Mažoji Lietuva) bezeichnet wird, betrachten. Mit Preußisch-Litauen oder Kleinlitauen ist der nordöstliche Teil des 1525 entstandenen Herzogtums Preußen gemeint, welches dem Leser sicher am ehesten unter der Bezeichnung Ostpreußen geläufig ist. Um die Bedeutung der Entwicklung der litauischen Schriftsprache in dieser Region für die litauische Schriftsprache insgesamt würdigen zu können, ist es aber unumgänglich, auch die Geschichte des litauischen Schrifttums im Großfürstentum Litauen, das im Litauischen vielfach als Großlitauen (Didžioji Lietuva) bezeichnet wird, zu betrachten. Dabei werden wir die im Litauischen üblichen Bezeichnungen häufig übernehmen, da sich mit ihnen die beiden von uns betrachteten Sprachregionen jeweils kurz und prägnant bezeichnen lassen.

Für die Entwicklung der Schriftsprache in beiden Sprachregionen des Litauischen ist die Reformation im 16. Jahrhundert in besonderer Weise bedeutsam geworden. Deshalb werden wir als Erstes ihre Auswirkungen in beiden Regionen betrachten. Die weitere Pflege litauischen Schrifttums nahm aufgrund der unterschiedlichen staatspolitischen Ausrichtung in den beiden Gebieten (preußisch bzw. später deutsch in Kleinlitauen; polnisch, später russisch und litauisch in Großlitauen) einen äußerst unterschiedlichen Verlauf. Die Unterschiede in der Entwicklung beider Sprachregionen herauszuarbeiten sowie die Bedeutung Kleinlitauens für die Entwicklung des gesamtlitauischen Schrifttums aufzuzeigen, ist Ziel unserer Ausführungen.

Herzog Albrechts reformatorisches Programm und die Litauer in Preußen

Nach dem Untergang des Deutschen Ritterordens, der bekanntlich versucht hatte, die Balten vor allem mit dem Schwert zum Christentum zu bekehren, und nach der Entstehung des Herzogtums Preußen im Jahre 1525 hatte sich Herzog Albrecht der Reformation verschrieben: Er nahm die Sache sehr ernst und war im Gegensatz zur bisherigen Praxis des Deutschen Ritterordens in dieser Region darauf bedacht, den Lehren Luthers entsprechend das Wort Gottes den Menschen in ihrer Muttersprache zugänglich zu machen. In seinem vielsprachigen Herzogtum Preußen hatte er sich damit aber eine sehr große Aufgabe gestellt. In den ersten Jahrzehnten mangelte es an Geistlichen, welche die Muttersprachen eines sehr großen Teils seiner Untertanen (vor allem Polnisch, Litauisch und Altpreußisch[1]) beherrschten. Deshalb wurde den Geistlichen zunächst der Gebrauch von Dolmetschern (Tolken) zur Pflicht gemacht. Dieses Verfahren brachte aber Probleme mit sich, die offenbar zumindest für das Altpreußische noch 1561 bestanden; in der Vorrede Herzog Albrechts zum 1561 erschienenen „Enchiridion, Der Kleine Catechismus Doctor Martin Luthers, Teutsch und Preussisch" heißt es hierzu:

Doch kommen wir in erfarung / das es gleichwol noch immer etwas gemangelt / das weniger prediger so solcher sprachen kundig / wie auch noch bißher bei inen sein ge-

west und fast alle durch Tolcken not halbe haben predigen müssen / Dann ob wol der Lehr an ihr selbst klar verfast / können wir doch erachten / das sie umb solcher vermengung beyderley Sprachen willen / sonderlich bey solchem einfeltigen volck sehr unverstendiglich lautet / und soviel dester mehrer / je unverstendiger bißweilen die Tolcken sein / welche / wie Wir berichtet werden / vielmals auch gar ein anders / dann welches die Pfarherrn im Teutschen vorgesagt / in irer Preussischen sprach nachdolcken. Daher Wir dann bewogen sein das Wir den kleinen Catechismum D. Luther für Unsere Preussische Kirchen auß der Teutschen inn die Preussische sprach haben transferieren lassen / damit solches Tolckens je lenger je weniger von nöten sey.²

Herzog Albrecht war deshalb von Anfang an um eine grundsätzliche Lösung des Problems bemüht und entschied sich um der Verbreitung des Glaubens willen für einen komplizierten Weg: Die deutsche Sprache sollte als die grundsätzliche Staats- und Kirchensprache gelten, gleichzeitig sollte aber Vielsprachigkeit herrschen und bei der Verbreitung des Glaubens und der Bildung unter den fremdsprachlichen Teilen der Bevölkerung deren Sprachen benutzt werden. In seinen kirchlichen Verordnungen, Empfehlungen für Visitationen und den Landtagsbeschlüssen wurde immer wieder darauf verwiesen, dass die Pfarrer die jeweilige Sprache der Menschen ihrer Gemeinde beherrschen sollten; sie sollten einen Teil der Predigten in diese Sprachen übersetzen und den Katechismus in diesen Sprachen lehren. Er führte das „Knabengeld" ein, um ein möglichst breites Netz von Schulen finanzieren zu können.

Um diese guten Absichten zu realisieren, brauchte Herzog Albrecht aber eine große Anzahl von Pfarrern und vor allem Lehrern. So kam es 1544 zur Gründung der Universität Königsberg (lit. Karaliaučius, heute russ. Kaliningrad), bei der Martin Luther und Philipp Melanchthon sowie andere

Professoren der Universität Wittenberg Herzog Albrecht beratend zur Seite standen. Dem Gründungsmanifest der Universität vom 20. Juli 1544 ist zu entnehmen, dass sie vor allem zur Realisierung des reformatorischen Bildungskonzepts von Herzog Albrecht dienen sollte; zum Thema Vielsprachigkeit heißt es dort, dass in der Akademie alle Sprachen gelehrt werden sollten, welche zu beherrschen für die Kirche unumgänglich sei. Als Ziel der Akademie wurde vor allem die Ausbildung von Pfarrern, Lehrern und Schreibern im eigenen Land formuliert.

Die Umsetzung des Konzepts von Herzog Albrecht

Herzog Albrecht schwebte von Anfang an vor, auch Kinder von Litauern studieren zu lassen, um sie zu Lehrern und Pfarrern auzubilden. So wandte sich Herzog Albrecht 1546 zum Beispiel an einen Ortsvorsteher aus Žemaitija (westlicher Teil des Großfürstentums Litauen) mit der Bitte, gebildete und gut Litauisch sprechende junge Leute für das Studium auszusuchen.

Auch Kinder von Altpreußen und Litauern aus seinem Herzogtum wollte Herzog Albrecht studieren lassen. So heißt es zum Beispiel an anderer Stelle der oben angeführten Vorrede zum 1561 erschienenen Katechismus in altpreußischer Sprache:

Deswegen Wir auch zum beschlus die Pfarherrn hiemit widerumb vermanen / Das / wo sie inn solchem verhören / und fleissigem auffsehen der Jugent / Sinnreiche / unnd wolgeschickte Preussische knaben / so vor andern zum Studirn tüchtig vermercken / sie ihre Eltern dahin weisen wöllen / das sie solche ire Kinder zu der Schul / wie sie von Gott darzu begabet fleissig halten / unnd wo sie nicht des vermöges sein / Uns auch solches vermelden / Dann wie wir Uns des zufürderung Göttlicher Ehren / unnd Unserer unterthanen wolfaret in Unserer Kirchenordnung erboten / also wollen wir Uns solcher armen Preussischen Knaben in allen gnaden annemen / un[n]d sie als Unnsere Stipendiaten / so lang versorgen / und bey ihrem Studieren erhalten / biß sie endtlich zum Kirchendienst / oder Predigampt zu gebrauchen / Unnd weyl sie der Preussichen sprach kundig / unnd keiner Tolcken bedürffen / dester mehr nutz und frucht inn Unsern Preussischen Kirchen schaffen mögen.[3]

Wegen der sozialen Lage der Altpreußen und Litauer im Herzogtum – sie waren größtenteils unfreie Leibeigene – ging der Wunsch Herzogs Albrechts nur sehr langsam in Erfüllung. Deshalb verfügte er in seinem Testament 1568, dass studierwillige Kinder aus der Leibeigenschaft entlassen werden und den Stand wechseln dürfen sollten. Da er diese Verfügung aber auf die freien, dem Kulmer Recht unterliegenden Litauer und Altpreußen, von denen es nur wenige gab, einschränkte, änderte sich die Situation nicht grundlegend. Dennoch wurde der eine oder andere aus dieser Gegend stammende Balte Lehrer oder Pfarrer oder ergriff einen anderen Bildung voraussetzenden Beruf, zumal Herzog Albrecht, wie bereits weiter oben deutlich wurde, für das Studium an der Universität Königsberg von Anfang an Stipendien an solche Kinder bzw. Jugendliche vergab.

Sie wurden aber zunächst wenig genutzt. Der soziale Sprung war für die meisten dieser Kinder bzw. jungen Männer zu groß, weil sie als Voraussetzung für die Aufnahme in die Universität eine überwiegend von Deutschen bevölkerte Lateinschule in der Stadt hätten besuchen müssen, was sich ihre Eltern nicht leisten konnten. Hier sollten die so genannten Particularschulen Abhilfe schaffen; mit ihnen wurde das Bindeglied zwischen den Gemeindeschulen und der Universität geschaffen. Den Schulen wurde ein Wohnheim angegliedert, so dass auch die Bauernkinder vom Land die Möglichkeit erhielten, sie zu besuchen. Für die Litauer wurde eine solche Schule in den achtziger Jahren des 16. Jahrhunderts in Tilsit (lit. Tilžė, heute russ. Sovetsk) eingerichtet; in ihr wurden auch Mädchen ausgebildet. Im Hinblick auf die Entwicklung einer litauischen Kultur kommentiert Lukšaitė diese Schule wie folgt: „Für lange Zeit wurde diese Schule zu einem der wichtigsten Bildungszentren in Kleinlitauen."[4] An dieser Schule lernte und lehrte auch Danielius Kleinas (1609-1666).

Da abzusehen war, dass das Einbeziehen altpreußischer und litauischer Untertanen in das reformatorische und bildungspolitische Projekt Herzog Albrechts unter den geschilderten sozialen Gegebenheiten nur sehr langsam vor sich gehen konnte, wurde der Universität Königsberg von Anfang an ein litauisches Seminar angegliedert, in dem künftige deutsche Pfarrer und Lehrer, die in litauischen Gemeinden eingesetzt werden sollten, die Sprache ihrer Gemeinden lernten.

Die Schaffung der litauischen Schriftsprache durch großlitauische Gelehrte in Königsberg

Angesichts der Tatsache, dass im Großfürstentum Litauen nach der ersten Welle der Reformationsbewegung 1542 die ersten Lutheraner und Studenten von protestantischen Universitäten das Großherzogtum Litauen verlassen mussten bzw. nicht mehr zurückkehren durften, gab es in Königsberg von Anfang an litauische Professoren, so zum Beispiel den Graecisten Abraomas Kulvietis und den Theologen Stanislovas Rapolionis. Auch etliche Studenten aus Großlitauen kamen nach Königsberg: Von 1544 bis 1550 waren insgesamt 36 Studenten aus dem Großherzogtum Litauen an der Königsberger Universität eingeschrieben.

Dieser Gruppe der ersten großlitauischen Intellektuellen in Königsberg ist nach Lukšaitė die Schaffung des ersten Schrifttums in litauischer Sprache zuzuschreiben. Denn weder die wenigen litauischen Landeskinder des Herzogtums Preußen, die dank der Bemühungen Herzog Albrechts zu Lehrern und Pfarrern ausgebildet wurden, noch die deutschen Pfarrer, die das Litauische am litauischen Seminar der Universität Königsberg erlernten, wären vermutlich in der Lage gewesen, das für die Entstehung des litauischen Schrifttums zu leisten, was die aus Großlitauen stammende Gruppe von litauischen Gelehrten um Mažvydas geleistet hat – zumindest nicht bereits in den Anfängen der Reformation, wie dies in Kleinlitauen geschehen ist. Lukšaitė verweist zu Recht darauf, dass die Altpreußen, die nicht über eine derartige Gruppe verfügten, kein eigenes Schrifttum entwickelt haben; sie wurden recht bald an die Litauer assimiliert und gaben ihre Sprache zugunsten des Litauischen auf.

Martynas Mažvydas wurde im westlichen Litauen (Žemaitija) geboren, arbeitete als Lehrer an der von A. Kulvietis 1539 geschaffenen, der Reformation verpflichteten Schule von Kulvietis in Vilnius, studierte 1546-1548 an der Universität Königsberg und arbeitete dann als Pfarrer in Ragnit (lit. Ragainė, heute russ. Neman, Kleinlitauen). 1547 erfüllte Mažvydas sicher einen schon lange gehegten Wunsch von Herzog Albrecht, indem er in Königsberg das erste religiöse Buch in litauischer Sprache veröffentlichte. Es war ein Katechismus, der auch ein Elementarbuch zum Erlernen der Schrift, eine Anleitung an die Bauern zum häuslichen Gebrauch des Katechismus[5] sowie elf geistliche Lieder enthielt und von einer Widmung des Herausgebers in 112 Versen – den ersten in litauischer Sprache – eingeleitet war. Die Widmung richtet sich in ihrer Ansprache an die preußischen Litauer und die Einwohner des westlichen Teils des Großfürstentums Litauen („lietuvininkump ir žemaičiump").[6] Der Katechismus sowie einige der Lieder waren von Mažvydas selbst aus dem Polnischen übersetzt worden, ein weiterer Teil der Lieder wurden aber von Kulvietis und Rapolionis wahrscheinlich auch aus dem Deutschen übertragen; es ist auch nicht auszuschließen, dass Mažvydas sein Werk bereits in Großlitauen begonnen hatte. Lukšaitė verweist deshalb zu Recht darauf, dass das Werk wahrscheinlich als Arbeitsergebnis einer Gruppe von litauischen Intellektuellen aus Großlitauen, die im regen geistigen Austausch miteinander standen, zu sehen ist. Das Herzogtum Preußen bediente sich dieser intellektuellen Kräfte aus Großlitauen, die Gruppe war sich aber der Bedeutung ihres Schaffens sowohl für Klein- als auch Großlitauen bewusst. Lukšaitė begreift die kulturellen Beziehungen dieser Zeit zwischen dem Herzogtum Preußen und Großlitauen deshalb als „Interaktion" der Kulturen, wenngleich sie einräumt, dass angesichts der politischen und sozialen Machtstrukturen im damaligen Preußen von „Symmetrie" bei diesen kulturellen Interaktionen ganz sicher nicht gesprochen werden kann.

Lukšaitė verweist auf die schöpferische Leistung von Mažvydas bei der Schaffung der litauischen Schriftsprache, indem sie ausführt: „Die in den Zentren der europäischen Reformation gereifte Idee, die nationalen Sprachen im großen Umfang zu gebrauchen, konnte nicht mechanisch auf die Sprachen der Balten angewandt werden. Man musste eine Auswahl von Texten treffen, sie übersetzen, sie anpassen an die Art des Denkens, an die Weltsicht, an die Dialekte der Menschen; man musste Worte suchen, die von Sprechern mehrerer Dialekte verstanden werden konnten, man musste eine allgemeine Sprache schaffen und ihr normative Kraft verleihen. Andererseits musste man die Lexik erweitern, neue Begriffe für die religiöse Terminologie und für die Benennung von neuen Erscheinungen des Lebens erfinden (zum Beispiel stammt von Mažvydas der Neologismus „skaitytines", ein Wort für „Buchstaben")[7], und manchmal musste man auch vorhandenen Wörtern neue Bedeutungen geben, wenn man diese Sprache zum allgemeinen Lehren des Glaubens und in der Theologie gebrauchen wollte... Man musste die Jahrhunderte alte Ansicht, dass die mündliche Sprache nicht heilig, eine heidnische Sprache sei, überwinden. Diese Ansicht, die auch noch später den Menschen eingeimpft wurde, war in Litauen noch im 19. Jahrhundert lebendig."[8] Entsprechend sieht Lukšaitė die große Bedeutung des Werks von Mažvydas auch darin, dass mit ihm ein Präzedenzfall geschaffen wurde, der zeigte, dass das Litauische zur Schriftsprache werden kann und für den öffentlichen Gebrauch geeignet ist.

Die Entwicklung des Schrifttums in Großlitauen vor der Reformation

Es mag dem Leser unverständlich erscheinen, dass ein Volk mitten in Europa, das zudem im ausgehenden Mittelalter ein großes Territorium beherrschte, erst Mitte des 16. Jahrhunderts seine Schriftsprache geschaffen haben soll und dass die Grundlagen für diese Schriftsprache zudem in Preußisch-Litauen, also außerhalb seines eigentlichen Territoriums, außerhalb des Großfürstentums Litauen geschaffen wurden. Der Grund dafür ist wohl gerade in der Größe dieses Vielvölkerstaats zu suchen, dessen größter Teil von Slawen bewohnt war: Die wenigen ersten notwendigen Schreibarbeiten erledigten für die litauischen Herrscher im 13. Jahrhundert je nach Adressat entweder deutsche Mönche der Dominikaner- und Franziskanermissionen in Latein oder russische Schreiber. Deshalb galt die damalige ostslawische Sprache Guddisch[9] in der im 15. Jahrhundert inzwischen entstandenen Kanzlei der Großfürsten als normale Amtssprache. Nur bei ganz gewichtigen Staatsdokumenten wurde das Lateinische benutzt, denn die Beschäftigung eines lateinischen Schreibers war vier- bis fünfmal so teuer wie die eines guddischen.

Auch die Ende des 14. Jahrhunderts von Polen her beginnende Christianisierung bot dem Litauischen zunächst wenig Chancen, Schriftsprache zu werden: Die Bischöfe verlangten eher lateinische Formulierungen, weil sie fürchteten, die Inhalte könnten durch ungenaue Übersetzungen im Litauischen verdreht werden. Die polnischen Geistlichen, die ein teilweise das Guddische und damit auch Polnische verstehendes Auditorium vorfanden, sahen keine Veranlassung, Litauisch zu lernen. Das Guddische, vor allem aber das Polnische, wurden bald zur lokalen Hochsprache, die das Erlernen des Lateinischen ermöglichte, während das Litauische scheinbar den gestiegenen Anforderungen der Zeit immer weniger genügen konnte. Gudavičius kommentiert diesen Tatbestand: „Dies hinderte sie [i. e. die litauische Sprache] nicht nur daran, Schriftsprache zu werden, sondern verlangsamte auch den Prozess der Vereinheitlichung ihrer Dialekte. Anfang des 16. Jahrhunderts blieb die litauische Sprache zum großen Teil im Zustand von kleinräumigen Dialekten ... Die guddische Sprache bahnte sich ihren Weg als Schriftsprache und die Sprache der Mehrheit der Einwohner des Landes ... Ein zunächst geringfügiges polnisches Schrifttum (meistens Akten) gab es in Litauen erst gegen Ende des ersten Viertels des 16. Jahrhunderts. Seine Bedeutung wuchs langsam ..., aber da die Oberschicht polnisch sprach, bekam das Polnische hohen Prestigewert. Man konnte es leicht erlernen, wenn man guddisch konnte, außerdem verwendete es in der Schriftsprache das prestigeträchtigere lateinische Alphabet ... Die Litauer eigneten sich die Kultur Europas an, gleichzeitig verlor ihre Sprache ihre Stellung als öffentliche Sprache."[10]

In der zweiten Hälfte des 17. Jahrhunderts nahm der Gebrauch der polnischen Sprache stark zu. Auch der niedere Adel wurde immer häufiger zweisprachig in dem Sinne, dass er in der Öffentlichkeit polnisch, im häuslichen Bereich hingegen litauisch sprach. 1697 wurde das Polnische offiziell zur allgemeinen öffentlichen Sprache auch für das Großfürstentum Litauen erklärt; sie blieb bis in das 19. Jahrhundert hinein vorherrschend. Eine interessante Erscheinung beim Prozess der Polonisierung ist das häufige Auseinanderfallen von sprachlicher, politischer und ethnischer Orientierung; Kiaupa beschreibt dieses Phänomen so: „Die ganze Zeit über blieb im Bewusstsein der Bojaren der Unterschied verankert zwischen einem Litauer, auch wenn er polnisch sprach, und einem Polen, sowie einem Gudden [i. e. Weißrussen], der sich für einen Litauer hielt [i. e. seiner Staatszugehörigkeit nach] aber polnisch sprach, und einem Polen."[11]

Auswirkungen der Reformation auf die litauische Sprache in Großlitauen

Auch die zweite Welle der Reformation in Großlitauen in der zweiten Hälfte des 16. Jahrhunderts war fast ausschließlich unter dem Adel und den Bojaren erfolgt und erlangte keine allzu große Bedeutung für den Gebrauch der litauischen Sprache. In diesen Kreisen gab es eine rege Diskussion um die unterschiedlichen Glaubensrichtungen der Lutheraner, der Reformierten und der Arianer. Diese Auseinandersetzungen fanden aber in lateinischer und zunehmend auch polnischer Sprache statt.

In dieser Zeit war auch eine Art Wettlauf um die Schaffung von Schulen zwischen den Protestanten und Katholiken entstanden, den bekanntlich spätestens Mitte des 17. Jahrhunderts die Katholiken gewannen – mithilfe der Jesuiten, die erstmals 1569 nach Vilnius kamen und 1570 hier das Jesuitenkolleg gründeten, aus dem später die katholisch orientierte Universität Vilnius hervorging. Bei diesen Schulen und Bildungsinstitutionen handelte es sich aber meist um höhere Lateinschulen. Es ist auch von der Entstehung einer großen Anzahl von kirchlichen Grundschulen in dieser Zeit die Rede, die allen Bevölkerungsschichten zugänglich waren, es wird aber nicht näher ausgeführt, was in diesen gelehrt wurde.[12]

Im Zusammenhang mit der beschriebenen Entwicklung des Sprachengebrauchs in Großlitauen ist wohl auch zu sehen, dass in Großlitauen die ersten Bücher in litauischer Sprache fast ein halbes Jahrhundert später als in Kleinlitauen entstanden, nämlich gegen Ende des 16. Jahrhunderts: 1595 erschien der katholische Katechismus des Geistlichen Mikalojus Daukša, 1598 wurde der evangelische Katechismus in litauischer und polnischer Sprache von Merkelis Petkevičius herausgegeben, einem Verwaltungsangestellten, der 1598 eine Druckerei in Vilnius gegründet hatte, um Bücher der reformierten Kirche zu publizieren. Der Katechismus und die 1599 erschienene „Postila katolicka" von Daukša waren einerseits als Werkzeuge gedacht, den Protestantismus zu überwinden, andererseits richteten sie sich, vor allem die „Postila", gegen die Polonisierungstendenzen bei den Bojaren Litauens; sie waren also eine Art Programm für den Gebrauch der litauischen Sprache. Auch die Werke von Daukša sind ähnlich wie die von Mažvydas als schöpferische Leistungen bei der Schaffung einer litauischen Schriftsprache einzustufen.[13] In diesem Zusammenhang sind auch die Arbeiten von Konstantinas Sirvydas zu erwähnen: sein „Dictionarium trium linguarum" (von etwa 1620, mit den Sprachen Polnisch-Lateinisch-Litauisch) sowie seine litauische Predigtsammlung mit einer Übersetzung ins Polnische. Diese Werke sind zwar bedeutsam für die Entwicklung der litauischen Sprache; auf deren Verbreitung als Schriftsprache hingegen wirkten sie kontraproduktiv. Nach Kiaupienė spiegeln sie die in dieser Zeit entstandene neue sprachliche Situation im Großfürstentum Litauen wider, nämlich die Notwendigkeit, Polnisch zu lernen: „Diese Notwendigkeit befriedigten das dreisprachige Wörterbuch sowie die Übersetzungen litauischer Predigten ins Polnische durch K. Sirvydas und der Katechismus von M. Petkevičius in litauischer und polnischer Sprache."[14]

Deshalb blieb ungeachtet der genannten Werke die litauische Sprache in Großlitauen bis in das 19. Jahrhundert hinein wegen der zunehmenden Vorherrschaft des Polnischen in den meisten Bereichen der Gesellschaft, soweit sie überhaupt zum Zuge kam, auf den religiösen Bereich und den Umgang mit den Bauern beschränkt. Denn die oben genannten Bemühungen um die litauische Schriftsprache waren nicht Teil eines staatlichen bildungspolitischen und kirchlichen Programms zugunsten des Litauischen, wie dies in Kleinlitauen der Fall war. Dagegen konnte sich die litauische Schriftsprache in Kleinlitauen zunächst unter den oben skizzierten Bedingungen weiter entwickeln, sich von ihrer ursprünglichen Bestimmung der religiösen Verkündigung emanzipieren und mit der Übersetzung der Fabeln von Aesop durch Jonas Šulcas (erschienen 1706) sowie mit dem Werk von Kristijonas Donelaitis (1720-1780) auch zur Literatursprache werden.[15]

Zum Gebrauch des Litauischen im Kleinlitauen des 17.-20. Jahrhunderts

Das Schicksal der litauischen Sprache in Kleinlitauen war natürlich auf das Engste mit den politischen und sozialen Veränderungen im Herzogtum Preußen sowie der Entwicklung der ethnisch-kulturellen Identität der Litauer in Kleinlitauen verknüpft. Diese Veränderungen sollen, soweit sie für unsere Fragestellung relevant sind, nachfolgend kurz beschrieben werden.

Relativ ungebrochen waren die spezifisch litauischen Traditionen in Preußisch-Litauen noch das gesamte 16. Jahrhundert hindurch, auch wenn ihre Träger diese sicher nicht als spezifisch für sich begriffen haben, und wir deshalb hier auch noch nicht von einer ethnisch-kulturellen Identität sprechen können. Ein lebendiges Bild vom Leben der Litauer in dieser

Region im 16. Jahrhundert gibt Caspar Hennenberger in seiner „Erclerung der preussischen groessern Landtaffel oder mappen" von 1595; er begreift das Leben der Litauer aus seiner deutschen Sicht als ziemlich fremdartig. Hennenberger beruft sich bei seiner Darstellung auf Hans Rückerling, der 20 Jahre lang auf dem Insterburger Schloß[16] das Amt eines Hauptmanns ausgeübt hat. Die Beschreibung Hennenbergers soll hier um der Anschaulichkeit willen umfangreich zitiert werden:[17]

Das Insterburgische Ampt ist ein schönes grosses herliches Ampt / in die 13 Meylen lang und 8 breit / hat gar viel schöne ströme / daran auch Dörffer liegen / darinnen auch viel Wildt in den Wildtnissen. Es wonen in diesem Ampt fast eitel Littawen / so ein starckes Volck ist und nach jhrer art Gottesförchtig / so jhre Pfarherr ehren / der Obrigkeit gehorsam und willig thun / was sie pflichtig sein / doch wenn sie uber billigkeit und Pflicht getrieben werden / halten sie ob einander fallen auff wie die Bienen / wie man gesehen hat / da der von der Alle sonsten Pralgen genant Heuptman da war / den sie zu Fus zwo Meylen [i.e. Preußische Landmeilen, ca. 15 km] *lang jageten / ob er schon wol in die 60 Pferde hatte. Und ob sie auch wol mit dem leidigen Saufflaster / so in diesen Landen sehr gemein ist / beladen sein / auch also / das sie zu zeitten vollerweise Junge Alt / Man / Weib / Knecht Magdt / nicht anders als das Vihe zusamen auff der strew ligen / dennoch erfehret man nicht unzucht von jhnen.*

Hans Rückerling der alte Burggraff alda / sagt mir / das er schier damals 20 Jahr Burggraff im Ampt gewesen / noch were dieselbige zeit uber / im gantzen Ampt nicht mehr als eine zu Pillepeen zu schanden worden / die hette auch jhren Brüdern nicht dörffen unter die Augen komen / sonsten hetten sie sie umbgebracht. Es leiden auch die Weiber nicht das man mit jnen schertze. Zur Insterburg ist ein Krüger gewesen / so einem Littawischen Weibe in seinem eigenen

Krug / auff die Brüste gegriffen / sie auff / fraget jn / für wen er sie ansehe / leufft zu jrem Man und Brüdern / bringt die auff / das sie den Wirt in seinem eigenen haus erschlagen hetten / wo er jnen nicht in eine verschlossene Kamern entkomen were. Auch ist sich dis an jnen zuverwundern / das jr so viel in einem Gehöffte beisamen / sich so friedlich konnen verhalten / wol in die 20. 30. oder 40. auch wol mehr Personen / eines Geschlechts / essen alle gleich einerley Kost / trincken eines Getrancks / die alte Mutter regiret die Kost / Zugemüs essen sie zuhauff / was sie mehr darzu haben / das zerschneit die alte Mutter in gleiche theil / und gibt einem jeglichen das seine sonderlich. Das haus darinnen sie alle essen heist das Schwartzhaus / und ist in der warheit vom Rauch und Ruß schwartz genug. Darneben hat ein jeglich par Ehegatten ein sönderliches heußlein / das heist man ein Kleidt / ist von rundem holtz gesatzt / unten hats wie ein nidriges Kellerlein / oben darauff wie ein Kamer ohne Fenster / nur eine Thür / da sie hinein gehen / dorinnen haben sie jhre Kleyderchen / die gar schlecht und gering / und alle einerley Farben und form sein / und was sie sonderliches haben. Derselbigen heuserchen sein so viel / als par Volckes im Gehöffte sein.

Sonsten haben sie auch viel kleiner heuserchen / denn zu einer jeglichen arbeit haben sie ein sönderliches kleines heußlein / als eins da man das Korn jnnen treuget und trischet / eines da man das Getreyd meelet / eines darinnen man backet / eins zu brawen / eines Kleider zuwaschen / eins zur Badtstuben / etc. die alle sein mit brettern bedeckt. Haben keine Scheunen / sondern wie hohe ricke / da legen sie die Aher ende einwarts / und also auff einander / fragen nichts darnach / ob schon die stopfel verfaulen / denn kein dach darauff ist. Die Menner thun die Feldtarbeit / die Weiber die hausarbeit. Die alte regirt gibt zu kochen / der söhne Weiber Kochen / waschen / malen / sichten bakken / etc. doch umbzech.

Eine Historia von eintrechtigkeit der undeutschen Littawen / so in Preussen wonen.

Hans Rückerling saget / wie ein Vater 6 söhne gehabt / jnen allen Weiber gegeben / der elteste Son hab auch zween söhne ausgegeben / des anderen sohn / auch einer ein Weib genomen / und Kinder gezeuget / solche alle / nemlich 54 personen / haben in einem Gehöfft / unter des alten Vatters Regiment /friedlich gewonet / und ist jhnen sehr wol zur Narung gegangen / desgleichen nach des alten Vatters todt / unter der alten Mutter Regiment / die einem jeglichen sein sonderliches Gelt / in einem langen Tuch / unterschiedlich verbunden / in jhrem Kasten verwaret hat. Solche nach der Mutter todt / haben sich allererst Anno 1572. von einander getheilet. Doch sagt er auch / das er offtmals erfahren hette / wenn sie sich von einander getheilet hetten / das es jhnen nicht mehr so wol zur Narung gegangen were / wie zuvohren geschehen. Mich dauchte das ein sehr grosses wunder sein / das sie sich so wol solten vertragen / sintemal selten ein Schnure sich mit jhrer Schwiger vertragen kan / aber alda so viele. Doch ich habs selbst alda gesehen / sonsten hette ich es schwerlich gegleubet. In diesem Ampt hat es auch uber die 15000 Schuster / nemlich weil sie die Schuhe / so sie auff jhre sprache Pareßken heissen / aus Baste alle selbst machen.

Im Laufe der Zeit änderte sich das von Hennenberger gezeichnete Bild sicher zunehmend. Die Lebensgewohnheiten der Litauer konnten von der deutschen Obrigkeit und dem Leben der Deutschen nicht unbeeinflusst bleiben. So berichtet Wunder zum Beispiel davon, dass den Kirchenvisitatoren die Beziehungen zwischen den Geschlechtern bei den Litauern offenbar zu ungezwungen waren. Sie versuchten Abhilfe zu schaffen, indem sie auf die Heiratsgewohnheiten Einfluss nahmen und das Mindestheiratsalter in Kleinlitauen auf 20 Jahre anhoben. Damit sollte litauischen Ehen mehr Beständigkeit verliehen werden. Den Wandel der spezifischen litauischen Sitten beklagt ja auch Donelaitis in den „Jahreszeiten", deren Textproben auch unter diesem Gesichtspunkt Eingang in unsere Anthologie gefunden haben.

Von einem gewissen Zusammenhalt zwischen den aus Großlitauen stammenden Pfarrern und den litauischen Bauern zeugt ein weiteres Dokument: Es beschreibt eine Gerichtsverhandlung bereits aus dem Jahr 1569. Nach der Darstellung von Lukšaitė wurden bei dieser Verhandlung vier aus Großlitauen stammende Pfarrer von der deutschen Obrigkeit (zwei Amtmännern und dem Bürgermeister von Tilsit) beschuldigt, litauische Bauern gegen die deutsche Obrigkeit aufgehetzt zu haben. Davon konnte wohl keine Rede sein; die Pfarrer hatten aber versucht, zusammen mit den Bauern gegen einen deutschen Schreiber vorzugehen, der den Bauern Geschenke abverlangt hatte.

Der an diesem Prozess beteiligte deutsche Pfarrer Jacob Hoffmann verhielt sich wohl nicht sehr kollegial, indem er Folgendes äußerte: „...meinen allen meinung ist diese, das die Littauische Plebani so sie in das Furstenthumb kommen, rechte grobe Paurische auff gutt Seuisch Patres sein, denn sie fressen nur Barttsz [i. e. Borschtsch] in littauen, alhie aber wollen sie balde Hauptleuthe Pochen..."[18]

Der von Baltrušaitytė in unserer Anthologie vorgestellte Pfarrer Danielius Kleinas, identifiziert sich hingegen hundert Jahre später offenbar ungeachtet seiner deutschen Herkunft ähnlich wie später Kristijonas Donelaitis mit seinen preußischen Litauern, wenn er von „unserer litauischen Sprache" spricht und über seine mögliche Nationalität sinniert. Diese Einzelbeispiele können die Frage nach dem ethnischen Selbstverständnis der Pfarrer in den litauischen Gemeinden nicht grundsätzlich beantworten, sie zeigen aber, dass diese Frage die Geistlichen gelegentlich beschäftigte.

Von besonderer Bedeutung für die Entwicklung der litauischen Sprache in Kleinlitauen ist das 18. Jahrhundert geworden. Während der großen Pest starben 160.000 von den insgesamt 300.000 Einwohnern, 90 % von ihnen waren Litauer. Daraufhin wurden nach Matulevičius von 1710 bis 1736 in den Kreisen Insterburg, Tilsit und Ragnit rund 23.000 Kolonisten angesiedelt, überwiegend Bauern aus Salzburg sowie aus Süd- und Mitteldeutschland; sie machten künftig ca. 13 % der Gesamtbevölkerung in dieser Region aus. Die Litauer bildeten mit etwa 80 % immer noch den größten Bevölkerungsanteil. Die früher auf dem Land geschlossen litauisch sprechende Bevölkerungsschicht war damit aber aufgebrochen. Zudem entstanden soziale Spannungen, da die Kolonisten mit weitergehenderen Rechten ausgestattet wurden, als die Litauer sie besaßen. Die Litauer blieben meist Leibeigene und bildeten die unterste Schicht der Gesellschaft. Die Elite der Preußisch-Litauer bestand fast ausschließlich aus Pfarrern und Lehrern. Litauische Grundherren oder eine städtische litauische Bevölkerung gab es nicht.

Das zweite wichtige Ereignis für diese Region war die Durchführung der Bildungsreform in Preußen, nach deren Ende im Jahr 1756 die Zahl der Grundschulen in Ostpreußen auf 1700 anstieg. 400 von ihnen waren rein deutsch; in den anderen herrschte die Unterrichtssprache Litauisch oder sie waren zweisprachig. Die zweisprachigen Schulen begünstigten die Assimilation der litauischen Kinder, vor allem wenn sie mit der Zeit einsprachig deutsch wurden. Durch diese breit angelegte Alphabetisierungskampagne erlangte das Buch in Kleinlitauen aber eine größere Verbreitung; die Anzahl der Bibliotheken nahm zu, was natürlich große Bedeutung für die kulturelle und soziale Mündigkeit der Litauer hatte.

Bei der Aufhebung der Leibeigenschaft in Preußen 1807 hatten die Litauer aufgrund ihrer immer noch meist niedrigen sozialen Stellung und fortschreitender Verarmung schlechtere Startchancen als die deutschen Bauern, was Assimilation und später eine große Abwanderung in die entstehenden Industriezentren zur Folge hatte.

Ferner hatte sich teilweise schon im 18. Jahrhundert in Schule und Kirche die Meinung durchgesetzt, „dass die Litauer zu Deutschen werden sollten bzw. wenigstens zu Bürgern mit deutscher Orientierung und deutschem Bewusstsein."[19] Drastisch änderte sich die Situation aber erst mit der Industrialisierung und vor allem mit der Deutschen Reichsgründung 1871. Matulevičius stellt hierzu fest: „Entscheidend waren die Jahre von 1872 bis 1876. Nach der Gründung des Deutschen Reiches 1871 untersagte die Berliner Regierung den Behörden vor Ort, die litauische Sprache in Ämtern und Schulen zu gebrauchen. In den Schulen durfte in litauischer Sprache nur noch der Religionsunterricht in der Unterstufe angeboten werden.

Das Ansehen der litauischen Sprache sank unter den Litauern selbst: Sie meinten nun, ihre Sprache sei für sie nicht mehr nützlich, und die deutsche Sprache könne ihre kulturellen und wirtschaftlichen Bedürfnisse besser befriedigen."[20] Bagdonavičius bringt die mit der deutschen Reichsgründung einhergehenden Veränderungen für die preußischen Litauer auf die knappe Formel: „Positiv wirkten sie sich auf die materielle Lage aus, negativ dagegen auf das geistige Leben."[21]

Die Abwendung vom Litauischen wurde auch durch die Bildung litauischer Heereseinheiten gefördert. Die Litauer waren stolz darauf, für Preußen und den König kämpfen zu dürfen; ihr Dienst in der preußischen Armee trug dazu bei, dass sie zunehmend deutsch sprachen.

So gab es immer weniger Litauer in dieser Region, die litauisch sprachen: Während es 1861 noch 137.346 Litauer gegeben hatte (24,5 % der Bevölkerung), waren es 1910 nur noch 93.608 (14,5 % der Bevölkerung).[22] Die voranschreitende, vom Staat betriebene Germanisierung stärkte aber auch das litauische Nationalgefühl und führte zu einer recht aktiven litauischen politischen und kulturellen Bewegung. Durch Petitionen wurde um die Erhaltung der litauischen Sprache und um das Wahlrecht sowie die Aufstellung eigener Kandidaten für den Reichs- und Landtag gekämpft. Zu erwähnen sind in diesem Zusammenhang auch die 1879 in Tilsit gegründete „Litauische Literarische Gesellschaft" und die 1885 gegründete kulturelle litauische Gesellschaft „Birutė"[23]. Die litauische Presse wurde der Entwicklung zum Trotz gepflegt, und es erschienen Blätter wie die „Lietuviška ceitunga" und die „Nauja lietuviška ceitunga".

Von größter Bedeutung für die Erhaltung der litauischen Kultur war die Tätigkeit des litauischen Lehrers, Philosophen und Schriftstellers Vydūnas (alias Wilhelm Starost, 1868-1956). Sein 1895 in Tilsit gegründeter Gesangverein organisierte Theateraufführungen, Liedvorträge und Konzerte. Vydūnas war mit dem Sprachwissenschaftler und großem Freund der litauischen Sprache, Georg Sauerwein, sowie dem Dichter Hermann Sudermann befreundet.

Zwischen den beiden Weltkriegen verschärften sich die Beziehungen zwischen Deutschen und den Preußisch-Litauern dadurch, dass das Memelland in den jungen litauischen Staat eingegliedert wurde. Die nationalistische Stimmung unter den Deutschen in Ostpreußen und ihre feindselige Einstellung gegen die verbliebenen Litauer nahm zu, und selbst die aufgeklärten Deutschen sahen sich gezwungen, ihre Sympathien für die Litauer zu verheimlichen. Vydūnas wurde wegen seiner prolitauischen Tätigkeit von den Nationalsozialisten sogar verhaftet.

Sehr treffend hat Johannes Bobrowski diese bedrückende Zeit in seinem Werk „Litauische Klaviere" beschrieben. Auch einige Arbeiten von Ulla Lachauer beschäftigen sich mit der komplizierten Situation jener Zeit in dieser Region, mit der das Zusammenleben von Deutschen und Litauern in Kleinlitauen, das sich Jahrhunderte lang relativ friedlich gestaltet hatte, endgültig zu Ende ging. In der neueren litauischen Literatur hat Birutė Baltrušaitytė diese Zeit in ihren Erzählungen mehrfach zum Thema gemacht.

Der Beitrag Kleinlitauens zur litauischen Sprachwissenschaft und Literatur

Neben Martinas Mažvydas, dessen Bedeutung für die Entwicklung der litauischen Sprache wir bereits angesprochen haben, ist der etwa ein Jahrhundert nach Mažvydas in Kleinlitauen wirkende Pfarrer Danielius Kleinas als besonders bedeutend für die Entwicklung der litauischen Sprache hervorzuheben. Da er auch Thema der von uns im Textteil vorgestellten Erzählung von Birutė Baltrušaitytė „Im Jahre 1666" ist, wollen wir ihn hier etwas näher vorstellen: Danielius Kleinas wurde 1609 in Tilsit, dem Zentrum der litauischen Kultur, geboren. Über seine familiäre Herkunft ist nichts überliefert, aber sein eigentlich deutscher Name spricht dafür, dass er selbst oder seine Vorfahren zu den deutschen Pfarrern gehört haben mögen, die das Litauische für die Arbeit in einer litauischen Gemeinde erlernt haben. Er studierte von 1627-1636 (mit Pausen) an der Universität Königsberg. Seit 1637 war er Pfarrer in Tilsit. Sein wichtigstes Werk ist die „Grammatica Litvanica"; es ist die erste erhaltene Grammatik der litauischen Sprache. Manche grammatikalischen Festlegungen von Kleinas haben in die litauische Sprache Eingang gefunden und sind bis heute wirksam geblieben. Die Grammatik von Kleinas wurde zur Grundlage für die Arbeit vieler Philologen. Kleinas hatte auch ein Deutsch-Litauisches Wörterbuch vorbereitet, das „Lexicon Lithuanicum", das 10.000 Wörter enthielt; es blieb leider nicht erhalten. 1666 gab Kleinas ein Lieder- und Gebetbuch heraus. Einen Teil dieser Lieder schrieb oder übersetzte er selbst, einen Teil hatte er dem 1612 erschienenen Liederbuch von Sengstock (Zengštokas) entnommen. Das traditionelle syllabische Wort-Ton-Gefüge schmückte Kleinas in seinem Liederbuch melismatisch aus, die Gebete waren meist eigene Dichtungen. Seine Lieder wurden später in allen offiziellen Ausgaben der litauischen Liederbücher in Kleinlitauen nachgedruckt. Mit seinem Werk trat Kleinas sehr bewusst für die Pflege und Verbreitung der litauischen Sprache ein.[24]

Pilypas Ruigys (Philipp Ruhig), der 1675 in Preußisch-Litauen geboren wurde, in Königsberg studierte und seit 1708 Pfarrer in Valtarkiemis war, beschäftigte sich mit Bibelübersetzungsarbeiten sowie der Übersetzung geistlicher Lieder. Besonders hervorzuheben ist in unserem Zusammenhang aber sein „Littauisch-deutsches und deutsch-littauisches Lexicon" von 1747, bei dessen Zusammenstellung er u. a. das Wörterbuch von K. Sirvydas aus Großlitauen benutzte. 1695-96 arbeitete Ruigys als Privatlehrer in Kaunas; er sammelte litauische Volkslieder. Drei dieser Lieder übertrug er in einer freien Übersetzung ins Deutsche im Rahmen seiner 1745 erschienenen Studie „Betrachtung der litauischen Sprache in ihrem Ursprunge, Wesen und Eigenschaften".

Auf diese Weise wurden Lessing, Herder und Goethe auf das litauische Volksliedgut aufmerksam. Auf die Arbeiten von Ruigys stützten sich später litauische Lexikografen, Folklore- und Kulturforscher. Zusammen mit dem Lexikon wurde die Grammatik der litauischen Sprache von Povilas Fridrichas Ruigys (Ruhig) herausgegeben; in dieser Grammatik entwickelte der Herausgeber das Werk von Danielius Kleinas weiter.[25]

Das Werk von Pilypas Ruigys (Philipp Ruhig) über die litauische Sprache richtete sich auch gegen die ersten, zunächst vereinzelten Ansichten von deutschen Amtspersonen, das Litauische sei ein Hindernis für den Fortschritt in Bildung und Wissenschaft und sollte auf Dauer durch das Deutsche ersetzt werden. Wie andere namhafte Persönlichkeiten des 18. Jahrhunderts, zum Beispiel G. Ostermeyer, Ph. Mielcke und I. Kant versuchte er nachzuweisen, dass die Litauische Sprache für Wissenschaft, Bildung und Religion und für die europäische Kultur insgesamt von großer Bedeutung sei.

Kristijonas Donelaitis gebührt, wie schon ausgeführt, die Anerkennung, als einer der Ersten weltliche Literatur in litauischer Sprache geschaffen zu haben. Sein in der Zeit von 1765-1775 geschaffenes und 1818 herausgegebenes und auch zum ersten Mal unter dem Titel „Die Jahreszeiten" in einer deutschen Übersetzung erschienenes Werk „Metai" („Das Jahr", später als „Die Jahreszeiten" bekannt) hat erstmals Literatur in litauischer Sprache weltweit bekannt gemacht.

Von größter Bedeutung vor allem für die Entwicklung der Lituanistik, Baltologie und der vergleichenden Sprachwissenschaft sowie der Ethnographie dieser Region im 19. Jahrhundert wurde die Tatsache, dass in der Universitätsbibliothek sowie der Königlichen Bibliothek in Königsberg seit dem Anfang des 18. Jahrhunderts litauisches Schrifttum systematisch gesammelt wurde. Die Universitätsbibliothek besaß aber auch bereits davor eine große Anzahl von litauischen Schriften seit dem 16. Jahrhundert. Für diese zunächst meist deutschen Wissenschaftler der zweiten Hälfte des 19. Jahrhunderts war allerdings, wie Manfred Klein feststellt, eine Art „Survival"-Optik charakteristisch; sie begriffen das Litauische vielfach als eine bereits dem Untergang geweihte Sprache und Kultur. Klein zitiert in diesem Zusammenhang folgende Sätze von Alexander Horn aus dessen Werk „Culturbilder aus Altpreußen" von 1886: „Wie die Cultur den Indianer tödtet, so raffte sie die Preußen dahin und wird auch die Litauer tödten, ihren Hauch verträgt kein Naturvolk."[26] Auch Eduard Gisevius (1798-1880), der sich beim König Friedrich Wilhelm IV. für den Erhalt der litauischen Sprache in Ostpreußen einsetzte, tat dies unter anderem mit den Worten, der König möge „den Schwanengesang eines untergehenden Völkchens nicht durch Härte" zum Verstummen bringen.[27] Diese Sicht mag zunächst etwas seltsam anmuten, vor allem, weil sie die Litauer in Großlitauen nicht zur Kenntnis zu nehmen scheint bzw. sie in das Untergangsszenario mit einbezieht, wie es zum Beispiel bei August Kuntze der Fall ist, wenn er in seinem Werk „Bilder aus dem Preußischen Littauen" von 1884 von den Litauern als einem Volk spricht, „das einst groß und mächtig, seinen Nachbarn durch Größe und Tapferkeit imponierte, jetzt nur noch unser Mitleid erregt, wenn wir sehen, wie es nicht durch eigene Schuld, sondern allein dem Gesetze der Zeit folgend vom Erdboden zu verschwinden begriffen ist."[28]

Die Entstehung litauischen Schrifttums in Großlitauen im 19. Jahrhundert und die Tradition der „Bücherträger"

Etwas verständlicher wird diese Sicht von der untergehenden Nation, wenn wir die Situation in Großlitauen im 19. Jahrhundert betrachten. Großlitauen gehörte seit der letzten polnischen Teilung 1795 zu Russland. Die Oberschicht war angesichts der oben beschriebenen Entwicklung weitgehend polonisiert und sah vielfach keine Zukunft mehr für einen eigenen litauischen Staat. Als Beispiel für diese Haltung mag hier der polnische Dichter Adam Mickiewicz (Adomas Mickevičius) dienen: Er verherrlichte in seinen Werken die ruhmreiche Vergangenheit des Großfürstentums Litauen und dessen Kämpfe gegen den Deutschen Ritterorden, besang die litauische Landschaft und das litauische Landleben und beschäftigte sich mit der litauischen Mythologie und Volkskunst. All dies unternahm er aber auf Polnisch. Dementsprechend führte er in der Einleitung zu seinem Versepos „Konrad Wallenrod" von 1828, das die Kämpfe der Litauer gegen den Deutschen Ritterorden verherrlicht, aus, dass die Gründung eines eigenen Staates für die Litauer nicht mehr möglich sei, denn dieses Volk habe seine Kräfte durch die vielen Kriege verbraucht, die es zur unverhältnismäßigen Ausweitung seines Territoriums geführt habe. Es hätte seine kulturelle Identität eingebüßt.[29]

Um dieselbe Zeit formierte sich aber in Großlitauen auch eine Gruppe von Gebildeten, die den Bezug zur litauischen

Sprache nicht verloren hatte und sich um die Veröffentlichung von Büchern auch in litauischer Sprache bemühte; ihr gehörten vor allem Söhne von wohlhabenderen Bauern und aus dem niederen Adel an, die meist Studenten und Absolventen der Universität Vilnius waren. Die für die Veröffentlichungen notwendigen Geldmittel wurden meist durch Prenumeration beschafft. Die meisten Bücher dieser Periode erschienen in den zwanziger Jahren des 19. Jahrhunderts. Erwähnen wollen wir hier die historischen Arbeiten von Simonas Daukantas und Dionizas Poška, die vor allem der Hebung des nationalen Bewusstseins und Stolzes der Litauer dienten; die Volksliedsammlung von Simonas Tadas Stanevičius; die Grammatik- und Wörterbucharbeiten von Kajetonas Rokas Nezabitauskis-Zabitis sowie sein Versuch, die erste Bibliographie litauischer Bücher zu schaffen, die er 1824 zusammen mit seinem Elementarbuch, einer Art Fibel der litauischen Sprache herausgab. Die Veröffentlichung der Liedersammlung von Strazdas scheiterte an der zaristischen Zensur.

Diese Autoren schrieben zunächst noch in den Dialekten ihrer Herkunft; die Notwendigkeit der Schaffung einer allgemeinen litauischen Literatursprache war ihnen aber bereits bewusst und sie bemühten sich darum. Allerdings wurden diese Bemühungen größtenteils durch die Folgen des ersten polnisch-litauischen Aufstands 1831 zunichte gemacht: Nach der Niederschlagung des Aufstands nahm der Druck durch die zaristische Regierung zu. Die Aufständischen wurden bestraft, die Zensur wurde verschärft, die Geistliche Akademie nach St. Petersburg verlegt und die Universität in Vilnius geschlossen.

Nach der grausamen Niederschlagung des zweiten polnisch-litauischen Aufstandes 1863/64[30] wurde der Druck durch das zaristische Russland weiter verstärkt. Es traten Russifizierungstendenzen zutage, die vor allem gegen die katholische Kirche und die litauische Sprache gerichtet waren: Zum Beispiel wurde der Druck von litauischen Büchern in lateinischen Buchstaben verboten; fortan war nur noch die kyrillische Schrift zugelassen. Bekanntlich gelangten erfreulicherweise weder die oben beschriebenen deutschen und die erwähnten polnischen Einschätzungen zur litauischen Sprache noch die russischen Unterdrückungsmaßnahmen zum Durchbruch. Im Zusammenhang mit dem zweiten polnischen Aufstand entstand eine breite litauische Nationalbewegung, die am Ende des Ersten Weltkriegs zur Gründung eines eigenständigen litauischen Staates führte.

Die geistigen Träger dieser Nationalbewegung wie der Bischof Motiejus Valančius[31] oder der Theologe und Sprachwissenschaftler sowie Verfasser des ersten großlitauischen Nationalepos „Der Hain von Anykščiai"[32], Antanas Baranauskas, hatten meist ihre literarische Tätigkeit in der polnischen Sprache begonnen. Nun wandten sie sich sehr bewusst der litauischen Sprache zu. Von einem der wichtigsten geistigen Anführer der litauischen nationalen Bewegung, dem auch als Historiker, Ethnologe, Volkskundler und Publizist große Bedeutung zukommt, von Jonas Basanavičius (1851-1927), berichtet Garleff, dass dieser und seine Freunde während ihres Medizinstudiums in Moskau in den siebziger Jahren – angeregt durch das bereits stärker ausgeprägte nationale Bewusstsein von lettischen Kommilitonen, die sie in Moskau trafen –, untereinander litauisch zu sprechen und, nachdem sie sich eine litauische Grammatik besorgt hatten, auch ihre Briefe, die sie bis dahin polnisch geschrieben hatten, auf Litauisch zu schreiben begannen.[33]

Im Rahmen dieser Bewegung kristallisierte sich in der zweiten Hälfte des 19. Jahrhunderts das Aukštaitische (die Sprache des westlichen Hochlitauen) als die allgemein gültige litauische Hochsprache heraus. Die Schaffung einer einheitlichen nationalen Schrift- und Literatursprache war in Großlitauen aber keine einfache Aufgabe, denn es gab, wie wir gesehen haben, kaum schriftsprachliche Traditionen und es fehlte an Grammatiken und Wörterbüchern. Begriffe für die wissenschaftliche Terminologie in allen Bereichen mussten geschaffen werden; selbst für Dinge des aus heutiger Sicht alltäglichen Lebens mussten Neologismen gefunden werden: Aus dieser Zeit stammt zum Beispiel das von Daukantas eingeführte litauische Wort „laikrodis" (wörtlich: Zeitanzeiger) für „Uhr". Deshalb wurden Arbeiten von Sprachwissenschaftlern aus Kleinlitauen herangezogen; sie wurden bedeutsam für die weitere Entwicklung der litauischen Sprache. Zu nennen sind hier die Arbeiten von Friedrich Kurschat, (Fridrichas Kuršaitis, 1806-1884) und August Schleicher (Augustas Schleicheris, 1821-1868).[34] Friedrich Kurschat reiste zur Erforschung der litauischen Sprache nach Großlitauen und korrespondierte mit Daukantas, Valančius und Baranauskas.

Große Bedeutung kam der litauischen Tradition in Kleinlitauen auch im Zusammenhang mit dem Druckverbot der zaristischen Regierung von 1865 in Großlitauen zu. Dieses Verbot wurde erst 1904 aufgehoben. Alle Aufklärungsschriften der großlitauischen nationalen Bewegung wie auch die nun im größeren Umfang in Großlitauen entstehende Literatur und schließlich alle Periodika wurden in den Druckereien von Kleinlitauen, vor allem in Tilsit und Ragnit, herausgegeben und über die preußisch-russische Grenze nach Litauen geschmuggelt, womit die einige Jahrzehnte andauernde Tradition der „Bücherträger" (Knygnešiai) begründet wurde. Da nicht nur der Druck sondern auch das Lesen von Büchern in lateinischer Schrift, die nach 1865 erschienen waren, von den zaristischen Gendarmen verfolgt wurde, gab man oft ein Erscheinungsdatum vor 1865 an oder beließ die Bücher ohne Erscheinungsdatum. Manchmal wurden in den Büchern auch fiktive Genehmigungsstempel der zaristischen Zensur angebracht, um die zaristischen Gendarmen hinters Licht zu führen. In Litauen selbst entstand ein breites Verteilernetz für diese Bücher.

Diese Bereitstellung von Veröffentlichungsmöglichkeiten für die in Großlitauen entstehende nationale Bewegung vor allem in den letzten Jahrzehnten des 19. Jahrhunderts, die der litauischen Schriftsprache und Literatur in Großlitauen zum Durchbruch verhalf, war aber auch der letzte große Beitrag, den Kleinlitauen für die Entstehung der litauischen Schriftsprache und Literatur eingebracht hat. Wie wir oben gesehen haben, ging der Anteil der litauisch sprechenden Bevölkerung in Kleinlitauen immer weiter zurück. Die Pflege und Erhaltung litauischer Traditionen und der litauischen Sprache in dieser Region gelang, wie am Beispiel von Vydūnas (alias Wilhelm Storost) deutlich wurde, im 20. Jahrhundert immer schwieriger.

Das definitive Ende sowohl der deutschen Traditionen als auch der Tradition der litauischen Minderheit in Ostpreußen bzw. Kleinlitauen brachte der Zweite Weltkrieg, nach dessen Ende bekanntlich in dieser Region das Kaliningrader Gebiet eingerichtet wurde, das Teil der Sowjetrepublik Russland war, bis heute zu Russland gehört und eine russische Enklave in dieser Region bildet.

[1] Mit Altpreußen ist das – neben den Litauern und den Letten – dritte baltische Volk gemeint. Es siedelte vor der Ankunft des Deutschen Ritterordens in der Gegend des späteren Herzogtums Preußen, war aber durch die vielen Kämpfe mit dem Deutschen Ritterorden so dezimiert, dass es nicht mehr sehr zahlreich war. In dem dünn besiedelten Gebiet ließen sich, nachdem die Kämpfe zur Ruhe gekommen waren, litauische Bauern nieder; von ihnen wurden später die Altpreußen assimiliert.

[2] Mažiulis, S. 119 f

[3] Mažiulis, S. 126

[4] Von der Herausgeberin übersetzt aus: Lukšaitė, S. 364

[5] Die von Mažvydas begründete Tradition des häuslichen Gebrauchs religiösen Schrifttums blieb in Preußen und den westlichen Gebieten Litauens, in denen es auch Protestanten gab, erhalten, wenn ihr auch zu Mažvydas' Zeiten sicher wegen der mangeln-

den Lesekenntnisse der litauischen Bauern noch keine große Bedeutung zukam. Diese Tradition wirkte letztlich wohl noch bis in die Kindheit der Verfasserin dieser Ausführungen nach, wenn deren Mutter im sowjetischen Litauen an Sonn- und Feiertagen vormittags die Familie versammelte und eine Art Gottesdienst feierte, in dem Kirchenlieder gesungen, Texte aus der Bibel sowie aus einer Predigtsammlung vorgelesen wurden und gebetet wurde. Die Vorfahren der Verfasserin sind Ende des 19. Jahrhunderts aus Preußen nach Großlitauen eingewandert. In dem Dorf, in dem die Familie später in der Nachkriegszeit lebte, war sie als einzige evangelisch. Obwohl in der Familie ausschließlich litauisch gesprochen wurde, wurde sie vor allem wegen ihrer Konfession im Dorf als „preußisch" bezeichnet, was keineswegs abwertend gemeint war, sondern nur ihre Andersartigkeit gegenüber der katholischen Nachbarschaft kennzeichnen sollte.

[6] Gineitis, S. 320 f.
[7] Das Wort bedeutet wörtlich etwa: das, womit man liest.
[8] Von der Herausgeberin übersetzt aus: Lukšaitė, S. 576; die Ansicht, das Litauische sei als Schriftsprache nicht zu gebrauchen, wurde von großen Teilen der polnisch orientierten Geistlichkeit und dem Adel in Großlitauen vertreten; das Litauische wurde polemisch auch einmal als Sprache für „Schweinehirten" bezeichnet.
[9] Das Guddische ist am ehesten mit dem heutigen Weißrussisch vergleichbar.
[10] Von der Herausgeberin übersetzt aus: Gudavičius, S. 454 f.
[11] Von der Herausgeberin übersetzt aus: Kiaupa, S. 253
[12] Vgl. Kiaupienė, S. 280
[13] Jovaišas, S. 109
[14] Von der Herausgeberin übersetzt aus: Kaupienė, S. 286; nach Kaupienė gibt es Hinweise dafür, dass Sirvydas auch Autor einer litauischen Grammatik war, die 20-30 Jahre vor der Grammatik von Kleinas herausgegeben wurde, aber nicht erhalten ist.
[15] Siehe hierzu den Aufsatz auf S. 277.
[16] Lit. Isrutis, heute russ. Černjachovsk
[17] Wunder, S. 25 ff
[18] Zitiert nach Lukšaitė, S. 221

[19] Matulevičius, S. 34
[20] Matulevičius, S. 36
[21] Bagdonavičius, S. 83
[22] Angaben nach Bagdonavičius, S. 85. Matulevičius, S. 38, gibt 120.000-150.000 Litauer an, die noch 1914 ihre Muttersprache in dieser Region sprachen.
[23] „Birutė" ist ein geschichtsträchtiger litauischer weiblicher Vorname (Ehefrau von Großfürst Kęstutis, 1297-1382).
[24] Gineitis, S. 237
[25] Gineitis, S. 433
[26] Zitiert nach Klein, S. 16
[27] Zitiert nach Klein, S. 15
[28] Zitiert nach Klein, S. 16
[29] Gaigalaitė, S. 325 f. Gaigalaitė verweist darauf, dass das Werk von Mickevičius großen Einfluss hatte auf die spätere Dichtung litauischer Autoren wie Antanas Baranauskas, Maironis (alias Jonas Mačiulis), Vincas Mykolaitis-Putinas und Justinas Marcinkevičius.
[30] Der damalige russische Generalgouverneur für diese Region, Michail Muravëv, ist als der „Henker" in die litauische Geschichte eingegangen.
[31] Zu Valančius vgl. auch unsere Ausführungen auf S. 226f.
[32] Litauischer Titel: Anykščių Šilelis; das Werk entstand 1858-59.
[33] Garleff, S. 85
[34] Zu nennen sind hier die Arbeiten von Friedrich Kurschat: „Grammatik der littauischen Sprache" (1876), die wissenschaftlichen Charakter hatte, sowie sein zweibändiges „Wörterbuch der littauischen Sprache" (1870-83); ferner die zweibändige Grammatik von August Schleicher: „Handbuch der litauischen Sprache" (1857), das von Baranauskas ins Litauische übersetzt wurde. Die Arbeit am Wörterbuch von Friedrich Kurschat wurde von seinem Neffen Alexander Kurschat fortgeführt. Dessen Sohn Armin Kurschat gelang es, den großen Arbeiten seiner Ahnen zur Veröffentlichung zu verhelfen: In den Jahren 1968 bis 1973 erschien in Göttingen das Werk „Litauisch-Deutsches Wörterbuch" von Alexander Kurschat. Das vierbändige Wörterbuch ist bis heute das umfassendste Wörterbuch der litauischen Sprache.

Das Sprachdenkmal „Die Jahreszeiten" von Kristijonas Donelaitis

Was hat ein barockes Versepos in einer Prosasammlung zeitgenössischer Literatur zu suchen, mag sich der verwunderte Leser zu Recht fragen. Die folgenden Gedanken sollen die Sonderstellung dieser Dichtung in der abendländischen Literatur skizzieren und damit diese Frage beantworten helfen.

Der Dichter – ein Allroundtalent

Kristijonas Donelaitis hieß eigentlich Christian Donalitius; dies ist die latinisierte Form eines deutschen Namens. Dass er sich dann später die litauische Namensform gab, hängt – wie wir im Aufsatz über Kleinlitauen als Wiege der Schrift- und Literatursprache gesehen haben – mit der komplizierten Verzahnung der deutschen (preußischen) und litauischen Kulturen in Kleinlitauen zu Zeiten des Dichters zusammen.

Donelaitis wuchs in ärmlichsten Verhältnissen in Lazdynėliai (heute im Kaliningrader Gebiet gelegen) auf. Er war universell begabt. Johannes Bobrowski gibt in seinen unvergessenen „Litauischen Clavieren" von 1966 eine treffende Kurzcharakteristik: „...also sagen wir kurz, dass es um Christian Donalitius geht, ... einen litauischen Dichter, also besser um Kristijonas Donelaitis, Pfarrer zu Tolmingkehmen vor zweihundert Jahren, einen Mechanikus, Linsenschleifer, Thermometer- und Barometerbauer, Hersteller dreier Claviere (ein Fortepiano, zwei Flügel), der Idyllen geschrieben hat, litauische Hexameter, vor Klopstock ... nämlich über die Leute, Kleinbauern und Mägde, und über die ländliche Arbeit, Idyllen ohne Schäfer und Schäferin, aus Liebe, es ist schon gesagt: zu wem. Und es könnte einen reißen, wieder davon zu lesen."[1]

Neben seiner seelsorgerischen und literarischen Tätigkeit war Donelaitis Gartenbauer, Grundschullehrer und Chorleiter. Damit, und mit den im Bobrowski-Zitat angedeuteten handwerklich-naturwissenschaftlichen Qualitäten, besaß er die Voraussetzungen, den hohen moralischen Anspruch, den er in den „Jahreszeiten" formulierte, seinen Landsleuten bodenständig, glaubhaft und realistisch abzufordern. Donelaitis hatte einen Hang zur Aufklärung, er beobachtete die tradierten Sitten und Gebräuche und sah in ihnen den Ausdruck der nationalen Identität eines Völkchens, dessen Literatursprache gerade erst im Entstehen war. Während die Werke von Danielius Kleinas und dessen Zeitgenossen, soweit sie überhaupt erhalten geblieben sind, entweder Übersetzungen vorhandener lateinischer und deutscher Literatur und außerdem religiöse Gebrauchsliteratur sind, haben die „Jahreszeiten" den Rang einer litauischen Nationaldichtung erworben. Sie sind das erste umfangreiche Anwendungsbeispiel einer frischen, ideenreichen, unverschliffenen, von Neologismen und origineller Syntax durchdrungenen Literatursprache und sozusagen literarischer Urahn für die gesamte litauische Literatur bis hin zu den zeitgenössischen Prosawerken des vorliegenden Bandes.

Noch rund sechzig Jahre nach Donelaitis' Niederschrift war das Litauische als Literatursprache keineswegs etabliert. So betonte der Herausgeber der Fabeln von Kristijonas Donelaitis und Simonas Tadas Stanevičius in Vilnius im Jahre 1829 in seinem Vorwort, dass diese Autoren mit ihren Werken „bewiesen haben, dass man in der žemaitischen [i.e. in der litauischen] Sprache genauso schön und fein etwas schreiben und hohe geistliche und weltliche Lieder singen kann, wie in anderen bereits ausgeformten Sprachen. Darüber hinaus haben sie mit ihren Werken bestätigt, dass wir in der žemaitischen Sprache ebenso wie die alten Griechen und Römer in ihren Sprachen Gedichte im Versmaß schreiben können!"[2] Diese Apologetik zeigt uns zum einen, wie sehr die Sprache noch im 19. Jahrhundert um ihre Existenzberechtigung ringen musste, und zum anderen, dass Donelaitis' literarisches Werk als mustergültige Referenz der litauischen Literatursprache begriffen wurde.

Das Werk – Litauen ist nicht Arkadien

Die „Metai" (Das Jahr) entstanden unzusammenhängend in den Jahren 1765-1775, teilweise aus Fragmenten früherer Werke des Dichters, vor allem einer Hochzeitsschilderung. Sie nehmen gegenüber den zeitgenössischen Idyllendichtungen anderer Autoren (z. B. E. v. Kleist, S. Geßner und J. H. Voß, der neben seinen berühmten Übertragungen antiker Versdichtungen auch eigene Werke, darunter das Epos „Die Leibeigenen", in Hexametern schrieb) eine Sonderstellung ein, die wir kurz beleuchten wollen:

Buddensieg nennt die „Jahreszeiten" zutreffend „Idyllen, wobei an die ursprüngliche Bedeutung des griechischen eidyllion [i.e. „wechselndes Bild"], nicht an die spätere Bedeutung ›idyllisch‹ gedacht werden darf."[3] Die „Jahreszeiten" bilden denn auch eher ein literarisches Gegenstück zu Peter Breughels oder Hans Sebald Behams Rüpelszenen als zur antik-verklärten Bilderwelt der barocken Zeitgenossen von Donelaitis.

Das Werk schildert die bäuerliche Lebenswelt der litauischen Landbevölkerung aus der Perspektive eines lutherischen Dorfpfarrers, der einerseits mit beiden Beinen fest im Leben seiner Gemeinde verankert ist, andererseits die Lebenssituation seiner Mitmenschen sensibel zu beobachten und reflektieren vermag. Donelaitis sieht diese Lebenswelt im Wesentlichen von drei Daseinsvoraussetzungen bestimmt: dem Ausgeliefert-Sein gegenüber einer allmächtigen, gleichwohl göttlich gefügten Natur, dem Eingespannt-Sein in das feudale Herrschaftssystem samt der damit verbundenen Leibeigenschaft und schließlich dem Eingebunden-Sein in die Sitten, Gebräuche und Traditionen der litauischen Bauernkultur. Wir wundern uns nicht, dass der ersten der drei Grundvoraussetzungen für Donelaitis der Charakter einer objektiven Instanz innewohnt: Dem göttlichen Ratschluss gegenüber hat sich der Mensch in Demut und Dankbarkeit zu verhalten; gleichzeitig bietet Gottes Hilfe Trost und Stütze bei der Bewältigung des Lebens – ganz, wie es dem pastoralen Selbstverständnis des Seelsorgers entspricht. Die Sprache, die Donelaitis in den Abschnitten mit Naturschilderungen wählt, entspricht zwar der barocken Betrachtungsweise von Vergänglichkeit, Vanitas und Kontemplation mit den üblichen Sprachmitteln der Hyperbolisierung und der naturalistischen Lexik den Stilmitteln seiner Zeitgenossen. Gleichwohl unterscheiden sich die „Jahreszeiten" auch in ihren lyrischsten Passagen, eben den Naturschilderungen, von denen anderer Barockdichter. Der Verfasser vermeidet die Hinwendung zur Schäferpoesie, zur Verklärung des Landlebens, und bricht die Kontemplation immer wieder durch Sprachmittel, die in dieser Konstellation einzigartig sind: Der Naturalismus ist höchst irdisch, die Natur ist animistisch und pantheistisch durchwoben; es sprechen die Tiere zu den Menschen, heidnische Gottheiten werden berufen. Die Sonne wird als Lebensspenderin personalisiert und in einen nahezu heliotisch-antikisierenden Rang erhoben: „Sie ordnet das gesamte Schaffen der Menschen und aller anderen Lebewesen, darüber hinaus ist sie Spenderin der natürlichen Lebensfreude."[4] (Leseproben 1 und 9)

Erstaunlicher ist für uns, dass auch die gesellschaftliche Hierarchie mit ihren schreienden Ungerechtigkeiten einer im Überfluss lebenden, gleichwohl ungebildeten und verrohten (preußischen) Adelsschicht, gegenüber einer fast schon proletarisierten, um die tägliche Existenz bangenden Bauernschaft für Donelaitis einem Naturgesetz gleichkommt. Dabei bildet der Autor wiederum Analogien zur Natur, indem er seinen geplagten Mitmenschen das stoische Verhalten der Tiere vorhält: Jedes Lebewesen steht an dem ihm von der Schöpfung zugewiesenen Platz, Adler wie Sperling, ohne sich je darüber zu beklagen. Demzufolge begreift Donelaitis auch die soziale Hierarchie der Mitmenschen als unabänderliche Ordnung, der es sich zu fügen gilt und deren Mühen und Plagen als göttliche Prüfungen des sündigen Individuums zu verstehen sind.

In diesen sozialkritischen Abschnitten der „Jahreszeiten" verwendet Donelaitis eine drastische Sprache von großer Plastizität und Anschaulichkeit. Wir dürfen vermuten, dass er seinem bäuerlichen Publikum – und an dieses richtet er sich mit seiner zu Lebzeiten noch unveröffentlichten Dichtung – damit eine Form der Triebabfuhr, wie sie beispielsweise dem politischen Witz innewohnt, bieten mochte. Indem er seine Stimme feststehenden, wiederkehrenden Typen leiht – einem Knecht, einem Amtmann oder einem Fronbauern –, schildert Donelaitis aus der Perspektive des kleinen Mannes ins humoristisch-Groteske gewendete Verhaltensmuster der „Großkopferten", bei der unchristliche und unsoziale Verschwendungssucht, gepaart mit Eitelkeit, Hoffart und Liederlichkeit im Mittelpunkt stehen. Gleichzeitig instrumentalisiert Donelaitis das „säuische Leben" der Herrschenden als Spiegel, den er seinem eigenen Publikum vorhält: Er führt an, wie das schlechte Vorbild bereits auf die Bauernschaft abzufärben beginnt und warnt seine Schäfchen implizit vor den Folgen solcher Sünden, die im Extremfall bis zu einem – wenngleich augenzwinkernd – schauerlich ausgemalten Tode führen können (Leseproben 2, 3, 5, 8).

Konsequenzen rebellischer Natur lässt Donelaitis allerdings nicht zu. Er betrachtet die Missstände als Entgleisungen Einzelner oder auch Vieler; die Herrschaftsordnung selbst, die solchen Ungerechtigkeiten zugrunde liegt, bleibt für den bekennenden Monarchisten[5] Donelaitis unangefochten.

Im Unterschied zur gottgefügten Natur- und Sozialordnung nimmt sich Donelaitis der dritten Grundvoraussetzung, der litauisch-bäuerlichen Lebenswelt, pädagogisierend, bisweilen gar moralisierend an. Er sieht in der Erhaltung der tradierten Sitten – der Sprache, der Kleidung bis hin zu den Ernährungsgewohnheiten – eine identitätsstiftende Qualität gegenüber den Bedrohungen von außen. Das Außen sind vornehmlich die Deutschen, deren Sprache, Kleidung und Lebensart die litauische Identität usurpatorisch aufweichen. Gleichzeitig werden die Deutschen aber auch als Vorbild an Tüchtigkeit, Fleiß und Strebsamkeit hingestellt, die man bewundern und zugleich ein wenig fürchten muss. Franzosen und Schweizer, die im 18. Jahrhundert als Kolonisten zugewandert waren, nehmen dagegen eine etwas exotischere Rolle ein; hier mischt sich in die Furcht vor der Nivellierung der eigenen Sitten und Gebräuche auch die Belustigung über manche den litauischen Lebensverhältnissen nicht angepasste Eigenart der Fremden (Leseproben 4, 6, 7).

Das Versmaß –
litauischer und deutscher Hexameter

Wenn Donelaitis bemüht war, seinem Epos eine würdige Form zu geben, so suchte er formale Vorbilder im baltischen Sprachschatz vergebens. Die litauische Literatursprache war so jung, dass der Autor sich an keinerlei Heldenepen, Liebeslyrik, auch nicht an Prosatexten wie Sagen oder Legenden orientieren konnte. Auch die mündlich überlieferten Dainos, die formenreichen volksliedartigen Gesänge der Litauer, konnten ihm allenfalls atmosphärisch, nicht jedoch strukturell zur Orientierung dienen. Damit konnte es für Donelaitis keine formalen Vorbilder einer wie auch immer gearteten Versstruktur geben. Die Rezension der „Jahreszeiten" in der Jenaischen Allgemeinen Zeitung hielt hierzu im Jahre

1818 fest: „Im ernsten Gedichte, das mehr als klingende Daina werden sollte, musste sich hier der Hexameter dem Dichter unwillkürlich selbst dann darstellen, wenn er nie den Homer oder den Vergil gelesen. Ihm ist der Hexameter keine Fessel; er ist ein Blumengürtel, den er um seine Muttersprache schlingt, die sich frei und ungehindert in ihm bewegt."[6] Auch wenn wir die Beweggründe heute etwas nüchterner betrachten, wissen wir doch, dass Donelaitis durchaus über eine „klassische Bildung" verfügte und die literarischen Vorbilder wahrscheinlich bei Homer, ganz sicher bei Hesiod und Theokrit kannte.

Obwohl die litauische Sprache mit ihrem Partikelreichtum, den starken Verbformen, Präpositionalbildungen, Partizipialkonstruktionen, Reduplikationen und definiten Endungen ihrer Struktur nach dem Griechischen sehr viel mehr ähnelt als die deutsche, behandelt Donelaitis den Hexameter so, wie wir es von den deutschen Hexameterdichtungen bzw. -übertragungen gewohnt sind: Nicht Längen und Kürzen der Silben entscheiden über die Ordnung des Versmaßes, sondern die Verteilung von betonten und unbetonten Silben, der Akzent. Damit ist die Voraussetzung geschaffen, dass der Duktus des deutschen Vortrags – Hexameter sollten unbedingt laut rezitiert werden! – dem Original in dieser Hinsicht recht nahe kommen kann. Schwieriger nachzubilden ist freilich der sprachliche Gestus der Dichtung: Auch wenn die frühere Auffassung vom heroischen Stelzvers heute als abgelegt gelten kann, haftet dem Hexameter in seinen insistierenden Rhythmen grundsätzlich etwas Magisches und Beschwörendes an, das auch den prosaischsten Inhalt unwillkürlich ins Feierliche erhebt.

Dieser Effekt wird noch verstärkt durch eine Notwendigkeit, der sich auch der begnadetste Nachdichter nicht entziehen kann: Im Deutschen müssen der Erfüllung des Versmaßes zuliebe gelegentlich Interjektionen oder Wortstreckungen verwendet werden. Die Übersetzer der „Metai" im 19.

Jahrhundert versuchten, aus der Not eine Tugend zu machen, indem sie unwillkürlich den heroisierenden Duktus von Voß nachbildeten; aber auch die treffliche Übersetzung von Hermann Buddensieg kommt – zugegebenermaßen wie wir selbst – nicht ganz ohne Füllwörter und Floskeln wie „Siehe nur", „Ach", „Aber darauf" oder „Also sprach..." aus.

Im Gegensatz zur deutschen kennt die litauische Sprache keine Artikel. Da die Donelaitischen Hexameter in aller Regel eine abgeschlossene Satzaussage in ein oder zwei Versen vollenden und es so gut wie nie zu Versverschränkungen kommt, beginnen sie häufig mit dem Subjekt oder doch einem Substantiv. Wenn nun der deutsche Übersetzer diesem Nomen einen Artikel voranstellen wollte, geriete er unweigerlich mit dem Versmaß in Konflikt, denn die Kopfsilbe des Hexameters ist grundsätzlich betont, der deutsche Artikel (der-die-das) dagegen in allen Flexionsformen unbetont. Also kann sich der Nachdichter nur mittels einer Veränderung der Wortstellung aus der Affäre ziehen, anderenfalls würde der Leser den Artikel als zwar betontes, jedoch Sinn entstellendes Demonstrativpronomen erkennen. Will der Übersetzer also die Wortstellung beibehalten, etwa, um die Dramaturgie des Verses korrekt zur Schlusspointe zu führen, muss er sich mit den angeführten Interjektionen und Ausweitungen behelfen, womit er unweigerlich dem Pathos Vorschub leistet.

Wenn also die Sprachbilder gar zu derb-rustikal daherkommen, entsteht durch die Inkonsistenz von pathetisch erhöhter Form und robustem Ausdruck ein mitunter ungewollt komischer Effekt. Andererseits bietet dieses Auseinanderklaffen die Möglichkeit zur ironisierenden Steigerung. Der Verlockung, hiervon, bei allem gebotenem Respekt vor dem Dichter, moderat Gebrauch zu machen, haben wir uns gelegentlich nicht enthalten wollen.

Die Übersetzung – Übertragung oder Nachdichtung?

Kongeniale Nachdichtungen sind äußerst selten und liegen für die „Jahreszeiten" bislang nicht vor; auch unsere Arbeit wird diesem Anspruch nicht ansatzweise gerecht. Sie muss sich vielmehr der immer währenden Frage stellen, wie sie sich im Koordinatensystem aus Wort- und Syntaxtreue einerseits sowie freierem poetischen Nachspüren zugunsten guter Lesbarkeit andererseits verorten will. Die ersten beiden deutschen Nachdichtungen von Ludwig Rhesa aus dem Jahre 1818 und von August Schleicher (1864) gehen mit der Vorlage zugunsten eines eigenen, oft pädagogisierenden Ideals so unbekümmert um, dass ihr Georg Heinrich Nesselmann im Jahr 1869 eine eng am Wortlaut des Originals orientierte und auf jeglichen Sprachschmuck verzichtende Übersetzung geradezu antithetisch entgegenstellte. Louis Passarge glückte danach 1894 eine Versöhnung der beiden Positionen; allerdings ist auch seine Sprache, wie bereits oben angedeutet, einem heute befremdenden pathetischen Duktus verpflichtet.

Dank ihrer kraftvollen Sprachbilder, der ideenreichen Poesie und des souveränen Umgangs mit dem Korsett des Versmaßes findet die Nachdichtung von Hermann Buddensieg aus dem Jahr 1970 unsere Anerkennung – sie sei dem interessierten Leser, der bei der Lektüre unserer Kostproben auf den Geschmack gekommen ist, empfohlen. Trotz unserer Hochachtung für die Arbeit von Buddensieg haben wir uns aus den folgenden Gründen zur Abfassung eigener Textproben entschlossen:

Seit der Entstehung der Fassung von Buddensieg ist mehr als eine Generation vergangen. Bei einer Sprache, die umgangssprachliche Formen bis hin zu Kraftausdrücken bemüht, wiegt deren Abnutzung schwerer als bei abstrahiert-erhobener Lyrik.

Wir erkennen, dass die oben angeführte sprachliche Dichte des litauischen Originals im Deutschen niemals nachgeschöpft werden kann. Diese Dichte führt im Original der „Jahreszeiten" zu zahlreichen Spondeen, derer sich Buddensieg ausdrücklich bedient, wenn auch nicht topographisch analog. Die häufige Verwendung von Spondeen erschwert allerdings das Prima-Vista-Lesen. Dem Leser, der in unseren Textproben einen ersten Eindruck gewinnen möchte, wollen wir möglichst glatte, metrisch unproblematische Hexameter offerieren. Wir haben es uns zur – freilich nicht doktrinär gehandhabten – Regel gemacht, höchstens einen Spondeus im Vers zu verwenden.

Bei der Abwägung zwischen sprachlicher Nähe zum Urtext einerseits und dem Vermitteln analoger Bildideen andererseits gestatten wir uns gelegentlich ein wenig, in den letzten beiden Versen sogar ausnahmsweise deutlich mehr Freiheit als Buddensieg. Dies möge jedoch nicht als falscher Ehrgeiz gedeutet werden; wir wollen unseren bescheidenen – sozusagen „außer Konkurrenz" antretenden – Beitrag eher so verstanden wissen, dass wir uns bemühen, dem geneigten Leser den Geist, der den „Metai" innewohnt, samt seiner so einzigartigen Bedeutung für die litauische literarische Identität ein wenig nahe zu bringen und gleichzeitig ein möglichst hakelfreies, flüssiges Hexameter-Leseerlebnis zu vermitteln.

Hans-Ulrich Werner

---

[1] Bobrowski, S. 8f
[2] Von der Herausgeberin übersetzt aus: Korsakas, S. 329
[3] Buddensieg, S. 106
[4] Von der Herausgeberin übersetzt aus: Gineitis, S. 119
[5] Vgl. hierzu Buddensieg, S. 118
[6] Zitiert nach Kindler, Bd. 4, S. 767

Glossar

Seite 21: *Das Dokument mit dem weiblichen Familiennamen.* Im Litauischen ist bei den Familiennamen aus der Art der Endung ersichtlich, ob es sich bei dem jeweiligen Namensträger um einen Mann oder um eine Frau handelt; bei den Frauenfamiliennamen ist darüber hinaus aus den unterschiedlichen Endungen ersichtlich, ob es sich um eine verheiratete oder eine unverheiratete Frau handelt.

Seite 29: *Wäldler.* Als in Litauen nach dem Durchzug der Roten Armee 1944 die Sowjetmacht wieder errichtet werden sollte, leistete die litauische Bevölkerung – wie auch die lettische und estnische – Widerstand. Die ersten Widerstandsgruppen bildeten sich aus den Männern, die bei den deutschen Mobilisierungsversuchen am Ende des Krieges rekrutiert worden waren und sich dann in die Wälder abgesetzt hatten. Die Angaben über die Zahlen der Kämpfer und Kämpferinnen schwanken in den verschiedenen Quellen zwischen 30.000 und 100.000. Da diesen Gruppen auch später vorbehalten blieb, im Untergrund zu agieren, und sie in Verstecken in den Wäldern hausten, wurden sie in der Bevölkerung „Miškiniai", übersetzt: die „Wäldler", genannt. Bekämpft wurden die Beamten des NKVD (russische Abkürzung für: Narodnyj komissariat vnutrennich del – Volkskommissariat für innere Angelegenheiten) und die Miliz sowie vermeintliche und tatsächliche Kollaborateure; außerdem wurde antisowjetische Agitation in der Bevölkerung betrieben. Man hoffte auf die Hilfe des Westens. Als diese ausblieb und die Westmächte auch bei der Niederschlagung des Ostberliner Arbeiteraufstands 1953 nicht zugunsten der Aufständischen eingriffen, lösten sich die Gruppen allmählich auf.

In der vorliegenden Textstelle wird die Versorgungssituation der Wäldler angesprochen; sie mussten von der ländlichen Bevölkerung mit Lebensmitteln versorgt werden, was von den sowjetischen Organen aufs Schwerste geahndet wurde, meist wie hier mit Deportation.

Insgesamt waren von den Deportationen der Nachkriegszeit etwa 350.000 Bauern, Geistliche, Intellektuelle und andere politisch unerwünschte Personen betroffen (vgl. Garleff, S. 176). Im ‚Großen Ploetz' wird sogar die Zahl von 500.000 Deportierten genannt (Ploetz, S. 1495). Besonders hoch war der Anteil der Bauern im Zusammenhang mit der Zwangskollektivierung.

Seite 34: *Die Parteigänger Bermondts.* Der Weißgardist Oberst Pavel Bermondt-Avalov hatte aus ehemaligen russischen Kriegsgefangenen und deutschen Soldaten und Offizieren, die 1919 der Order der Alliierten und des deutschen Oberkommandos, das Baltikum zu räumen, nicht gefolgt waren und im Baltikum blieben, die „Russische Westarmee" gegründet. Er versuchte zunächst in Lettland Fuß zu fassen. Mit Hilfe der Esten gelang es den Letten, die eigenartige russisch-deutsche Armee über die litauische Grenze zu drängen. Sie wurde zunächst von litauischen Freiwilligen bekämpft, später von der Reichsregierung in Berlin mit Hilfe des französischen Generals Niessel durch Litauen hindurch nach Deutschland zurückgeführt.

Seite 65: *Raz, dva, tri, vziali!* (russisch): eins, zwei, drei, los!

Seite 75: *Wie die Treidler von Repin.* Hier ist das Bild ‚Die Wolgatreidler' des russischen Malers Ilja Efimovič Repin (1844-1930) aus den Jahren 1870-1873 angesprochen. Auf diesem Bild tragen die Männer breite Schleppbänder quer über der Brust.

Seite 77: *Itzik Manger.* Jiddisch schreibender Autor (1901-1969). Er wurde in Czernowitz, Bukovina, geboren und veröffentlichte 1921 sein erstes Gedicht in einer rumänisch-jiddischen Zeitschrift. Sein humoristisches Erzählwerk *Dos Buch fun Gan Eden* erschien 1939. Im Zusammenhang mit dem Zweiten Weltkrieg zog sich Itzik Manger zunächst nach England zurück, wo er bis 1951 lebte; dann ging er nach New York und 1967 nach Israel.

Seite 77: *Šaljapin.* Fedor Ivanovič Šaljapin [Schaljapin] (1873-1938) war ein berühmter russischer Sänger (Bass), der an großen Opernhäusern der Welt sang: in Moskau, an der Mailänder Scala und an der Metropolitan Opera in New York.

Seite 77: *Bal'mont.* Konstantin D. Bal'mont, geb. 1867 im Gouvernement Vladimir, Russland; gest. 1942 bei Paris; Lyriker des russischen Symbolismus; sein dichterisches Schaffen umfasst die Jahre 1885-1932.

Seite 78: *à la Juif* (französisch). Hier: der jüdischen Tradition entsprechend zubereitet.

Seite 79: *Meine Damen und Herren.* Diese Worte stehen im litauischen Text auf deutsch. Sie wurden im laufenden Erzähltext der Anthologie *kursiv* gesetzt, um dem Leser dies deutlich zu machen. Auch alle anderen fremdsprachlichen, das heißt nicht litauischen Textstellen, sind im Erzähltext *kursiv* gesetzt, wie dies größtenteils auch im litauischen Originaltext geschehen ist. Soweit diese Textstellen nicht als allgemein verständlich vorausgesetzt werden können, werden sie im Glossar jeweils erläutert.

Seite 82: *Jak Bierek pod Plockiem* (polnisch). Redensart: Wie Bierek vor Plock. Bierek ist ein aus der Kleinstadt Kretinga im Westen Litauens stammender Kaufmann jüdischer Abstammung; sein litauischer Name ist Berelis Joselovičius. In der Armee von Napoleon hatte er es bis zum Oberst gebracht und fiel in der Schlacht zwischen den napoleonischen und österreichischen Truppen bei Plock.
Er war offenbar so bekannt geworden, dass die polnische Redensart entstehen konnte: „Fiel wie Bierek bei Plock." Im Kaunaer Kriegmuseum gibt es eine Lithographie aus dem 19. Jahrhundert, auf der er in romantischer Manier auf einem Pferd dargestellt ist. Sein Sohn war polnischer Major in der Armee der Aufständischen gegen das Zarenregime im Jahr 1831.

Seite 82: *Smetonazeiten*. Gemeint ist die Zeit von 1926 bis 1939. Im Dezember 1926 putschten in Kaunas die Armeeoffiziere gegen die im Mai 1926 gebildete Koalition aus Volkssozialisten und Sozialdemokraten, und Antanas Smetona wurde von einem Rumpfparlament des *Bundes der litauischen Nationalisten* mit den Stimmen des *Christlich Demokratischen Blocks* zum Staatspräsidenten gewählt. Nach Auflösung des Landtags im April 1927, der Auseinandersetzungen der Christlichen Demokraten mit dem *Bund der litauischen Nationalisten* vorausgegangen waren, begann die Alleinherrschaft der Nationalisten mit Antanas Smetona an der Spitze; sie stützte sich auf die Offiziere der Armee. Die von Smetona im Mai 1928 erlassene neue Verfassung stärkte die Macht des Staatspräsidenten; er wurde zum eigentlichen gesetzgebenden Organ.

Seite 82: *Svinja* (russisch): Schwein

Seite 82: *das rote Birobidžan*. Gemeint ist die Jüdische Autonome Provinz, die den Juden in der Sowjetunion 1934 von den Sowjets in Asien an der chinesischen Grenze zugewiesen wurde; hier sollte die zionistische Idee eines jüdischen Staates in der Sowjetunion verwirklicht werden.

Seite 85: *Brazilka* (russisch/litauisch). Umgangsprachliche Bezeichnung für einen Stadtteil in Kaunas, die darauf verweist, dass in diesem Viertel eher ärmere Bevölkerungsschichten lebten, bei denen die Auswanderungsquote z. B. auch nach Brasilien recht hoch war.

Seite 85: *Aleksotas* und *Žaliakalnis* (litauisch). Zwei Stadtviertel in Kaunas; mit *Die Freiheit* ist die größte und prächtigste Straße des damaligen Kaunas gemeint: *Laisvės alėja* – Freiheitsallee.

Seite 86: *seine Exzellenz im Frack*. Gemeint ist Staatspräsident Smetona; vgl. unsere Ausführungen im Glossar zu S.82 über *Smetonazeiten*

Seite 86: *Tri tankista – tri vesëlych druga* (russisch). Sowjetlied: Es waren drei Panzersoldaten, drei fröhliche Freunde.

Seite 86: *Volga Volga, mat' rodnaja* (russisch). Volkslied: Wolga, Wolga, du Mutter Heimat.
Seite 87: *Am Hotel „Lietuva"*. Am Hotel „Litauen".
Seite 87: *čto pišete, tovarišč Erenburg?* (russisch). Was schreiben Sie gerade, Genosse Erenburg?
Seite 87: *Julio Jurentio*. Der Held im 1922 erschienenen ersten Roman von Il'ja Erenburg; geb. 1891 in Kiew; gest. 1967 in Moskau. Der Titel des Romans in deutscher Übersetzung lautet: Die ungewöhnlichen Abenteuer des Julio Jurentio und seiner Jünger Monsieur Delhaie, Mister Cool, Karl Schmidt, Ercole Bambucci, Alexej Tischin, Ilja Ehrenburg und des Negers Ayscha in den Tagen des Friedens, des Krieges und der Revolution in Paris, Mexiko, Rom, am Senegal, in Moskau, Kineschma und anderen Orten, ebenso verschiedene Urteile des Meisters über Pfeifen, über Leben und Tod, über Freiheit, über Schachspiel, das Volk der Juden und einige andere Dinge.
Seite 87: *Kipras Petrauskas*. Ein sehr bekannter litauischer Opernsänger, der seine Stimme in Italien hatte ausbilden lassen und an der Oper im Vorkriegs-Kaunas sang. Er war mit dem großen Šaljapin befreundet. Petrauskas starb Mitte der fünfziger Jahre in Vilnius.
Seite 88: *Ei, uchnem* (russisch). Das Lied der Wolgaschlepper, auf Deutsch bekannt unter: Ziehet fest an!
Seite 88: *Širdys mergelių* (litauisch). Lied: Die Herzen der Mädchen.
Seite 89: *Stutthof*. Seit 1939 Zivilgefangenenlager bzw. Konzentrationslager etwa 35 km östlich von Danzig. Als das Ghetto von Kaunas 1944 vor dem Eintreffen der Sowjetarmee auf ihrem Vormarsch nach Westen von den Deutschen liquidiert wurde, tranportierten die Nationalsozialisten die noch arbeitsfähigen Frauen auf dem Seeweg in dieses Lager.
Seite 89: *NKVD* (russische Abkürzung). Narodnyj komissariat vnutrennich del - Volkskommissariat für innere Angelegenheiten.

Seite 89: *Moja tvoja liubit'* (russisch). Mein dein lieben. Die grammatikalisch nicht korrekte Wendung im Russischen verweist im Text darauf, dass die Soldaten, die Fanė mitnahmen, oft nicht Russen, sondern vielleicht Georgier waren, und die russische Sprache nur unzulänglich beherrschten.

Seite 92: *Berelis Joselovičius.* Vgl. unsere Ausführungen im Glossar zu S. 82 *Jak Bierek pod Plockiem.*

Seite 93: *Tisch'a Be Av.* (hebräisch). Der neunte Tag des Monats Av ist einer der wichtigsten Trauer- und Fastentage im jüdischen Jahr. An diesem Tag haben mehrere für das jüdische Volk tragische Ereignisse stattgefunden. An diesem Tag wurden sowohl der erste als auch der zweite Tempel zerstört. An diesem Tag fiel die Festung Bejtar, in der sich hunderte von Juden aufhielten. An diesem Tag wurde der Ort, an dem der Tempel stand, umgepflügt, und die Prophezeiung „Zion wird einem Feld ähnlich aufgepflügt" erfüllte sich.

Seite 93: *Einen Jungen mit dem seltsamen Nachnamen Arklys* (litauisch): Pferd.

Seite 93: *Slabadabrücke* und *Vilija*. Das Flüsschen Vilija fließt in Kaunas in den größten Fluss Litauens, den Nemunas; die Slabadabrücke ist die Brücke darüber, die in den Stadtteil Slabada bzw. Vilijampolė führt.

Seite 95: *Mit'ka, Mit'ka, gde tvoja ulybka* (russisch). Volkslied: Mitka, Mitka, wo ist dein Lächeln geblieben?

Seite 95: *Chuppa* (jiddisch). Hochzeit, aber auch der Ort in der Synagoge, an dem die Hochzeit stattfindet: Das Paar steht während der Trauungszeremonie unter der Chuppa – einer Art großem Baldachin.

Seite 96: *Gostinica oficerskaja* (russisch): Offizierskasino.

Seite 97: *Vokietka* (litauisch). Abwertender, verächtlicher Ausdruck für eine Deutsche.

Seite 98: *Isadora Duncan.* Amerikanische Tänzerin (geb. 1877 in San Francisco, gest. 1927 in Nizza). Sie entwickelte um 1900 den Ausdruckstanz und befreite den weiblichen

Körper von äußeren Zwängen. In die Schlagzeilen geriet Isadora Duncan, die stolz darauf war, als ledige Mutter drei Kinder großzuziehen, als sie 1921 den 17 Jahre jüngeren russischen Poeten Sergej Esenin heiratete. Isadora Duncan hatte Anfang der zwanziger Jahre unter großen Schwierigkeiten in Moskau eine Tanzschule für die Kinder des Volkes gegründet. Als die Sowjets ungeachtet zunächst großer Versprechungen mit finanziellen Mitteln sehr zu geizen begannen und die offiziellen Vorgaben für die Kunst immer weniger Isadora Duncans künstlerischen Vorstellungen entsprachen, ging sie nach Paris, wo sie Ende 1925 die Nachricht vom Freitod Esenins erhielt.

Seite 99: *Brazilka.* Stadtteil von Kaunas; vgl. dazu unsere Ausführungen im Glossar zu S. 85.

Seite 99: *Slabada.* In der Bevölkerung auch als *Slobodka* bezeichneter Stadtteil von Kaunas mit dem litauischen Namen Vilijampolė, in dem vor Beginn des zweiten Weltkriegs etwa 8.000 Menschen lebten. 1941 wurde hier zwangsweise das Kaunaer Ghetto eingerichtet, in dem auf engstem Raum 30.000 Menschen untergebracht werden mussten. Der Name ist auf das russische Wort „sloboda" zurückzuführen, das Vorstadt bedeutet.

Seite 100: *Schabbatkerzen.* Die Schabbatlichter sind von großer Bedeutung für die Einleitung des Schabbat im Haus. Die Frau des Hauses zündet vor dem Sonnenuntergang die Kerzen an, dann breitet sie ihre Arme über den Kerzen aus, zieht ihre Arme in kreisenden Bewegungen dreimal nach innen, womit sie anzeigt, dass sie die Heiligkeit des Schabbat annimmt. Dann bedeckt sie die Augen mit ihren Händen und spricht den Segen: »Gelobt seist du, Ewiger, unser Gott, König der Welt, der du uns geheiligt durch deine Gebote und uns befohlen, das Schabbatlicht anzuzünden.« Dann öffnet sie ihre Augen, um das Schabbatlicht zu betrachten. Der Moment des Lichtentzündens gilt als besonders geeignet, um Gott um Gesundheit und Glück zu bitten.

Seite 101: *Fotoatelier Baulas.* Ein bekanntes Fotostudio im Kaunas der Vorkriegszeit.

Seite 102: *Ma nischtana* (hebräisch): Was hat sich verändert?

Seite 103: *Dikduk* (hebräisch): Grammatik.

Seite 103: *Kneidlach* (jiddisch): Klöße – zubereitet aus Matzahmehl, Öl, Eiern, Salz und Pfeffer.

Seite 107: *Smetonazeiten.* Vgl. unsere Ausführungen im Glossar zu S. 82.

Seite 116: *Kerza* (litauisch): Lederersatz.

Seite 116: *Parteigänger des Bermondt.* Vgl. unsere Ausführungen im Glossar zu S. 34.

Seite 116: *Mit den Polen kämpfte.* Mit den Polen kämpfte die litauische Armee 1920 um Vilnius.

Seite 123: *Granauskis.* Die žemaitische Form des Namens Granauskas. Das Žemaitische ist der Dialekt, der im westlichen Litauen gesprochen wird. Der Text enthält etliche žemaitische Redewendungen und Ausdrücke, die in der Übersetzung leider nicht kenntlich gemacht werden konnten.

Seite 129: *Stribai* (litauisch). Angehörige spezieller Einheiten, die von den Sowjets zur Bekämpfung der „Wäldler" (vgl. hierzu unsere Ausführungen im Glossar zu S. 29) aufgestellt und ausgebildet wurden. Das Wort „Stribai" ist von der russischen Bezeichnung dieser Einheiten „istrebiteli" – „Vernichter" abgeleitet.

Seite 130: *Wäldler.* Vgl. unsere Ausführungen im Glossar zu S. 29.

Seite 131: *Klaipėda* (litauisch). Die im Deutschen als „Memel" bekannte Stadt im Westen Litauens. Klaipėda ist die drittgrößte Stadt des Landes.

Seite 164: *Im dritten Jahr des nationalen Aufbruchs.* Vgl. unsere Ausführungen im Glossar zu S. 191 *Mit Sandsäcken verbarrikadiert.*

Seite 164: *Im Waschraum plötzlich heißes Wasser.* Hier ist die Energieknappheit infolge der russischen Wirtschaftsblokade angesprochen; vgl. unsere Ausführungen im Glossar zu S. 191 *Mit Sandsäcken verbarrikadiert.*

Seite 164: *Kitaečka* (russisch). Kleine Chinesin.

Seite 165: *Makarenko.* Anton Semjënovič Makarenko (1888-1939), ukrainischer Pädagoge; er entwickelte eine Erziehung zum Kollektiv.

Seite 191: *Mit Sandsäcken verbarrikadiert.* Im Zuge der „Singenden Revolution" Ende der achtziger Jahre im Baltikum hatten die litauischen Deputierten als Erste am 11. März 1990 die Wiederherstellung der unabhängigen litauischen demokratischen Republik mit Berufung auf die Unabhängigkeitserklärung vom 16. Februar 1918 erklärt. Es folgte zunächst eine Wirtschaftsblockade seitens der Sowjetunion, die vor allem zu erheblichen Energieproblemen in Litauen führte. Derweil bemühten sich baltische Politiker im Westen um Unterstützung – mit mäßigem Erfolg: Auf der KSZE-Konferenz in Paris vom 19. und 20. November 1990 wurden die baltischen Staaten auf Verlangen der Sowjetunion nicht einmal als Beobachter zugelassen. In den Medien im Westen wurden die Vorgänge im Baltikum immer noch weitgehend als „gefährlicher Nationalismus" eingestuft. Gleichzeitig spitzte sich die Lage im Baltikum weiter zu: Am 13. Januar 1991 griffen sowjetische Luftlande- und Panzereinheiten sowie Truppen des Innenministeriums und des KGB das Fernsehzentrum in Vilnius an, zu dessen Schutz sich zahlreiche Zivilisten eingefunden hatten; 14 Menschen kamen dabei ums Leben.

Auch das Parlament und die Parlamentarier versuchten litauische Bürger zunächst mit ihren Körpern vor den sowjetischen Panzern zu schützen. Später wurden um das Parlamentsgebäude Barrikaden errichtet. Zu ihnen gehörten auch die Sandsäcke, von denen im Text von Erlickas die Rede ist. Endgültig entspannte sich die Lage erst am 6. September 1991, als der Staatsrat der UdSSR die Anerkennung der baltischen Staaten beschloss, nachdem am 27. August 1991 bereits die

Anerkennung der baltischen Regierungen durch die EU-Staaten erfolgt war.

Seite 193: *Beschwerdebücher.* Sie lagen in Sowjetlitauen in den Läden aus: Kunden konnten hier ihre Kritik an unfreundlichen Bedienungen eintragen oder sich über die Qualität der Waren beschweren.

Seite 193: *Vor dem elften März.* Tag der litauischen Unabhängigkeitserklärung im Jahre 1990.

Seite 195: *Tilže.* Litauischer Name für die Stadt Tilsit in Kleinlitauen, nahe der Grenze zu Großlitauen; heute Sovetsk (russisch).

Seite 195: *Nemunas.* Grenzfluss zwischen Groß- und Kleinlitauen; im Deutschen bekannt als Memel bzw. Njemen.

Seite 196: *Karaliaučius.* Litauische Bezeichnung für Königsberg, heute: Kaliningrad (russisch).

Seite 196: *Daniele Klein, Tilsensis Borussus minorennis* (lateinisch). Daniele Klein, Tilsiter Preuße, der Jüngere.

Seite 196: *Grammatica Litvanica primum in lucem edita* (lateinisch): Litauische Grammatik, erstmals herausgegeben.

Seite 197: *Žemaitis.* Bezeichnung für einen Menschen, der aus dem westlichen Teil Litauens stammt und einen bestimmten Dialekt spricht; die Bezeichnung kann am ehesten mit Niederlitauer übersetzt werden. Als Hochsprache hat sich nicht das Žemaitische sondern das in Ostlitauen gesprochene Aukštaitisch durchgesetzt, das Hochlitauische.

Seite 204: *Pričkus* (litauisch). Da es im Litauischen kein f gab, wurde in der Umgangssprache der deutsche Name ‚Fritz' entsprechend assimiliert.

Seite 205: *Marginne* (litauisch). Kleidungsstück der litauischen Frauen. Ein breiter Schal, der von der linken Schulter bis zu den Füßen herabhängt und über einem Webrock getragen wird. Die Marginne lässt die rechte Schulter frei und wird an der Hüfte mit einem Gürtel gebunden.

Seite 206: *Erbsengegrützel.* Das Alltagsgericht (litauisch: šiupinys) der armen Leute zur Zeit Donelaitis'. Ein Brei aus

Erbsen, Graupen (Grützkorn) und Kartoffeln. Donelaitis führt das Gericht immer wieder als beispielhaft für die unverfälschten litauischen Sitten und Gebräuche an.
    Seite 206: *Krizas, Kriz.* Litauischer Vorname (Christian).
    Seite 209: *Perkūnas* (litauisch). Der Donnergott. Auch nach der Christianisierung der Litauer blieben manche Naturgottheiten allgegenwärtig. Das Berufen des Perkūnas ist an dieser Stelle besonders bemerkenswert, weil es im direkten Kontext zum christlichen Gott geschieht, und das Versepos obendrein von einem Pfarrer verfasst ist.

Quellen und Literatur

Autoren- und Quellenverzeichnis zum Textteil

Ričardas Gavelis wurde 1950 in Vilnius geboren, studierte Physik an der Universität Vilnius, arbeitete bis 1977 am Institut für Physik in Vilnius. Später betätigte sich Gavelis als Publizist, Prosaautor und Dramatiker; 1989 erschien in Vilnius sein Roman „Vilniaus pokeris", dem in Litauen ein großer Erfolg zuteil wurde. Es folgten weitere Prosawerke. Gavelis lebte als Prosaautor, Dramatiker und Publizist in Vilnius. Er starb tragischerweise wenige Tage vor der Drucklegung unserer Anthologie.
Quelle: Novelės Metai, Vilnius 1989

Dalia Grinkevičiūtė wurde 1927 in Kaunas geboren, wurde 1941 als Gymnasiastin deportiert: zunächst in das Altaigebiet, dann 1942 an die Laptev-See, schließlich 1948 in die Steinkohlengruben von Jakutien; 1949 gelang ihr die Flucht nach Litauen, 1950 wurde sie wieder festgenommen und drei Jahre lang in den Arbeitslagern im Gorkijgebiet gefangen gehalten; ab 1954 durfte sie Medizin studieren, zunächst in Omsk, später in Kaunas; sie arbeitete von 1960-1974 als Ärztin in der litauischen Provinz (in Laukuva). Dalia Grinkevičiūtė blieb zeitlebens im Visier des KGB. Ihr Werk ist autobiographischer Natur, zu den Publikationen s. *Informationen zu den Texten von Dalia Grinkevičiūtė*, S. 212
Quelle: Lietuviai prie Laptevų Jūros, Vilnius 1997

Markas Zingeris wurde 1947 in Prienai geboren, studierte Journalistik an der Universität Vilnius; nach Abschluss des Studiums 1971 unterrichtete er Philosophie an den Hochschulen von Kaunas. 1977 verlor er diese Arbeit, weil er sich

geweigert hatte, der kommunistischen Partei beizutreten; auch sein Promotionsvorhaben in Philosophie durfte er nicht fortsetzen. Markas Zingeris ist Lyriker, Dramatiker und Prosaautor; er übersetzte auch fremdsprachliche Literatur in das Litauische (u. a. Poesie von J. Brodskij und Werke von Isaac Bashevis Singer); Markas Zingeris lebt in Kaunas.
Quelle: Iliuzionas, Vilnius 2000

Romualdas Granauskas wurde 1939 in Mažeikiai im Nordwesten Litauens geboren, arbeitete auf dem Bau, als Schlosser, Radiokorrespondent und Lehrer sowie in den Redaktionen verschiedener Zeitschriften. Als junger Mann spielte er in Dorfmusikkapellen. Seine ersten Erzählungen erschienen 1954. Granauskas lebt als Prosaautor und Dramatiker in Vilnius.
Quelle: Raudonas ant balto, Vilnius 2000

Jurga Ivanauskaitė wurde 1961 in Vilnius geboren, studierte bis 1985 Grafik an der Kunsthochschule in Vilnius; im Jahr 1985 erschien auch der erste Band ihrer Erzählungen; es folgten weitere Bände von Erzählungen sowie Romane. In den jüngeren Werken von Jurga Ivanauskaitė spielt die buddhistische Religion und Philosophie eine große Rolle. Ivanauskaitė lebt in Vilnius und schreibt neben Prosawerken auch Essays und Dramen.
Quelle: Kaip užsiauginti baimę, Vilnius 1989

Renata Šerelytė wurde 1970 in Šimoniai (Kreis Kupiškiai) geboren; sie studierte Lituanistik an der Universität Vilnius und ist für mehrere Zeitschriften tätig. Bisher wurden zwei Novellensammlungen und ein Roman von ihr veröffentlicht. In den letzten Jahren schreibt Renata Šerelytė auch Gedichte für Kinder. Sie lebt als Schriftstellerin und Kritikerin in Vilnius.
Quelle: O ji tepasakė miau, Vilnius 2001

Bitė Vilimaitė wurde 1943 in Lazdijai geboren; sie studierte Lituanistik an der Universität Vilnius und arbeitete dann für eine Filmzeitschrift; später als Redakteurin bei der Caritas und im Jüdischen Museum bei der Herausgabe der Hefte „Gyvybę ir duoną nešančios rankos" („Leben und Brot bringende Hände"). Ihr erster Band von Kurzprosa erschien 1966, weitere folgten. Bitė Vilimaitė lebt in Vilnius.

Quellen: Tėvo vardas, Vilnius 1987; Užpustytas traukinys, Vilnius 1996

Juozas Erlickas wurde 1953 in Svirkančiai (Kreis Akmenė) geboren; er studierte (1971-75) Lituanistik an der Universität Vilnius. Er arbeitete dann als Inspektor für Umweltschutz, als Bühnenarbeiter und in den Redaktionen mehrerer litauischer Zeitungen. Sein erstes Buch erschien 1979, die meisten Werke aber nach der Wende; Juozas Erlickas schrieb Anfang der neunziger Jahre auch Gedichte für Kinder. Höchstauflagen erreichten in Litauen aber seine satirischen Werke *Knyga* (1996) und *History of Lithuania* (2000). Juozas Erlickas lebt als Poet, Dramatiker und Prosaautor in Vilnius.

Quelle: Knyga, Vilnius 1996

Birutė Baltrušaitytė wurde 1940 in Lomiai (Kreis Tauragė) geboren und studierte russische Sprache sowie Literatur an der Universität Vilnius; nach Abschluss ihres Studiums lehrte sie dort. Der erste Band mit ihren Gedichten erschien 1980, der erste Band ihrer Erzählungen 1981. Kennzeichnend für das literarische Werk von Birutė Baltrušaitytė ist vor allem eine historische Ausrichtung, wobei ihr besonderes Interesse der Geschichte von Kleinlitauen galt. Daneben schrieb sie auch viele wissenschaftliche Werke zur russischen und baltischen Literatur (unter dem Familiennamen Masionienė). Birutė Baltrušaitytė starb 1996; postum erschien 1998 das Buch *Mažosios Lietuvos moterys* (Frauen aus Kleinlitauen).

Quelle: Lieptai, Vilnius 1985

Kristijonas Donelaitis wurde 1714 in Lazdynėliai unweit von Gumbinnen geboren. Er studierte von 1736-1740 Theologie in Karaliaučius, besuchte ebenda das litauische Seminar; 1740-1743 war er Kantor und Schulleiter in Stalupėnai; danach wirkte er bis zu seinem Tode im Jahre 1780 als Pfarrer in Tolminkiemiai in der Nähe von Goldap. Seine Predigten verfasste er für eine gemischte Gemeinde in deutscher und litauischer Sprache.

Weitere Informationen zum Autor und Werk siehe Anhang Seite 277.

Quelle: Metai, Herausgegeben von A. Sluckaitė; [Vilnius] 1966

Quellen und Literatur zum Anhang

Bagdonavičius, Vacys; Vidūnas und sein Wirken im Zusammenhang deutsch-litauischer Beziehungen; in: Hermann: Grenze

Benz, Wolfgang / Neiss, Marion (Hg.); Judenmord in Litauen, Studien und Dokumente; Berlin 1999

Blum, Jost G.; Notizen zu Autor und Werk von Jost G. Blum, in: Abraham Sutzkever, Grünes Aquarium, Griner Akwarium; Frankfurt 1992

Bobrowski, Johannes; Litauische Claviere; München 1970

Brandišauskas, Valentinas; Lietuvių in žydų santykiai 1940-1941 metais; in: Eidintas

Brandišauskas, Valentinas; Lietuvių aktyvistų frontas, Laikinoji vyriausybė ir žydų klausimas; in: Eidintas

Brazaitis, Juozas; Vienų Vieni; Chicago 1985; Vilnius 1990

Donelaitis, Kristijonas; Die Jahreszeiten – Ein litauisches Epos; Nachdichtung und Geleitwort von Hermann Buddensieg; Leipzig, 1970

Eidintas, Alfonsas (Hg); Lietuvos žydų žudynių byla; Vilnius 2001

ders.; Žydai, holokaustas ir dabartinė Lietuva, in: Eidintas

Ertel, Rachel; Grupinis jaunų poetų portretas, in: Plasseraud / Minzeles

Gaigalaitė, Vita; Mickevičius (Mickiewicz), Adomas; in: Kubilius

Garleff, Michael; Die baltischen Länder; Regensburg 2001

Gineitis, Leonas; Kleinas, Danielius; in: Kubilius

ders.; Mažvydas, Martynas; in: Kubilius

ders.; Ruigys (Ruhig), Pilypas; in: Kubilius

Gudavičius, Edvardas; Lietuvos istorija nuo seniausių laikų iki 1569 metų, Vilnius 2001

Hermann, Arthur (Hg.); Die Grenze als Ort der Annäherung – 750 Jahre deutsch-litauische Beziehungen; Köln 1992

Jovaišas, Albinas; Daukša, Mikalojus; in: Kubilius

Kaiser, Reinhard; Holzman, Margarete (Hg.); „Dies Kind soll leben", Die Aufzeichnungen der Helene Holzman 1941-1944; Frankfurt 2000

Karvelis, Ugnė; Įvairiatautė Lietuvos Didžiosios Kunigaikštystės kultūra, 1251-1772, in: Plasseraud / Minzeles

Kiaupa, Zigmantas; Bajorai ir jų valstybė; in: Kiaupa

Kiaupa, Zigmantas; Kiaupienė, Juratė; Kuncevičius, Albinas (Hg.); Lietuvos istorija iki 1795 metų; Vilnius 2000

Kiaupienė, Juratė; Tautos, tikybos, kultūra; in: Kiaupa

Kindlers neues Literaturlexikon; hg. von Walter Jens; Studienausgabe; München 1996

Kirn-Frank, Eva; Litauisches Jerusalem, in: Frankfurter Allgemeine Zeitung vom 24. November 2000, Nr. 274, S. 46

Klein, Manfred; Preußisch-Litauen, Neue Aufgaben für die kulturanthropologische Forschung; in: Hermann: Grenze

Korsakas, K. (Hg.); Lietuvių literatūros istorija, Vilnius 1957/1958

Kubilius, Vytautas; Rakauskas, Vytautas; Vanagas, Vytautas (Hg.); Lietuvių literatūros enciklopedija, Vilnius 2001

Lachauer, Ulla: Die Brücke von Tilsit, Begegnungen mit Preußens Osten und Rußlands Westen; Hamburg 1995

dies. : Paradiesstraße, Lebenserinnerungen der ostpreußischen Bäuerin Lena Grigoleit; Reinbek 1996

Landmann, Salcia; Jiddisch, Das Abenteuer einer Sprache; Freiburg 1962

Lukšaitė, Ingė; Reformacija Lietuvos Didžiojoje Kunigaikštystėje ir Mažojoje Lietuvoje, Vilnius 1999

MacQueen, Michael; Massenvernichtung im Kontext: Täter und Voraussetzungen des Holocaust in Litauen, in: Benz / Neiss

Malthête, Jean-François; Vilniaus Gaonas (1720-1798), in: Plasseraud / Minzeles

Matulevičius, Algirdas; Deutsch-litauische Beziehungen in Preußisch-Litauen, in: Hermann: Grenze

Mažiulis, Vytautas; Prūsų kalbos paminklai, Vilnius 1966

Nesselmann, Georg Heinrich: Littauische Dichtungen: nach den Königsberger Handschriften mit metrischer Übersetzung, kritischen Anmerkungen und genauem Glossar; Königsberg 1869

Passarge, Louis; Christian Donalitius' Littauische Dichtungen, übers. und erl. von L. Passarge; Halle a. S. 1894

Plasseraud, Yves; Katastrofa, in: Plasseraud / Minczeles

Plasseraud, Yves; Litvakiško judaizmo laimės ir nelaimės, in : Plasseraud / Minzeles

Plasseraud, Yves / Minczeles, Henri (Hg.); Lietuvos žydai 1918-1940, Prarasto pasaulio aidas; Vilnius 2000

Ploetz-Redaktion (Hg.); Der Grosse Ploetz; 32. Auflage; Freiburg 2001

Rabinovici, Schoschana ; Dank meiner Mutter; Frankfurt 1994

Rhesa, Ludwig Jedemin; Das Jahr in vier Gesängen: ein ländliches Epos, aus dem Litthauischen des Christian Donaleitis, genannt Donalitius, in gleichem Versmaß ins Deutsche übertragen von L. J. Rhesa; Königsberg 1818

Rollnikaitė, Mascha; Ich muss erzählen – Mein Tagebuch 1941-1945.; München 2002

Schmidt, Alexander; Geschichte des Baltikums, München 1992

Schur, Grigorij; Die Juden von Wilna, Die Aufzeichnungen des Grigorij Schur 1941-1944; München 1999

Stang, Knut; Das Fußvolk und seine Eliten, Der Beginn der Kollaboration in Litauen 1941; in: Benz / Neiss

Suganas, Odile; Kasdieninis miestas ir štetlas, in: Plasseraud / Minczeles

Sužiedėlis, Saulius; Avrahamo Torio Kauno getas: diena po dienos, in: Avraham Tory, Kauno getas diena po dienos; Vilnius 2000

Truska, Liudas; Ir atleisk mums mūsų tėvų bei senelių nuodėmes; in: Eidintas

Wunder, Heide; Zur Stellung der Frauen in Preußisch-Litauen (16./17. Jahrhundert); in: Hoffmann, Barbara; Dürr, Renate; Gleixner, Ulrike; Zöttlein, Helga (Hg.); Der andere Blick auf die frühe Neuzeit, Forschungen 1974-1995; Königstein 1999